■ 全世界最大的射电望远镜 FAST "天眼" 镶嵌在贵州黔南小镇——克度镇
摄影：杨清亮

■ "天眼"落成典礼
摄影：黄琳

■ 中共中央政治局委员、国务院副总理刘延东和 FAST 建设者们在一起
摄影：黄琳

■ 安徽省肥西县三河镇特色小镇
摄影：姜青春

■ 杭州跨贸小镇

■ 文化抗战名镇中国李庄

■ 安防小镇

■ 郎岱特色小镇——夜郎国
摄影：黄龙星

特色小镇

投融资模式与实务

周红◎编著

中信出版集团·北京

图书在版编目（CIP）数据

特色小镇投融资模式与实务 / 周红编著 . -- 北京：
中信出版社，2017.6
ISBN 978-7-5086-7545-9

Ⅰ.①特… Ⅱ.①周… Ⅲ.①城镇经济 – 投资模式 –
研究 – 中国 ②城镇经济 – 融资模式 – 研究 – 中国 Ⅳ.
① F299.2

中国版本图书馆 CIP 数据核字（2017）第 076366 号

特色小镇投融资模式与实务

编　　著：周　红
出版发行：中信出版集团股份有限公司
　　　　　（北京市朝阳区惠新东街甲 4 号富盛大厦 2 座　邮编　100029）
承 印 者：中国电影出版社印刷厂

开　　本：880mm×1230mm　1/16　　印　　张：20.5　　字　　数：270 千字
版　　次：2017 年 6 月第 1 版　　　　印　　次：2017 年 6 月第 1 次印刷
彩　　插：4
广告经营许可证：京朝工商广字第 8087 号
书　　号：ISBN 978–7–5086–7545–9
定　　价：79.00 元

帮你算一笔特色小镇的财务账

从国家层面提出加快构建特色小镇以来，各地通过给补贴、给奖励、大投入等方式加快、集中投资建设各类特色小镇，有的小镇投资近千亿元。如此，特色小镇建设已成为中国经济的新热点。

2016年7月20日，住房和城乡建设部（简称住建部）等三部委发布《关于开展特色小镇培育工作的通知》，决定在全国范围内开展特色小镇培育工作，计划到2020年，培育1 000个左右各具特色、富有活力的休闲旅游、商贸物流、现代制造、教育科技、传统文化、美丽宜居等特色小镇，引领带动全国小城镇建设。2016年10月8日，国家发展和改革委员会（简称发改委）《关于加快美丽特色小（城）镇建设的指导意见》（发改规划〔2016〕2125号）表示，将加强统筹协调，加大项目、资金、政策等的支持力度。

特色小镇并不是一个行政意义上的城镇，而是一个大城市内部或周边的、在空间上相对独立发展的、具有特色产业导向和居住生活功能的项目集合体。

比如浙江富阳的胥口镇，当地政府依托山水生态环境资源，坚持走好保护生态环境的可持续发展之路，积极打造宜居、宜业、宜游的现代"医养小镇"。

再如，余杭良渚的梦栖小镇，定位于"设计＋"，以工业设计为主导，以"科技＋文化＋金融＋人才"为战略思路，成为大杭州空间结构和产业结构调整的重要一翼。

还有浙江桐庐的山塘间，崛起了一座现代化程度极高的智慧安防小镇，形成了"特色民宿游、工业观光游、智慧安防体验游"三位一体的专属旅游体验区。

以上这些规划合理、各具特色的小镇建设案例，都被整理成本书的特色小镇建设投融资实例，供读者参考。

建设特色小镇除了要有合理的规划和设计外，还需要解决两个关键性问题：一是小镇"特色"如何鉴定？二是建设资金从哪里来？

特色小镇是有效投资的重要抓手，每个特色小镇 3～5 年内都会完成少则几亿、几十亿元，多则上百亿、千亿的固定资产投资。融资难，是当地政府与参与企业共同面临的现实难题或痛点。

创新投融资模式，搭建基层投融资平台，是解决特色小镇建设资金来源的重要举措。本书作者在"特色小城镇建设研讨班"培训授课时发现，很多身为地方政府领导的学员对政府政策、管理类课程的领悟力较强，但对 PPP（政府和社会资本合作模式）、BT（"建设—移交"的简称，一种新型投融资建设模式）、TBT（政府将一个已建项目和一个待建项目打包处理，获得一个逐年增加的协议收入，最终收回待建项目的所有权益）、ABS（资产支持证券化融资模式）、PE（私募股权投资）、IPO（首次公开募股）等债权股权类投融资的专业知识理解起来有些难度，经常抱怨"太专业、不易理解、知识点难消化……"但他们同时也深知，这些都是必须要懂的知识。

《特色小镇投融资模式与实务》一书就是在这样的背景下诞生的。书中收录了大量体系化的投融资与资本运作的专业知识。如果你致力于地方经济建设，或准备在小镇经济领域有所建树，那么我强烈推荐你读这本书。它会帮助你在从事城镇化建设相关领域工作时少走很多弯路，并有效地节约资金成本，提高融资的成功率。

　　高投入、长周期是特色小镇最显著的运营特点，纯粹市场化运作有较大难度，需要在政策背景下引入社会资本和金融机构，才更容易取得商业模式的主动性。

　　本书遴选的多个成功运营的特色小镇案例，几乎覆盖了小镇经济的方方面面。作者通过介绍它们的运营实践情况，结合我国城镇化发展的主流趋势，吸纳国内外特色小镇的成功经验，使本书集政策性、专业性与可读性于一身。因此，这既是一本可以被你放在案头随时翻阅的实用型工具书，也是一本开阔眼界的财经读物。

毛大庆

博士，优客工场创始人

在政府相关部门提出加快构建特色小镇的号召之后，各地争先恐后地投资建设各类特色小镇，一时间许多特色小镇建设项目纷纷上马，有的甚至投资近千亿元。可以说，特色小镇建设已成为中国城镇化和经济建设中的一个热点。

小城镇建设有利于农民就近就地城镇化，更好地促进城乡协调发展；也有利于避免"大城市病"，能够因地制宜地实现绿色发展。

然而，一方面，特色小镇是有效投资的重要着力点；另一方面，特色小镇建设必须避免盲目投资、效益低下、违背发展规律这些常犯的错误。再加上"融资难"这个很现实的痛点，导致如何通过合理的金融制度安排，创新投融资模式，实现政府和企业的良性互动，从而引导小城镇建设走向健康之路显得格外重要。

《特色小镇投融资模式与实务》一书的作者周红结合我国城镇化发展的主流趋势，吸纳国内外特色小镇的成功经验，通过大量来自基层的实例对债权股权类投融资模式及操作的专业知识，进行深入浅出地解读，使全书集政策性、专业性与欣赏性于一体，令读者阅读此书时不会因为太专业生僻的内容而感到枯燥乏味。我个人认为此书对于关心城镇化和小城镇建设的各方人士来说开卷有益，值得一读。

刘涛雄

清华大学社会科学学院党委书记，

经济学研究所所长、教授、博导

与周红教授的结缘，源于牛钰商学院讲席的邀请。周红教授以深厚的学术功底、深入浅出的讲解以及对当前发展问题的深刻洞察，让学员们耳目一新，打开了全新视野。周教授不仅受到学员们的广泛欢迎，更与我个人的观念和个性十分相投，由此结下了深厚的友谊。

正如诺贝尔经济学奖获得者、世界银行前副行长约瑟夫·斯蒂格利茨（Joseph E. Stiglitz）所说："中国的城市化与美国的高科技发展，将是影响 21 世纪人类社会发展进程的两件大事。"中国的城镇化改革，实际上是一场全面而深刻的社会变革，而特色小镇，作为城镇化过程中一个引人瞩目的组成部分，尤其受到了国家的重点关注。

2016 年 7 月 20 日，住建部等三部委发布《关于开展特色小镇培育工作的通知》，决定在全国范围内开展特色小镇的培育工作，计划到 2020 年，培育 1 000 个左右特色小镇，引领带动全国小城镇建设。毫无疑问，特色小镇的春天到来了。

特色小镇的发展，离不开资金的支持。钱从哪里来，怎么来？周红教授由此切入，将特色小镇的投融资模式抽丝剥茧、层层深入地阐述出来。如何少走弯路，如何搭建基层投融资平台，如何利用现代金融工具降低资金成本，这些尤其令政府领导学员关切的问题，在书中都有着生动而深入的解答。而对于那些投融资方面的专业术语，如 PPP、BT、PE 等，周教授的解析也令人耳目一新，便于快速理解其内涵。

既有专业性，又有易读性，这两点的结合，需要删繁就简、深入浅出的讲授功夫，这在书中都有淋漓尽致的展现。

特色小镇不是行政区划单元上的"镇"，也不同于产业区、风景区的"区"，而是按照创新协调、共享发展的理念，结合自身特质、人文底蕴和生态禀赋，形成"产、城、人、文"四位一体有机结合的重要功能平台，有着广阔的空间和光明的前景。愿有志于特色小镇建设的读者能从此书中汲取营养，进而释放出强大的创新能量！

柯阳华

北京一村一品企业孵化器管理研究院院长

真正的市场谋略者，善于闻风而动，乘势而为。中国的房地产市场发展至今超过 18 年，现在看来已走出了一条中国特色的房地产发展道路。而今，房地产行业的发展早已脱离了单纯的圈地盖房阶段，社会经济的发展特征及时代任务促使"特色小镇建设"进入强效化推进和爆发式增长阶段。"十三五"期间，各省、自治区、直辖市计划建设的特色小镇超过 1 370 个，毫无疑问，特色小镇将是中国城乡经济发展的又一个风口。

在政府的号召下，投资打造特色小镇，也已成为地产企业的发展新方向。在我们的业务伙伴中，就有诸如碧桂园、绿城、宏泰、华夏幸福等知名地产开发商，将战略发展转向"特色小镇"，也产生了如碧桂园智慧生态科技小镇、绿城农业小镇、宏泰金融小镇等典型案例。

特色小镇在有效扩大投资，推动人才、技术、资本等高端要素集聚，推动经济产业的融合、创新和升级，引领经济新常态方面将发挥重大作用，有利于推进新型城镇化、创造优美宜人的人居环境。同时，特色小镇也有利于推进供给侧结构改革和新型城镇化道路，有利于加快高端要素集聚、产业转型升级和历史文化传承，进而推动经济平稳健康发展和城乡统筹发展。

特色小镇已成为万亿级投融资新风口，想要分一杯羹并非易事。"路漫漫其修远兮"，尽管特色小镇前景美好，已在全国遍地撒种，但是想要圆满开花结果的确考验功力。"特色"从何而来？"特色"如何治理？这些实质性问题恐怕是我们畅想美好未来之前必须先要解决的。特色小镇从雏形到实施需创造性地打破金融与新技术、金融与产业链、金融与生态圈的桎梏，但由于融资规模大、投资周期长、交易结构设计复杂等问题，嵌套了投资、证券、政府、人文、产业规划，因此需要打通三方金融渠道——保障政府的政策资金支持，引入社会资本和金融机构资金，三方发挥各自优势，进行利益互动，在特色小镇平台上共同运行，以便最终实现特色小镇的整体推进和运营。

目前，特色小镇相关理论基础的研究，以及对于实践的总结明显落后于实践。不少投资商、当地政府开始与金融机构商谈合作事项，但大多数金融服务集中于传统的土地开发、基础设施建设领域，对资本运作和特色商业模式培育认识不足，这成为小镇建设及后续运营中难以抹去的硬伤。

中国未来的特色小镇开发，不仅迫切需要资本，而且更迫切需要理论的指导，需要理顺开发的理念、梳理开发的逻辑，真正把基于市场配置资源的核心发展构架落实到规划中、落实到开发中、落实到投融资及产城乡开发的运营中。《特色小镇投融资模式与实务》正是在上述背景下应运而生的。周红教授从多年研究中总结归纳，从特色小镇的诞生背景、小镇建设规划，到融资模式、公司治理，直至企业上市，以富有前瞻性的眼光高瞻远瞩地提炼出整套实操体系，系统全面地讲解特色小镇投融资与资本运作，使本书成为一本服务于特色小镇开发建设的完整理论与操作手册。更加难能可贵的是，作者整理了大量案例，并以专业眼光"复盘"，深入浅出地将股权投资、债券投资等专业知识娓娓道来，由此成书，可谓业界一大幸事。

中国特色小镇建设大幕已启，作为国家大力倡导的发展方向，将在未来几年迎来万亿元级的风口。我相信，周红教授的这本书能够给中国的特色小镇建设以启迪和推动，能够成为各地打造特色小镇的一本具有指导意义的工具书。

章　华

鼎信长城基金董事长

序 5

随着我国经济步入新常态阶段，深化经济体制改革、转变发展方式、优化产业结构和改善要素分布等，成为推动我国经济发展的关键力量。在固定资产投资和区域发展的政策促进体系中，新农村建设、新型城镇化和基础设施一体化发展先后成为国家政策的重点。而 2016 年以来，特色小镇建设成为新型城镇化的核心节点，并对中国经济和社会的发展发挥着重要的支撑作用。

《特色小镇投融资模式与实务》一书的作者周红结合我国城镇化发展的主流趋势，吸纳国内外特色小镇建设的成功经验，通过大量来自基层的实例对债权股权类投融资模式及操作的专业知识进行简单易懂的讲解，让读者因开阔眼界和增长见识而身心愉悦。我个人认为此书贴近现实，值得一读。

张　鹏

财政部财政科学研究所研究员

当前，中国的产业如何转型与发展，是我一直在观察和思考的问题。

看了周红老师的《特色小镇投融资模式与实务》一书，启发很大，也引发了我对特色小镇的一些思考。

第一，特色小镇是中国经济转型升级的一个新亮点。从国家经济发展模式上看，靠投资、出口、消费三驾马车驱动的传统模式已经被证明逐渐失去效用，是时候需要一些创新的思路和模式了。特色小镇在这个时期的提出，便被赋予了新的内涵，它对中国传统文化产业的创新创造、对国家城镇化发展思路、对中国城市人群生活方式的品质提升、对传统房地产行业的转型升级、对中国社会资本的投资导向等，都具有历史和现实意义。

第二，特色小镇将会发展成为一个朝阳产业。一个产业能否快速成长需要两个要素：一个是政府倡导和支持，另一个是社会资本在政府政策引导下的投资方向。这两个要素的叠加，将导致一个产业在某一时期内的快速成长，在我国，这种效应在近些年被不断证实。另外，我国面积大、民族多、文化多元，这就使得我国的区域性文化资源非常丰富，这也给特色小镇作为一个产业的兴起和发展注入了天然活力。加之中华民族是一个热爱大自然的开放性民族，特色小镇应该成为人们日常旅游的好去处。

第三，特色小镇的发展模式至关重要。作为一个新兴产业，其发展模式是这个产业在未来 3~5 年能否兴起并走入正轨的关键成长要素。比如，如何梳理特色小镇的外部发展环境和本地特色资源，并清晰界定特色小镇的发展方向（定位）；如何构建特色小镇的顶层架构以解决市场化运作问题；如何使政府与社会资本，以及与小镇运营主体在核心诉求上相互协调一致；如何思考长期发展以解决小镇可持续性的证券化问题等，都是特色小镇在规划、建设、成长、发展过程中必须考虑的问题。

第四，产融互动是特色小镇成长的必然路径。任何一个产业的快速成长，离不开资本的力量。一个新兴产业就像一个初创企业一样，少不了资本的助推。而特色小镇的房地产属性，注定了其重资产特征，这就更需要用新的思维方式来系统思考如何融资的问题。可以说，特色小镇的成功要素"功能定位、运营模式、资本和治理结构"四个维度当中，资本要素是特色小镇能否成功的基础要素，同时也是未来特色小镇能否持续发展的核心要素。

文化旅游产业已经是中国产业向高端服务业发展的必然选择，特别是特色小镇发展也必然是中国城镇化进程中的重要标志，如何实现"国势—产业—模式—路径"创新模式，周红老师在《特色小镇投融资模式与实务》一书中已经给出了答案。本书不仅在国家发展和产业趋势上高屋建瓴，更是在规划建设、顶层治理和资本运营等（模式和路径）的实操层面上底蕴深厚。所有这些，对特色小镇产业相关各方（政府、资本、企业）都有非常现实的意义。特此推荐之！

李 季

清华产业研究所所长

我是国家某部委选派挂职陕西省略阳县的副县长，接受邀请为周红老师的新书作序。我没写过序，更没写过书。但我想把挂职贫困县的所见所闻，写成一本书，把不可思议的贫穷实况展现给那些先富起来的人们，也想把无可替代的生态绿色介绍给渴望健康又想做事创业的人们。扶贫问题归根结底是发展问题，这本书里所体现的中心思想和我的最终目标是一致的。

新型城镇化的方向和思路，随着一个个独具生态绿色优势又有特色产业蓬勃发展的小镇的成功，渐渐上升为国家战略。发改委、财政部、住建部先后出台相关政策，提出 2020 年要培育 1 000 个左右各具特色、富有活力的休闲旅游、商贸物流、现代制造、教育科技、传统文化、美丽宜居等特色小镇。一些嗅到商机的社会资本果断出手，先在某个历史文化古镇试点突破。其他资本闻风追赶，小镇投资规模也水涨船高，有的小镇投资已近千亿元。贵州的小镇建设就是遵循此例，江浙地区的经典案例更是可圈可点，这些都可在书中了解一二。

本书更大的价值，是系统阐述了怎样将国家的规划蓝图，精准又高效地落实到各个特色小镇的建设上来。就拿略阳县来说，略阳乌鸡世界闻名，杜仲、天麻等中药材自然生长，品质享誉国内。但全县"八山一水一地"的地理特点，除了带来堪称仙境的旖旎风光外，单门独户、绵延数公里的村庄布局也为小镇的规划、选址、建设和管理提出了新的挑战。此外，很多领导干部习惯于转移性支付、银行贷款等传统融资渠道，对股权/债权投融资、企业资本运作和上市操作不太熟悉，虽然发展意愿强烈、工作勤奋刻苦，但消化领悟国家相关政策规划需要时间，对特色小镇建设模式从理解到执行还有段路要走。

"无论面对任何类型的特色小镇，我都可以分分钟对它进行全方位打造，从规划设计到产业定位，再到商业模式，直到链接资本运作抓手，把所有能尽其用的资源进行整合规划，造就出不同特色的小城镇来。"这是周老师在本书后记里自豪的宣示。全书也是按照解决上述实际、关键问题，分章划节"手把手"来教的。书中内容紧贴中国特色和发展实际，概括了特色小镇发展的历史背景，科学定义了特色小镇的本质特点，详细介绍了构思、规划、设计特色小镇的方法和途径，以及资本运作的模式和方法。

作为挂职贫困县的扶贫副县长，大量贫困户从山区集中安置到城镇，丢掉了农耕生活的保障，他们的后续生存和发展问题一直困扰着我。因为要为本书写序，近几天集中研究了特色小镇建设，我欣喜地找到了这样一条现成的出路。再加上周老师丰富的理论知识（受聘于北京大学和清华大学）、长期深耕小镇建设的实践经验（多年在金融领域讲授相关课程、指导有关项目）等，我相信只要遵循，定能成事。对我这么有用的内容，相信对你也会有帮助。

潘祝华

陕西省汉中市略阳县副县长

目
录

开篇
案例 **镶嵌"天眼"的小镇**

第六章　多元化的特色小镇实例

开篇案例

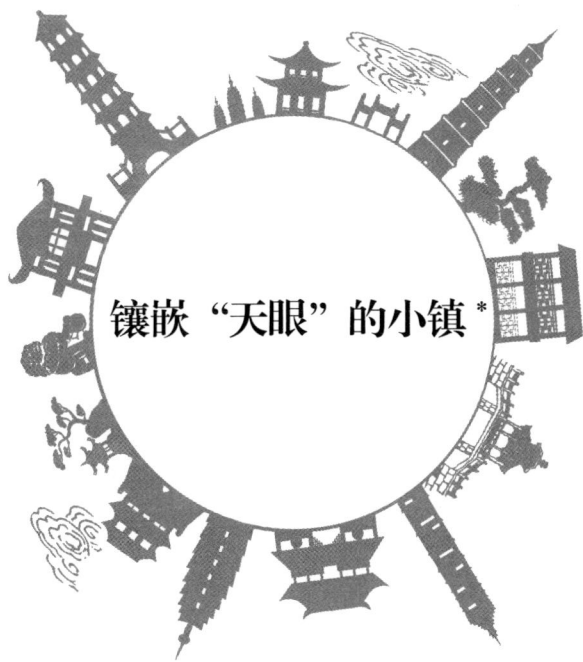

镶嵌 "天眼" 的小镇 *

　＊　资料来源：由贵州省黔南州天文局张智勇提供，作者整理。

"中国天眼"——500 米口径球面射电望远镜（FAST），是世界上最大单口径射电望远镜，于 2016 年 9 月 25 日在贵州省黔南州平塘县克度镇金科村大窝凼落成启用。

FAST 在灵敏度和综合性能上，与被评为人类 20 世纪十大工程之首的美国"阿雷西博"350 米望远镜相比，其综合性能提高约 10 倍。理论上说，FAST 能接收到来自宇宙边缘的电磁信号。从此，一只敏锐的眼睛在地球上张开，科学家将依靠它搜寻宇宙初生的那一幕，洞察宇宙演化的奥秘。

一、小镇特色定位

作为全球射电天文的最高技术代表，"世界第一、中国唯一"的 FAST 落户于贵州黔南，这对于黔南州及贵州省的经济、科技、旅游等方面的影响力及对地方经济发展所起到的推动作用，可能不是一个短期内就能体现出来的速效。这需要在宏观层面，加强发展战略研究和空间资源统筹；中观层面，明确发展规模和功能布局；实际操作中，要科学有序地推进以 FAST 为先导，建立天文小镇核心区高起点、高标准的建设规划。当地政府可以借 FAST 这一科学奇观，顺势延伸出以科技为核心的特色产业链，再基于当地的自然条件加快景区景点建设，围绕科学、科普、旅游等特色资源，着力配套打造世界独一无二的天文小镇，形成天文地理交相辉映、民族文化五彩纷呈、人与自然和谐共处的特色风貌区，如图 0-1 所示。

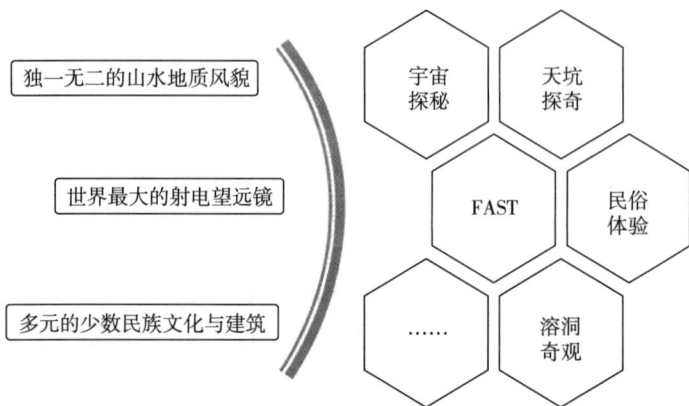

图 0-1 特色风貌区

由大科学工程 FAST 所衍生出的产业链，延伸出以当地人文内涵及建筑地域特色为标准，结合与天文地理相关的小镇功能发展要求，打造一镇一品、一镇一景、一镇一韵的精致特色小镇风貌，如图 0-2 所示。

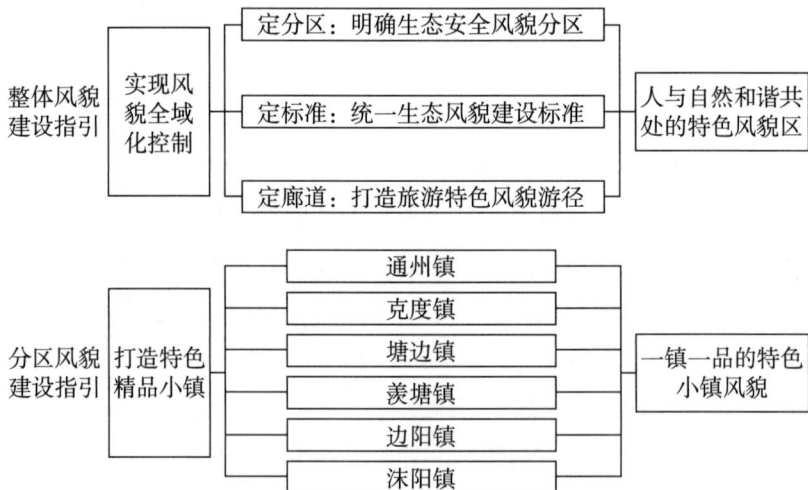

图 0-2 精致特色小镇风貌

二、小镇规划蓝图

我们将从黔南天地新区三县六镇规划蓝图中，对集科学、科普、旅游等特色资源而打造出的世界独一无二的天文小镇有一个更直观的展望，也期待把蓝图变为现实。

黔南天地新区三县六镇规划图如图 0-3 所示。

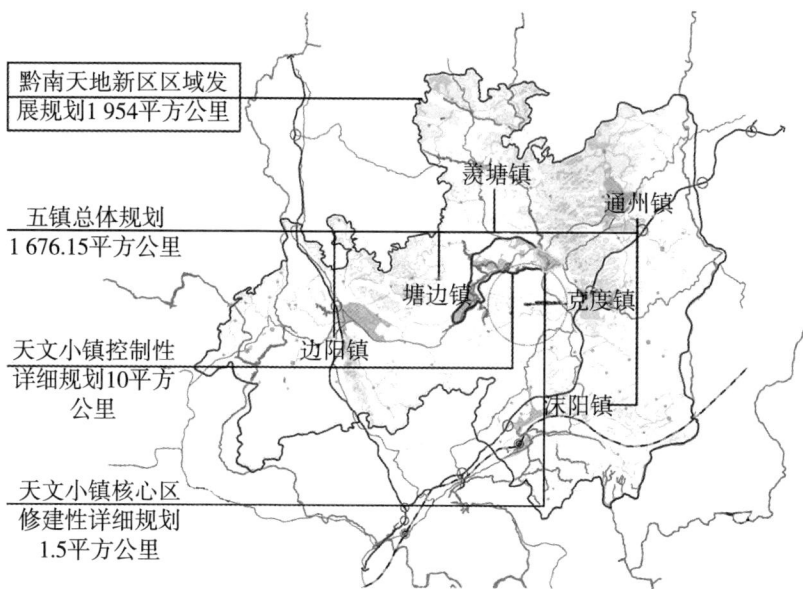

图 0-3　黔南天地新区规划图

图 0-3 中分为四个层次，其中，区域发展规划的范围涵盖黔南布依族苗族自治州平塘县的克度镇、塘边镇、通州镇，罗甸县的边阳镇、沐阳镇，惠水县的羡塘镇共六镇镇域范围，面积为 1 954 平方公里，将三县六镇初步命名为"贵州黔南天文地质特色经济新区"，简称"黔南天地新区"。

五镇总体规划包括塘边镇、通州镇、边阳镇、沐阳镇、羡塘镇的总体规划；控制性详细规划范围涵盖克度镇、塘边镇区，并将该范围作为天文小镇范围；修建性详细规划范围涵盖克度镇航龙片区，并将该范围作为天文小镇的核心区范围。

三、小镇特色产业

（一）与天文相关的产业

依托 FAST 这一全球瞩目的射电天文设备，天文小镇核心区应作为发展科学天文产业的主要区域，主要包括国际天文学术会议、天文大数据研究、射电天文教学、基础天文教育、天文实习体验等功能。

再以天文制造及天文展销为主，充分利用边阳、通州等地优良的工业基础及便利的交通条件，发展天文仪器及相关商品制造，以及天文产品的展销贸易功能，实现天文产业对当地工商业发展的带动。

（二）旅游产业

黔南天地新区自然条件优越，拥有丰富的生态旅游资源。以打黛河天坑、燕子洞、大小井为龙头资源，形成多个生态旅游核心节点。

以少数民族文化为核心，增强苗族、布依族等少数民族民俗风情体验为主要功能，比如少数民族特色风貌观光、少数民族特色节庆体验、少数民族特色工艺及才艺展示等，让游客感受少数民族的文化魅力；通州镇依托"两教一堡"，发展独树一帜的西洋文化旅游，成为六镇文化旅游发展的一大亮点；加强民宿开发建设，为当地旅游发展提供极具特色的住宿配套服务。

以边阳、通州为主，结合天文仪器、天文纪念品、玉器及特色手工艺品的民间作坊开展工业旅游，让游客参观天文仪器的制作过程，强化对黔南天地新区的工业品牌塑造以及对商贸业的带动。

(三) 农业

规划结合地方种植条件，重点对农业、农副产品加工业和农贸业进行规划布局，构建"8个农业种植基地+4个农副产品加工点+3个农贸专业市场"的第一产业空间布局结构。

分别在羡塘、通州、沫阳、边阳、塘边、克度镇打造中药材、水稻、蔬菜、水果、优质米、玉米种植基地。

在羡塘、通州、沫阳、边阳布局4个农副产品加工点，对农产品进行再加工，为一二产联动做支撑。在边阳、沫阳、通州各布局1个农贸市场，推动当地农产品的销售，加强农业对外联系，带动落后地区的经济发展。

(四) 商贸及物流业

依托贵百高速、平罗高速的建设为三县六镇带来的交通区位优势，结合天文衍生产品制造业、特色农副产品加工业、农产品贸易的发展，进一步提升三县六镇的商贸物流功能，构建商贸物流集散中心，加快产品的流通速度，拓展市场辐射范围，巩固优势产业生产成果，拉动当地经济发展，提高居民收入水平。其中，鉴于具有良好的交通区位优势及工业基础，规划建议在边阳、通州两镇布局商贸物流业，引入先进管理经验，借助"互联网+"、大数据等平台优势，发展配套物流园区、第三方物流园、电子商务物流园区。

四、小镇独特的商业模式

根据三县六镇规划方案以及黔南州产业结构与旅游特色，紧紧依托FAST等世界唯一的独有性资源，打造世界知名的特色天文小镇。围绕"商、养、学、闲、情、奇"六大新兴要素，小镇运作的商业模式核心是：门票＋吃、住、行、游、购、娱等，还包括商业地产租售及物业收益。小镇的商业模式架构如图0－4所示。

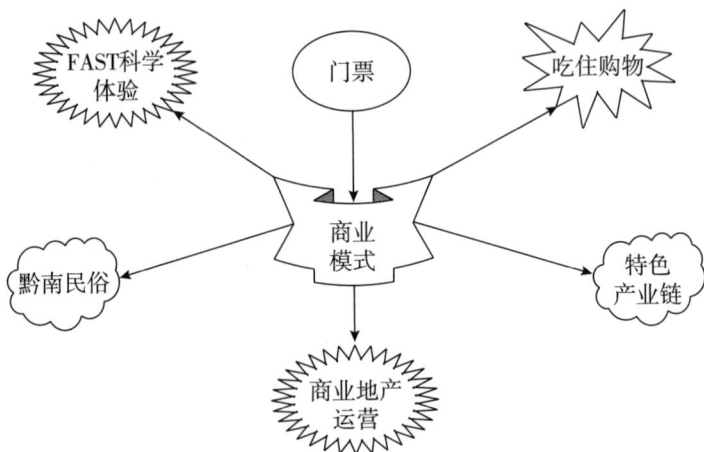

图0－4 小镇商业模式架构

建立了小镇特有的商业模式，再借助资本运作手段引资，着力在科教、交通设施、沿线景观、旅游商品、旅游接待及服务、治安环境等方面加大建设的投资力度，保持小镇独立的运营体系，搭建资本平台，形成相对稳定持续的发展能力。

五、当地政府政策扶持与融资模式

贵州省出台了对特色小镇的资金支持政策："加强资金筹措：各市（州）、试点县要加大本级财政对小城镇建设发展的支持力度，在年度财政预算时要安排小城镇建设发展专项资金，集中用于支持试点县小城镇建设发展。"

黔南州政府支持各种融资渠道，详见图0－5。

遵循贵州省出台的资金支持政策，再根据三县六镇总体规

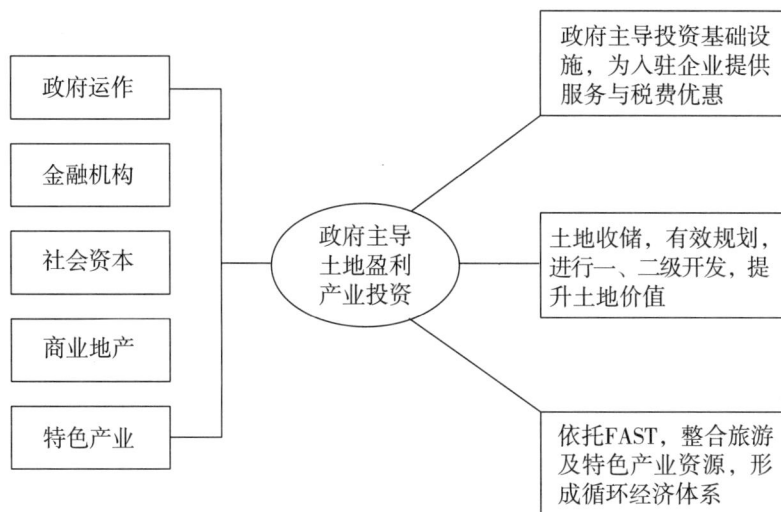

图 0-5 黔南州政府支持各种融资渠道

划，进行特色小镇项目分拆立项，前期主要是进行土地一级开发，通过政府或代理政府行使权力的机构吸收社会资本进行融资，完成基础设施的投资。通常使用 PPP 融资模式，也可以通过 BT、BOT、TOT、TBT 等融资模式来完成基础设施的各个项目，如下所示：

（一）BT 融资模式

根据《500 米口径球面射电望远镜项目贵州省配套设施建设总体规划》、《贵州国际天文与地质综合旅游区天坑群景区修建性详细规划》、《平塘国际射点天文科普文化园建设规划（2014～2025 年)》等建设要求，打造天文学术、科研教育基地，贵州大学花溪校区的天文观测站、科技馆、酒店等都需要进行基础设施的投资与建设。首先是交通，包括高速公路、高铁、机场建设项目的土地一级开发，再通过招拍挂进行工地二级开发。那么，在这一投资建设过程中可选择 BT 融资模式，详见图 0-6。

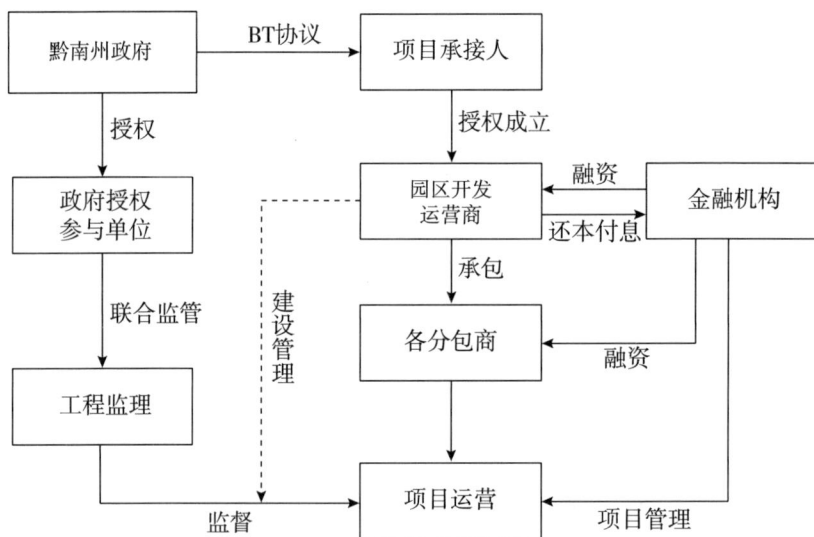

图 0−6 天文小镇 BT 融资模式

（二）BOT 融资模式

BOT 融资模式又被称作"特许权投融资方式"，即地方政府通过特许权协议，将项目授予项目发起人为此专设的项目公司，由项目公司负责基础设施（或基础产业）项目的投融资、建造、经营和维护；在规定的特许期内，项目公司拥有投资建造设施的所有权（但不是完整意义上的所有权），允许向设施的使用者收取适当的费用，并以此回收项目投融资、建造、经营和维护的成本费用，偿还贷款；特许期满后，项目公司将设施无偿移交给政府。天文小镇 BOT 融资模式详见图 0−7。

（三）TBT 融资模式

政府将一个已建项目和一个待建项目打包处理，获得一个逐年增加的协议收入（来自待建项目），最终收回待建项目的所有权益。这种模式是将 TOT 与 BOT 融资方式组合起来，以 BOT 为主的一种融

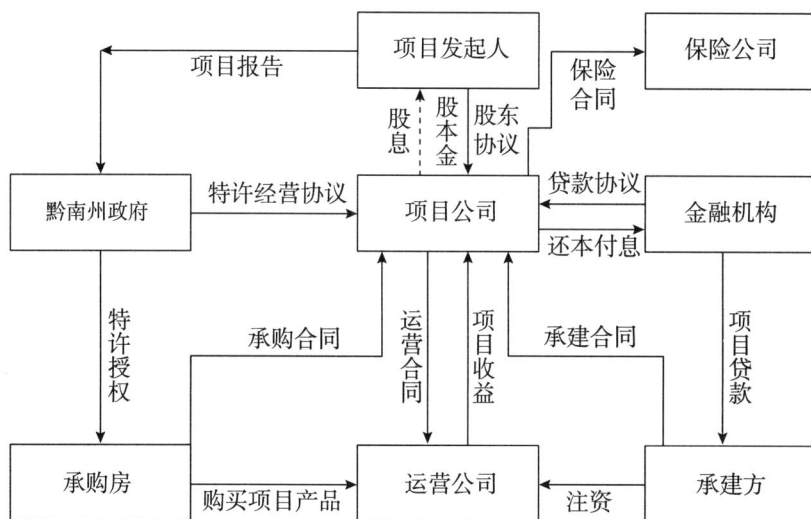

图 0 - 7　天文小镇 **BOT** 融资模式

资模式，操作上对政府的投资及管理能力也是有一定要求的。天文小镇 TBT 融资模式详见图 0 - 8。

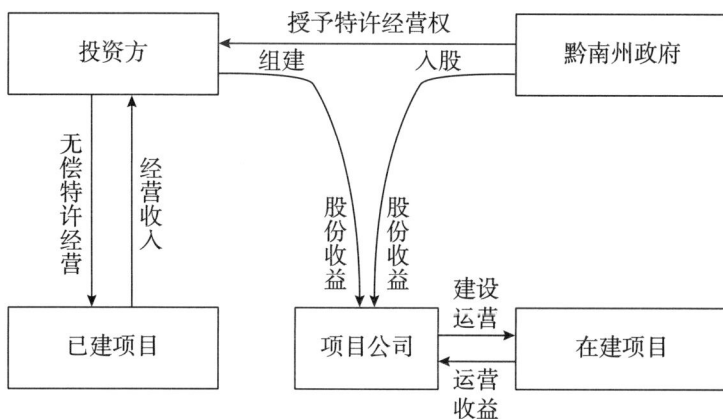

图 0 - 8　天文小镇 **TBT** 融资模式

（四）PPP 融资模式

PPP 融资模式是政府大力支持的一种融资模式，通过大量吸收社会资本来与政府共同建设公共设施项目。特色小镇在基础设施项目投资上都可以采用 PPP 模式。

天文小镇 PPP 融资模式详见图 0 - 9。

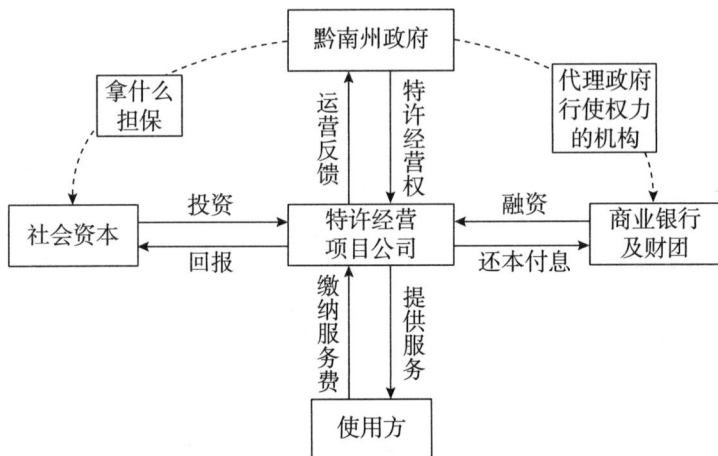

图 0 - 9   天文小镇 PPP 融资模式

(五) 5P 融资模式 (PPP + P2P)

5P 融资模式就是借助互联网金融平台，广泛寻求社会资本来加入项目建设。比如特色小镇的交通、展馆、酒店、主题公园、旅游景点的辅助设施等具体项目，都可以通过 PPP 或 5P 的融资模式来完成，会大大降低政府的投资压力。详见图 0 - 10。

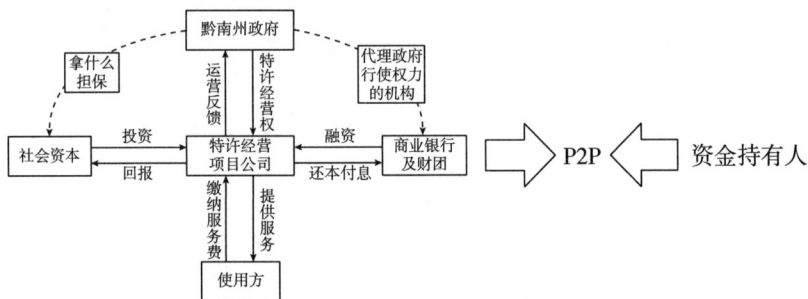

图 0 - 10   天文小镇 PPP + P2P 融资模式

（六）股权融资模式

股权融资模式是特色小镇核心产业持续发展的重要融资手段，天文小镇特色产业延伸打造出来的实体企业，可以通过股权融资及上市（IPO）融资，主要融资方式可以是私募，也可以是公募。这种融资模式的关键点在于保证投资人收益的同时如何控制投资风险，让投资人能够顺利退出。如图0-11所示。

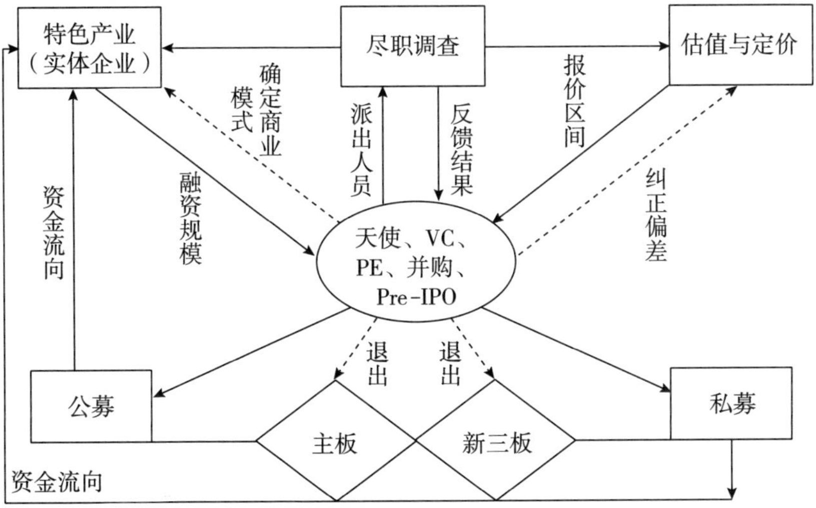

图0-11 天文小镇特色产业股权融资架构

第一章

供给侧改革时期的城市发展趋势

城市化是当今世界的主要趋势，城市化水平的高低是衡量一个国家经济发展水平的重要指标。

新型城镇化建设被视为挖掘内需潜力及实现现代化的必经之路，在新型城镇化的发展过程中，特色小镇建设扮演着关键作用。小城镇是中国行政建制最底层的城市，全国有 2 万多个镇，5 万人口以上的特大镇有 883 个，这些特大镇发展之初均是特色小镇，而这些小镇是连接城市与乡村的重要纽带，对于促进城乡经济一体化发展发挥着重要作用。

中国城市发展分化的背后是资源配置、人口移动和经济增长的积聚与分化；产业和人口的过度集中产生了以地区差距为代表的国土不均衡发展等问题，这是中国城镇化面临的重要课题与挑战。本章重点介绍建设特色小镇的政策指引，借鉴各国著名特色小镇建设经验，探讨中国特色的城市发展趋势，引导读者了解如何培育特色小（城）镇、了解申报特色小（城）镇的具体规范与工作要求，了解如何准备申报材料。

第一节 政策指引

由于我国东部、中部、西部区域城镇化的发展水平相对不平衡，中西部地区城镇化水平还明显偏低，城镇化发展比较滞后，这在一定程度上拉大了区域之间的发展差距。城镇的空间布局与资源环境承载能力不相适应的问题越来越突出，655 个城市中有近 400 个城市缺水，缺水城市中约 200 个城市严重缺水。目前正在进行的南水北调、西气东输，实际是针对城市的经济、人口、资源环境不相适应的情况、不相匹配的情况，实现能源和资源大规模、长距地调运。中国东部九大区域 25 个城市人口集中度占全国总人口的 22.66%，对 GDP 的贡献是 43%，从发展趋势上看，未来人口流动方向一定是由不发达、欠发达地区向发达地区迁移，产业发展趋势也会由不发达、欠发达地区围绕发达地区递进，那么城市发展模式应该会是什么样呢？在中国进行新型城镇化建设，是确凿无疑的大方向。即以城乡统筹、城乡一体、产业互动、节约集约、生态宜居、和谐发展为基本特征的城镇化，是大中小城市、小城镇、新型农村社区协调发展、互促共进的城镇化。

2014 年 3 月，中共中央、国务院关于《国家新型城镇化规划（2014～2020 年）》正式发布；2014 年 12 月，国家发改委等 11 个部委联合下发了《关于印发国家新型城镇化综合试点方案的通知》，将江苏、安徽两省和宁波等 62 个城市（镇）列为国家新型城镇化综合试点地区；2015 年政府工作报告明确提出"加强资金和政策支持，扩大新型城镇化综合试点"。按照国家新型城镇化综合试点方案明确的时间表，2014 年年底前开始试点，并根据情况不断完善方案，到 2017 年各试点任务取得阶段性成果，形成可复制、可推广的经验；

2018～2020年，逐步在全国范围内推广试点地区的成功经验。

当前，我国新型城镇化总体进展情况良好，突出表现在：一是农民工融入城镇的政策在不断完善，二是中小城市和城市群的建设扎实有序推进，三是新型城市建设加快推进，四是新型城镇化综合试点初见成效。

2016年7月，住建部、发改委、财政部《关于开展特色小镇培育工作的通知》（建村〔2016〕147号）在组织领导和支持政策中提出两条支持渠道：一是国家发改委等有关部门支持符合条件的特色小镇建设项目申请专项建设基金，二是政府财政对工作开展较好的特色小镇给予适当奖励。

应当说这是政府财政资金第一次比较系统地对小城镇建设给予支持，具有十分强烈的导向意义，说明政府相关部门确实把特色小镇放到了新型城镇化工作的重要地位。

改革开放以来，政府相关部门虽然出台了一系列小城镇方面的政策文件，但除了"十二五"期间财政部和住房城乡建设部资金上支持过一批绿色低碳小城镇外，很少有资金支持。

一、中央部委资金支持政策①

（一）国家发改委资金支持政策

关于特色小镇建设项目申请专项建设基金，实际上在三部委文件出台之前，在国家发改委申请专项建设基金的第19项"新型城镇化"一项中，有"特色镇建设"这一子项，其他几个子项也与特色小镇建设相关，分别是19.1国家新型城镇化试点地区的中小城市、19.2全国中小城市综合改革试点地区、19.3少数民族特色小镇。

---

① 资料来源：余池明：《中央和地方特色小镇资金支持政策汇总》。

2016 年 10 月 8 日，国家发改委《关于加快美丽特色小（城）镇建设的指导意见》（发改规划〔2016〕2125 号）表示，将加强统筹协调，加大项目、资金、政策等的支持力度。

（二）中央财政奖励政策

文件只提及中央财政对工作开展较好的特色小镇给予适当奖励，目前并无相关细节。

（三）住建部与国家开发银行建立部行合作推动机制

2017 年 1 月 22 日，国家开发银行（以下简称国开行）与住房城乡建设部举行高层联席会议。住建部部长与国开行董事长出席会议并签署《共同推进小城镇建设战略合作框架协议》。根据协议，双方将建立部行合作推动机制，按照"优势互补、统筹规划、机制共建、信息共享"原则，协同推进小城镇提升建设和城乡协调发展，2017 年力争打造一批具有示范带动意义的试点小城镇，到 2020 年在全国范围内支持培育 1 000 个特色小镇。

近年来，国开行与住建部在新型城镇化诸多领域开展了密切合作，积极支持城市地下综合管廊、海绵城市、城市修补生态修复和特色小镇建设，增强城市公共服务能力，为新型城镇化提质扩容打下了坚实基础。截至 2016 年年末，国开行新型城镇化贷款余额 1.04 万亿元，继续保持主力银行地位；支持小城镇建设项目 439 个，评审承诺额 3 773 亿元，累计支持山西平遥、浙江乌镇、贵州青岩古镇、苏州吴江七都小镇等一批重点知名古镇、古街区建设。

（四）中国农业发展银行的政策性贷款

中国农业发展银行（以下简称农行）对于特色小镇响应最早，2015 年年底就推出了特色小城镇建设专项信贷产品。

中长期政策性贷款主要包括集聚城镇资源的基础设施建设和特

色产业发展配套设施建设两个方面。

2016 年 10 月 10 日,《住房城乡建设部、中国农业发展银行关于推进政策性金融支持小城镇建设的通知》(建村〔2016〕220 号)进一步明确了农行对于特色小镇的融资支持办法。

住建部负责组织、推动全国小城镇政策性金融支持工作,建立项目库,开展指导和检查。

农行将进一步争取国家优惠政策,提供中长期、低成本的信贷资金。

支持范围包括:支持以转移农业人口、提升小城镇公共服务水平和提高承载能力为目的的基础设施和公共服务设施建设——土地住房、基础设施、环境设施、文教卫设施、商业设施、其他。

为促进小城镇特色产业发展提供平台支撑的配套设施建设(生产、展示、服务)。优先支持贫困地区,以贫困地区小城镇建设作为优先支持对象,统筹调配信贷规模,保障融资需求。

建立贷款项目库。申请政策性金融支持的小城镇需要编制小城镇近期建设规划和建设项目实施方案,经县级人民政府批准后,向农行相应分支机构提出建设项目和资金需求。

各省级住房城乡建设部门、中国农业发展银行省级分行应编制本省(区、市)本年度已支持情况和下一年度申请报告(包括项目清单),并于每年 12 月底前提交住建部、农行总行,同时将相关信息录入小城镇建设贷款项目库。

二、主要省份的特色小镇资金支持政策①

(一)浙江省

新增财政收入上交省财政部分,前 3 年全额返还、后两年返还

---

① 资料来源:余池明:《中央和地方特色小镇资金支持政策汇总》。

一半给当地财政。

（二）河北省

省级财政用以扶持产业发展、科技创新、生态环保、公共服务平台等专项资金，优先对接支持特色小镇建设。

鼓励和引导政府投融资平台和财政出资的投资基金，加大对特色小镇基础设施和产业示范项目支持力度。

省市县美丽乡村建设融资平台对相关特色小镇的美丽乡村建设予以倾斜支持，对符合中心村申报条件的特色小镇建设项目，按照全省中心村建设示范点奖补标准给予重点支持，并纳入中心村建设示范点管理，对中心村建设示范县（市、区），再增加100万元奖补资金，专门用于特色小镇建设。

（三）内蒙古自治区

各级财政统筹整合各类已设立的相关专项资金，重点支持特色小镇市政基础设施建设。在镇规划区内建设项目缴交的基础设施配套费，要全额返还小城镇，用于小城镇基础设施建设。

（四）辽宁省

研究制定相关配套优惠政策，整合各类涉农资金，支持特色乡镇建设。列入省级新型城镇化试点，并可推荐申报国家新型城镇化综合试点镇。省财政通过不断优化财政支出结构，支持各地推进特色乡镇建设。

（五）山东省

从2016年起，省级统筹城镇化建设等资金，积极支持特色小镇创建，用于其规划设计、设施配套和公共服务平台建设等。鼓励省级城镇化投资引导基金参股子基金，加大对特色小镇创建的投入力度。

（六）安徽省

整合对特色小镇的各类补助资金。省发改委支持符合条件的建设项目申请专项建设基金，省财政对工作开展较好的特色小镇给予奖补，市、县财政要进一步加大特色小镇建设的投入。

（七）福建省

对纳入省级创建名单的特色小镇，在创建期间及验收命名后累计5年，其规划空间范围内新增的县级财政收入，县级财政可以安排一定比例的资金用于特色小镇建设；有关市、县（区）在省财政下达的政府债务限额内，倾斜安排一定数额债券资金用于支持特色小镇建设；支持特色小镇组建产业投资发展基金和产业风险投资基金，支持特色小镇发行城投债和战略性新兴产业、养老服务业、双创孵化、城市停车场、城市地下综合管廊、配电网建设改造、绿色债券等专项债券。2016～2018年，新发行企业债券用于特色小镇公用设施项目建设的，按债券当年发行规模给予发债企业1%的贴息，贴息资金由省级财政和项目所在地财政各承担50%，省级财政分担部分由省发改委和省财政厅各承担50%。特色小镇完成规划设计后，省级财政采取以奖代补的方式给予50万元规划设计补助，省发改委、省财政厅各承担25万元。

特色小镇范围内符合条件的项目，优先申报国家专项建设基金和相关专项资金，优先享受省级产业转型升级、服务业发展、互联网经济、电子商务、旅游、文化产业、创业创新等相关专项资金补助或扶持政策。优先支持特色小镇向国家开发银行、中国农业发展银行等政策性银行争取长期低息的融资贷款。鼓励特色小镇完善生活污水处理设施和生活垃圾处理收运设施建设，省级财政给予"以奖代补"资金倾斜支持。

(八) 甘肃省

省级财政采取整合部门资金的办法对特色小镇建设给予支持。同时采取"以奖代补"的方式，对按期完成任务，通过考评验收的特色小镇给予一定的奖补资金。特色小镇所在县级政府要将特色小镇建设用地的租赁收入以及小城镇基础设施配套费等资金，专项用于特色小镇基础设施建设。各地要积极研究制定具体政策措施，整合优化资源，对特色小镇规划建设给予支持。

(九) 海南省

《海南省特色风情小镇建设指导意见》(2014年) 规定：项目和资金上优先，建议预算安排一定资金，村镇规划区内建设项目缴交的基础设施配套费全额返还小城镇，部门整合支持。

《海南省人民政府关于印发全省百个特色产业小镇建设工作方案的通知》(琼府〔2015〕88号) 规定：一是设立产业小镇产业发展引导基金，重点用于产业小镇的产业培育；二是各方面的财政专项资金（基金）在符合投向的情况下，要向产业小镇的产业发展及相关基础设施建设等项目倾斜。

新增财政收入部分，省财政可考虑给予一定返还。

(十) 重庆市

加大市级小城镇建设专项资金投入，调整优化市级中心镇专项建设资金，重点支持特色小镇示范点建设。特色小镇示范点建设项目打捆纳入市级重点项目。

(十一) 陕西省

重点示范镇每年省财政支持1 000万元，文化旅游名镇每年支持500万元。

（十二）四川省

从 2013 年开始，连续 3 年，每年启动 100 个省级试点镇建设。省级财政安排专项资金，支持试点镇市政基础设施建设，完善公共服务功能，提升试点镇的承载能力和吸纳能力。市（州）、县（市、区）财政也要安排专项资金，加大投入。

（十三）贵州省

加强资金筹措：各市（州）、试点县要加大本级财政对小城镇建设发展的支持力度，在年度财政预算时要安排小城镇建设发展专项资金，集中用于支持试点县小城镇建设发展。"财政补助、信贷支持、社会投入"。

（十四）广西壮族自治区

自治区将整合涉及示范镇建设的相关资金和项目，积极为示范镇争取中央专项和转移支付资金支持。自治区本级资金补助标准为每个示范镇 1 000 万元，示范镇总投资一般不低于 2 000 万元。

（十五）西藏自治区

自治区财政安排 10 亿元特色小城镇示范点建设工作启动资金。

地（市）、县（区）人民政府要以规划为统领，以基础设施项目、产业项目、民生项目为重点，进一步整合交通运输、住房城乡建设、农牧、水利、林业、电力等部门资源，调整资金结构，按照"渠道不乱、用途不变、统筹安排、集中投入、各负其责、各记其功、形成合力"的原则，加大对特色小城镇建设的投入力度。

同时，要广泛吸纳社会资金和民间资本支持特色小城镇示范点建设。充分发挥援藏资金在小城镇建设中的重要作用。

到 2020 年，我们将要培育 1 000 个左右各具特色、富有活力的休闲旅游、商贸物流、现代制造、教育科技、传统文化、美丽宜居等特色小镇，那么如何解决投入的资金问题，尤其是基设投资，图1-1所示为培育1 000个特色小镇孵化器架构。

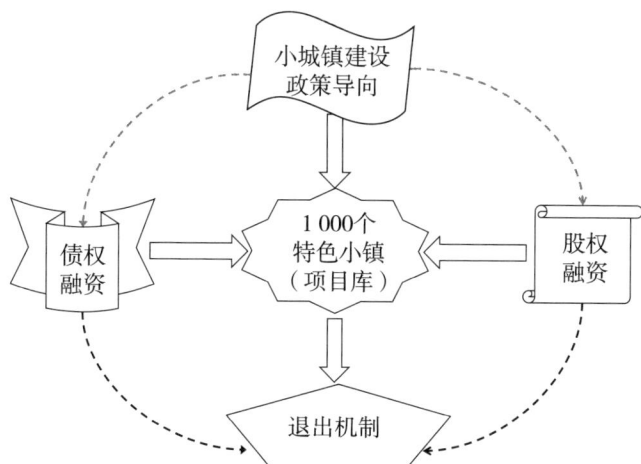

图1-1　培育1 000个特色小镇孵化器架构

第二节　各国著名"特色"小镇经验借鉴

英国在"二战"结束后发起"新城运动"，英国政府分别于1946年、1965年和1981年颁布了《新城法案》（New Towns Act），主要目的是通过对小城镇的开发建设，疏解伦敦、伯明翰、利物浦等大城市的过剩人口。

从20世纪中期开始，美国便出现了人口向郊区转移的趋势，一些大城市周边的小城镇由于地价便宜、环境宜居，成为居住首选地。此外，部分老城区犯罪率飙升，也导致许多企业将总部迁到小城镇。

日本九州东北部的大分县在20世纪80年代初发起的"一村一品"运动，就取得了巨大成功。该运动旨在鼓励各地发现和利用地方特色资源，包括文化遗迹、农产品等，并将其打造成为支持当地经济发展的支柱产业或产品。

布鲁金斯学会的研究员布鲁斯·凯兹（Bruce Katz）和欧文·沃什伯恩（Owen Washburn）在 2011 年发表的一篇名为《美国小镇与大都市》的文章中提出，那些发展势头良好的小镇，大多都是大都市区经济活动的一部分，而不是自给自足的"孤岛"。

各国政府也意识到了这一点。20 世纪初，美国行政管理与预算局就提出了"都市统计区"（Metropolitan Statistical Area）的概念，将具有一定规模的大都市与周边辐射范围内的多个小城镇视为一个有机整体。日本在 20 世纪 50 年代颁布了《首都圈整备法》，确立了东京与周边地区共生发展的理念，将首都周边的 108 个农村小城镇纳入东京都市圈的规划范围，让这些小城镇既可享受到首都圈的政策红利，又能充分开发周边地区的广阔市场。①

借鉴各国特色小镇经验，探索差异化和特色化的小城镇，为我国特色小镇建设提供了创新思路。接下来，我们鉴赏几个国外的特色小镇。

一、格林尼治"特色"小镇

格林尼治是美国康涅狄格州的一个小镇，只有 174 平方公里，约有人口72 103人，其中白人占95%以上，人均收入均在 500 万美元以上，因豪宅面积巨大，故有"庄园之镇"的美称。这个小镇的独特魅力就是因这里集中了 500 多家对冲基金公司，又名对冲基金小镇，是美国最富有的小镇之一。

这个特色小镇的形成既有自然发展形成的因素，也有政府推手的促使，主要表现在：

---

① 资料来源：云贺：《发展"特色小镇"的核心在哪？》，智客。

（一）自然条件

从自然条件看，小镇环境优美，镇上没有高楼，绿树成荫，如花园一般，离纽约只有 60 公里，在小镇上班，办公室和家之间的路程一般只要 10 分钟左右，住所附近随处都是跑步和遛狗的好去处，住房宽敞舒适，小镇还非常国际化，走在街上会听到不同国家的语言。

（二）基础设施齐备

交通、生活设施、网络、安防等健全，小镇交通便利，周边建有 3 个机场，出行非常方便，通信便捷，离海底光缆比较近，能满足对冲基金公司需要的高速网速，娱乐设施、健身设施逐渐完备，同时配有最好的心理诊所，镇上的好学校也不少，入驻的大银行及分支机构多，小镇设有严格的安保系统，比如进门的地方有警犬，想带武器进来立即就会被发现。

（三）政府的助力推动

小镇税收政策特别优惠，吸引了很多对冲基金公司在那里落户，多时达 4 000 余家，如果在格林尼治而不是在纽约办公，年收入千万美元的员工可以少支付 50 万美元个人所得税。政府还实行股权投资奖励、一次性落户奖励等优惠政策，提供优质的教育资源，引进评级、税务、法律等方面的服务机构，保障用电和用网，为投资者提供互联互通的平台等。

（四）小镇产业特色及就业机会

以金融业为核心，金融从业人员为主要居住人口，并辅以相应的产业基础设施配套发展。换个角度看，小镇的金融产业也给政府带来了高额效益，反哺地方实体经济发展，给小镇居民带来充分的就业机遇，在镇上，超过 20% 的 16 岁以上的劳动人口从事金融或者保险业。一个对冲基金经理在大街上散步，遇到的 5 个路人里就有一个可能是同道中人，可以一起去喝茶聊天谈生意，小镇金融监管部门有相当高的投资管理和风险控制能力，集聚了许多优秀人才到镇上安居。

（五）意外事件催化作用

"9·11"事件发生后加速了小镇规模化发展，由于恐慌情绪在纽约弥漫，许多人都希望即刻逃离纽约以免再次遭遇恐怖袭击，格林尼治离纽约不远却又相对安全，因此成了许多对冲基金公司搬家的理想之地。

二、达沃斯小镇

达沃斯（Davos）是位于瑞士东南部格里松斯地区的一个城镇，靠近奥地利边境，是阿尔卑斯山系最高的小镇，海拔 1 529 米，人口约 1.3 万，主要讲德语。

小镇特色闻名全世界，主要表现在以下方面：

（一）自然环境造就的欧洲高端旅游产业

达沃斯是兰德瓦瑟河畔一个群山环抱的小镇，具有"欧洲最大的高山滑雪场"之誉，达沃斯是瑞士知名的温泉度假、会议、运动度假胜地，20 世纪起成为国际冬季运动中心之一。此外，也是瑞士经典火车路线——冰川快车必经的一站。

（二）文化产业

这个小镇举世闻名，倒不全是因为它是个旅游胜地，而是因为一年一度的世界经济论坛在这里举行而名扬世界。小镇有多个博物馆展示文化类展品，如基尔西纳美术馆（Kirchner Museum），展列了曾在达沃斯居住过的德国画家基尔西纳的作品 1 200 余件；木偶和玩具博物馆（Spielzeugmuseum），展示了 18～19 世纪的木偶以及锡镀板玩具的个人收藏，2002 年改建时扩展了展览空间，陈列了从古至今的冬季体育用品，及与其相关的资料；乡土博物馆（Heimatmuseum Davos），该博物馆是可以对阿尔卑斯地区传统生活进行一瞥的地方，存放有民俗资料；达沃斯博彩中心（Casino Davos）：位于 "Hotel Europe" 内部的小型博彩中心。小镇还有最闻名的达沃斯论坛，每年 1 月下旬，在瑞士滑雪胜地达沃斯举办世界经济论坛年会，来自世界各地的两三千位精英代表出席会议。

（三）疗养养老基地

这是个曾经靠空气享誉全球的小镇，19 世纪时肺结核还是不治之症，而达沃斯因为海拔高、四面环山、空气干爽清新，成为各种肺病患者最佳的疗养地。当时城里的医院鳞次栉比，现在很多医院已经改建成了酒店。但达沃斯在医学界的地位不减当年，每年仍有不少国际医学大会在这里举行。达沃斯是欧洲颇有名气的滑雪、温泉、运动与疗养胜地。

（四）交通设施及交通工具

虽然交通并不便捷，但交通工具能给游客带来多种独特体验。

马车之旅：可以乘坐马车观光整个小镇。这里有可以游览质朴美丽的塞提克山谷峡谷风景的路线（单程约 1 个半小时），及去斯克莱塔冰河的峡谷路线（单程约 50 分钟）。

冰川快车（Glacier Express）：冰川快车连接着瑞士的代表性高山疗养胜地——采尔马特和圣莫里茨，也可抵达达沃斯。全程大约需 7 个半小时，途中跨越 291 座桥梁、穿过 91 条隧道，翻过上阿尔卑斯山口，是瑞士最受欢迎的全景观火车游览路线。列车全景观车厢顶部的弧形大窗可以全方位观赏窗外的景色。空调设备使车厢内气温适宜，并保持空气清新。坐在舒适的列车里，壮丽的景色尽收眼底。

海蒂快车：约8个小时到卢加诺（Lugano）。海蒂快车从海蒂之乡迈恩费尔德附近的兰德夸特（Landquart）出发，途径达沃斯，穿过冰河和伯尔尼纳群山到达意大利的蒂拉诺。该线路从圣莫里茨段开始与伯尔尼纳快车路线重合。全年运行，只有夏季6~9月间可前往卢加诺——需持有效申根签证。

（五）产业链的构建与独特的运营模式

达沃斯是以旅游业闻名，导入其他产业，与旅游业有机结合，如国际会议、康养、体育等产业的延伸，把休闲服务软硬件做得更完善，使得游客数量巨增。

把达沃斯从疗养区变成旅游胜地据说是一个旅店老板，当时达沃斯的观光客很少，而且都只在夏天为了避暑才来。这个旅店老板向顾客许诺如果他们肯冬天来度假，第二年夏天的房费全免。客人无法抵挡"买一赠一"的诱惑，纷纷赶来，结果发现这里的冬天更好玩——小城从此名声大噪。1877年，欧洲最大的天然冰场在达沃斯落成，世界级的选手都在这里训练。此外，达沃斯还有一座冰雪体育馆。每年这里的国际赛事不断，让体育爱好者大饱眼福。

三、普罗旺斯小镇

普罗旺斯（Provence）三大浪漫所在：薰衣草之乡、马赛和伊福岛和戛纳。

从诞生之日起，法国南部的普罗旺斯就谨慎地保守着它的秘密，直到英国人彼得·梅尔的到来。在梅尔的笔下，"普罗旺斯"已不再是一个单纯的地域名称，更代表了一种简单无忧、轻松慵懒的生活方式；一种"宠辱不惊，看庭前花开花落；去留无意，望天空云卷云舒"的闲适意境。如今，每年有数百万人涌入南法的普罗旺斯与蔚蓝海岸，亲临画册上难以描摹的景致及小说中所描绘的悠闲。如果旅行是为了摆脱生活的桎梏，普罗旺斯会让你忘掉一切。

普罗旺斯一年中最好的时光是夏天。天空蓝得通透明澈，空气像新鲜的冰镇柠檬水沁入肺里，心底最深处如有清泉流过，直想歌啸。漫山遍野的薰衣草让人狂喜不已，自行车上、牛头上、少女的裙边插满深紫浅蓝的花束，整个山谷弥漫着熟透了的浓浓草香。田里一垄垄四散开来的薰衣草和挺拔的向日葵排成整齐的行列一直伸向远方，田边斜着一棵苹果树，不远处几栋黄墙蓝木窗的小砖房子。阳光洒在薰衣草花束上，是一种泛蓝紫的金色光彩。

自由的色彩蛊惑艺术家创作的灵感，塞尚、梵高、莫奈、毕加索、夏加尔等大画家，都被普罗旺斯注入艺术的新灵感；美国作家费兹杰罗、英国作家D·H·劳伦斯、法国作家赫胥黎、德国诗人尼采等也曾前来朝圣。朝圣者中，包括以《山居岁月》将普罗旺斯推向巅峰的彼得·梅尔。

法国的普罗旺斯，12世纪时，以它的骑士爱情而闻名。一提起法国，我们立刻会说"ROMANTIC"！其实，这个词的词源"RO-MANCE"一开始便和骑士传奇联系在一起。对一个高贵女人忠心耿耿的爱情是骑士一切活动的出发点和终结点。因此，普罗旺斯成为有缘携手婚姻的情侣蜜月之旅的首选。

除了浪漫的爱情传奇，普罗旺斯地区的风景是更具吸引力。这里既有充满激情的都市马塞、尼斯，也有温文尔雅的大学城艾克斯、阿维尼翁，还有那些逃过世纪变迁的中世纪小村落。荒芜的峡谷、整齐的田野、原始的山脉……所有这些都被包围在不到400平方公里的普罗旺斯之中。你很难找到什么地方能像普罗旺斯一样，将过去与现在如此完美地融合。在奥朗日，你可以坐在罗马时代的圆形露天剧场看戏；在阿尔，你可以坐在Place du Forum的咖啡厅里消磨一个下午，那令人沉醉的景致，与一个世纪前梵高所画的几乎没有差别。

我们向往去看看薰衣草之乡，随着一部《薰衣草》的热播，很多浪漫少女都迷上了那种花语为"等待爱情"的紫色小花，甚至有很多"花痴"千里迢迢地赶到薰衣草的故乡——普罗旺斯一觅芳踪。

普罗旺斯著名薰衣草观赏地分别为鲁伯隆山区（Luberon）和施米雅那山区（Simiane-la-Rotonde）。塞南克修道院的花田是鲁伯隆山区最著名的薰衣草观赏地，也是《山居岁月》一书的故事背景，号称全法国最美丽的山谷之一。山上有一座 12 世纪的修道院，塞南克修道院前方有一大片的薰衣草花田，是由院里的修道士栽种的，有不同颜色的薰衣草。施米雅那是一个极具特色的山城，山顶矗立着一座建于十二三世纪的城堡罗通德，环绕着一大片的薰衣草花田。站在施米雅那城镇里，随处可见到紫色花田，无边无际地蔓延。

四、英国的莎翁小镇[①]

英国是开启工业化和城镇化进程比较早的国家，为了解决城镇化进程中的诸多问题与矛盾，英国特别重视通过乡村小城镇的综合规划和建设发展，尤其是对于乡村小镇的环境景观规划设计，重视保护乡村景观资源，将英国乡村特有的传统景观文化与时尚元素进行整合。

莎士比亚的故乡与安葬地埃文河畔的斯特拉福德位于英国中部的华威郡，这个约 3 万人的小镇每年要接待约 50 万来自世界各地的游客。小镇一方面通过发展旅游业自负盈亏、实现文物古迹的维护与基础设施的更新，另一方面又要避免过度商业化破坏小镇的宁静和历史厚重感。英国的灵魂在乡村。

走访斯特拉福德，小镇现在已成为世界名人故居保护与商业开发相结合的典范，一些做法既代表了英国特色小镇发展方面的思路，

---

① 资料来源：桂涛：《英国如何建设莎翁小镇》，经济参考报。

也和当地实际紧密结合，值得思考借鉴，主要做法包括：深挖莎士比亚文化，通过整体设计完整呈现莎士比亚一生，政府做好长期规划；信托基金独立、专业运作，实现古迹开发与保护平衡；注重"粉丝"培育，不断提升名人故里吸引力。

英国人说，宁可失去英伦三岛也不能没有莎士比亚。斯特拉福德小镇目前收入几乎完全依靠发展"莎士比亚经济"。"莎士比亚诞生地基金会"负责小镇五处与莎士比亚有关房产的管理开发，而小镇街道景观、住房、庆典等其他方面则由斯特拉福德地区和镇两级议会管理。

全镇建筑风格相对统一，以莎士比亚生活的英国都铎王朝时期建筑为主，不少是十七八世纪保留至今的老房子，银行、快餐店、店铺等外立面或是修旧如旧，或是尽量做到与周围建筑不冲突。莎士比亚主题餐厅、纪念品商店、旅店集中在莎士比亚故居附近的几条主要街道上，完全为步行道。允许车辆行驶的街道上，步行道与车道几乎等宽，小镇最高建筑为教堂，其他建筑均不超过三层，营造出步行为主的悠闲氛围。

斯特拉福德镇镇长朱丽叶·硕尔特表示，小镇的景观建设和老建筑保护主要从几个方面努力：

首先，在英国，建筑物的保护不是按行政管理的级别划分成国家级或地方级文物保护单位和历史文化名城，而是根据保护的要求和范围分为不同级别。小镇不少建筑被列入国家级的英格兰遗产委员会保护名录，那就绝对不允许拆除，改造也有严格限制。

其次，如果不属于英格兰遗产委员会所列出的建筑就由区、镇两级议会管理，对建筑外立面风格有严格要求，建筑的拆除、改建都须经批准。

在建设特色小镇方面，英国始终坚持整体性、原真性的保护，修葺具有历史文化价值的传统建筑，维护原有城镇的街道、民居建筑等具有地域特色的景观格局，甚至立法规定，50年以上历史的建筑禁止拆除，并由国家历史文物保护机构接管无人继承的传统建筑。

　　硕尔特展示了一本 160 页的《斯特拉福德社区 2011～2031 年规划发展方案》，其中详细规定了小镇建设的总体思路、建筑保护方案、资金来源等各方面情况。这份耗时 4 年制订的方案经地区议会批准后成为法律，镇议会严格按照方案落实。

　　硕尔特介绍，这本厚厚的方案和其他 19 份附录说明一起，是斯特拉福德的发展蓝图。其中既有"在全镇逐步增大步行区范围"、"老城区建筑改造费用由新城开发上缴税款中抽取 25% 资助"、"在即将开发地块间设置一定范围的'战略空地'并严格规定开发条件"这样的宏观发展思路，也有"老城区临街建筑水管需使用金属管而非塑料管"、"老城区一层门面房中非零售店铺门面宽度比例不超过总宽度 20%"这样的细节，并且"20%"这样的标准都是经过专业机构评估得出的。

　　清晰的法律保障是英国特色小城镇建设取得成功的基石。据统计，100 多年城镇化进程中，英国先后颁布了与小城镇规划设计建设有关的法律法规 40 多部。

　　虽然与莎士比亚相关的五处住宅由基金会独立运作，但斯特拉福德地区议会领导人和镇议会领导人都是基金会董事会成员，保证基金会可以在做出决定前充分考量政府的意见。

五、英国的米尔顿·凯恩斯小镇[①]

　　位于英格兰中部的米尔顿·凯恩斯，20 世纪 70 年代前是一个名不见经传的小村庄。由于当地政府全面科学地规划和有序开发，如今，它不仅成为英国闻名遐迩的经济重镇，还是该国新城镇建设的成功典范。在英国有关最佳工作城市的权威调查中，小城镇米尔顿·凯恩斯往往名列前茅，排名甚至超过了伦敦、曼彻斯特以及伯

---

　　①　资料来源：《米尔顿·凯恩斯：英国新城镇建设的典范》，中国新型城镇化建设。

明翰等大城市。其成功秘诀究竟何在？

（一）位置优越

该镇东西位于世界著名学府剑桥大学和牛津大学的中间，南北与伦敦和伯明翰相连，建设有四通八达的高速公路网络和便利的铁路交通系统。以该镇为中心，1 小时经济圈内，约有 800 万人口。镇上虽没有自己的机场，但它却位于周围 5 个大大小小的机场中间。

（二）设施完善

米尔顿镇在建设之初就考虑到了城镇建设和居民生活的方方面面，诸如居住、环境、教育、发展、交通等。其街道分为小车道、公共汽车道和自行车道，各种车辆各行其道，市内交通井然有序。购物中心的建设也分为三种：小型的是社区购物中心，中型的是城镇购物中心，大型的则是全国水准的购物中心。这样的建设不仅使城镇功能齐全，布局合理，而且便于管理。米尔顿高度重视教育事业的发展，为居民提供了终生教育的多种选择；远程教育和网上大学办得非常好，不仅服务本地人，更多的则是服务外地人。此外，它还专门设立了"教育工商伙伴关系"项目，为以工商业为中心的教育提供支持。面对未来发展，米尔顿把"确保该地区继续向企业、企业雇员、雇员家庭以及所有来访者提供一个无以匹敌的环境条件"作为自己的建设目标。

（三）市场运作

米尔顿镇始建于 20 世纪 60 年代末，其城市建设一开始就按照市场规律来运作。首先由政府投资从农民手中将土地买下来，然后交给开发公司去建设。城镇初具规模后，地方发展部门将开发后的土地和房屋出售给公司或个人，收回国家投资。在过去 6 年里，米尔顿的房地产价格持续攀升，2010 年的升幅高达 15%。目前 85% 以上的土地和房屋已经售出，米尔顿镇也因此从昔日的小村庄发展成为拥有 20 多万人口、总建成区面积 88.4 平方公里的经济重镇。

（四）核心产业

当地政府充分利用地理位置的优势，大力兴办零售、信息、咨询、保险、科研和教育培训等服务业。目前，该镇人口的失业率不到 1%，76% 的就业人口从事服务业，制造业占 19%，建筑业占 4%，而农业只有 1%。在服务业当中，又以批发、零售业规模最大，占就业人口总数的 22%。其次，利用优越的地理位置和良好的现代化基础设施，吸引众多公司来投资。近 40 年来，有 5 000 多家新企业来到该镇投资，其中 20% 为外企，特别是美国和日本企业。这些企业以大型企业为主，大约 60% 的公司雇员超过百人。最后，鼓励中小企业的发展。据一项统计数据表明，米尔顿镇的企业平均规模为 22 名雇员，其中大约 2 500 家企业雇员少于 5 人，1 200 家甚至只有一个人。

（五）具有前瞻性的创意

米尔顿镇之所以能成功发展，特别值得注意的是其超前意识。该镇的现代化购物中心建于 20 世纪 70 年代，临街店面气势宏大，大概有 140 多家商店，大到大街上的百货商场，小到小而别致的精品店应有尽有，是欧洲当时最具规模的现代化购物中心，至今仍然是英国著名的购物中心。发达的铁路和公路系统使它自然而然地成为商业中心，吸引着大量的外地顾客，有效地刺激了当地经济的发展。米尔顿的休闲娱乐设施堪称全国一流，这里有英国最好的复合影院，它包括餐厅、健身房、夜总会和酒吧，因其独特的设计而受到广泛的好评。整座城市不仅功能齐全，而且布局十分合理。城市外围是开阔的森林公园，13 个人工湖似一串珍珠环绕森林公园。绿地、公园和人工湖连成一片，有效地实现了蓄水排洪、保护城镇的功能，同时也是人们休闲踏青的好去处。

（六）生态环境保护置前

米尔顿从建镇一开始就非常重视环保，注意不断增加绿色空间。公园占地超过城市总用地的1/6，即使在大型购物中心也有精致的室内花园，各种自然公园和人造湖泊为居民提供了重要的娱乐休闲场所，因此，米尔顿被称为"绿色之城"。根据规划，当地住宅高度不得高于树高，商业用房（包括办公楼）一般不高于6层，所有基础设施管道沿路旁开发，管线埋入地下。良好的环境也吸引了大量的外来移民。

良好的城镇管理推动持续发展。在米尔顿镇，只要有修路的机构就有维护道路的机构，有投资的部门就有负责收回投资的部门，有开发与建设公司就有政府环境监察机构对它们进行严格的监督。城镇管理注意处理好发展与环保、投资与收益、建设与维护的关系；各管理机构相辅相成，对米尔顿镇经济的可持续发展起到了非常积极的作用。

六、以产业为核心的日本特色小镇

（一）自然条件

静冈县处在日本东京和大阪之间，是日本的主要交通要道。境内有富士山，有爱鹰山、远笠山等火山所在的富士火山带，山地一直延伸到伊豆半岛；有丰富的温泉资源，有"温泉半岛"之称；有骏河湾、远州滩、浜名湖等海、湖，天龙川、大井川河流以及位于河口的平原等。自然环境极富变化，气候温和，雨量充沛。

（二）交通枢纽

静冈县地处东京、大阪之间，交通发达，主要交通干线为东海道，是连接日本东西的要道，特别是以东海道新干线、东海道线、东名高速公路和国道1号线等为主线的交通网已成为日本产业的中心。县内有6个新干线停靠站，全县公路总长3.8万公里，东名（东京—名古屋）高速公路路段186公里。东京—热海——东海道新干线，约40分钟。静冈机场及第二东名高速公路已经开始建设，今后静冈县的交通将会进一步得到发展。富士山静冈机场已于2009年6月4日完工。清水港是该县最大的国际贸易港，是日本17个定点港口之一。

（三）特色产业

工业：静冈县是日本的先进工业县之一，工业水平居全日本第四五位，全县的企业数及产值均名列前茅，尤其是制造业在工业中所占比例最高，有"制造之乡"的美誉。工业产品品质优良，性能卓越，机械（运输机械和电子机械）和电子业是全县经济的骨干，乐器和摩托车已打入国际市场，为日本有代表性的产业之一，其他如纸张、医药品、家具等产品名列全国第一。以运输、电气、精密类等机械和用于制造医药品的精密化学及食品工业为中心，也不断向国际化靠拢，企业也在不断强化新产品的研究和开发。

静冈县90%的企业是中小企业，是地方经济支柱。大企业有：本田技研工业株式会社浜松制作所、雅马哈发动机株式会社、铃木汽车工业株式会社、日本乐器株式会社、浜松光电子株式会社、大昭和造纸株式会社等。

静冈县工业的区域性十分明显，根据产业结构，可划分为东部、中部和西部三大块。东部地区位于富士山麓，区内工业用水资源丰富，又临近首都东京，拥有巨大的消费市场，因此工厂规模较中部及西部大，且产业种类齐全，以造纸、纺织为中心的基础产业一直以十分迅猛的速度发展，还发展了不少尖端技术产业。区内主要产业种类有纸（纸浆）、电力机械、食品、一般机械、橡胶制品、医药、运输机械、纤维、化学制品、塑料、金属制品、有色金属制品、精密机械等。位于富士山麓的企业所生产的纸和纸浆堪称日本第一；其他如机床、电气设备、合成纤维等产品也闻名于世。以静冈市为中心的中部地区，是静冈县的政治、经济、文化中心。该地区产业以日用品制造和与日常生活息息相关的地方产业为主。家具制造业是此地最具代表性的产业之一，其他著名的传统和现代工业有木制业等。

农业：静冈县盛产茶叶和柑橘，其中茶叶产量占全日本的一半。网纹甜瓜、草莓、西红柿、马铃薯等农产品均名列前茅。

渔业：静冈县渔业资源丰富，盛产鲣鱼、金枪鱼、鳗鱼等，淡水养殖产业也很发达。

商贸业：对外贸易发展很快，主要出口产品有汽车、摩托车、动力机械、乐器、办公用电子器具等，已形成区域化、集约化、机械化、专业化、商品化的生产、经营、销售体系。

（四）小镇之"特"①

静冈县磐田市的小镇特色在于以雅马哈集团为主体，雅马哈近两万员工多半在磐田市，几乎家家户户都有人在雅马哈工作，构成了正宗特色小镇的"特"。

小镇之忧：一个镇的经济系于单个企业主体之上，有可能出现许多不确定风险。尽管雅马哈集团早已实现了多元经营，出现系统风险的可能性不太大，但也有不确定因素导致的风险。

20世纪60年代雅马哈在确定其发展战略上颇为踌躇，因为他们的产品线实在太杂，最后确定主打文化体育运动产品，全球顶级的雅马哈挂浆机、雅马哈赖以起家的钢琴，都能归属这个系列，这也成为迈克尔·波特的名著《国家竞争优势》中的经典案例，由此使得日本磐田市成为文化体育运动产品的特色小镇。

---

① 资料来源：卓勇良：《日本特色小镇的借鉴和超越》，浙江日报。

第三节　中国特色的城市发展趋势

　　从 2016 年 7 月国家层面提出加快构建特色小镇以来,各地通过给补贴、给奖励、大投入等方式积极投资建设各类特色小镇。12 月 28 日,在江苏省镇江市召开了镇江市银行业支持特色小镇建设的座谈会,镇江市宣布首批建设 8 个特色小镇,2017 年计划完成产业投入 80 亿元。江西省政府发布的《江西省特色小镇建设工作方案》则显示江西省将用一年半的时间分两批打造 60 个左右特色小镇,入选江西省特色小镇名单后,只要年度考核合格,每个小镇每年就可以获得 200 万元的奖励。河北省也在计划打造特色小镇,按照河北省出台的《关于建设特色小镇的指导意见》,河北省计划未来 3 年内打造 100 个特色小镇,每个投资达 20 亿元,这也意味着建设一批特色小镇将耗资 2 000 亿元。

　　虽然我国城市综合发展已取得巨大进步,但城市间发展失衡严重,引领着中国经济前行的珠三角、长三角、京津冀三大城市群,与世界先进城市相比也还存在差距,这将成为我国城市和经济未来进一步发展的动力所在。

一、趋势一:人口和经济向大城市群集聚

　　《中国城市综合发展指标 2016》(以下简称《指标》)显示,以珠三角、长三角和京津冀三大城市群为代表的中国城市群,以巨大的开放空间和发展能量引爆了大规模人口流动。

　　在中国地级及以上的 295 个城市中,有 116 个城市常住人口规模超过户籍人口,其中上海、北京、深圳的非户籍常住人口数量分别达到 987.3 万、818.6 万和 745.7 万,为人口流入规模最大的 3 个

城市。与此同时，有 179 个城市常住人口少于户籍人口，其中重庆、周口、商丘 3 个城市外流人口数量分别达到 383.8 万、356.4 万和 345 万，为人口流出规模最大的 3 个城市。

流动人口向珠三角、长三角和京津冀三大城市群集聚的动向明显。据统计，珠三角城市群（9 城市）常住人口为 5 763.4 万人，占全国城市（地级市及以上，共 295 个，下同）总常住人口的 4.5%；长三角城市群（26 城市）为 15 048.1 万人，占 11.8%；京津冀城市群（10 城市）为 8 947.4 万人，占 7.0%。三大城市群常住人口占全国地级及以上城市人口总数的 23.4%。三大城市群已经分别接纳了 2 569.9 万、2182.5 万和 1 259.4 万的非户籍常住人口，总计超过 6 000 万人口净流入。

《指标》专家组成员、国家统计局财务司司长张仲梁将城市人口的流入与流出比喻为山峰和峡谷，他描绘说："有耀眼的山峰，更有沉陷的峡谷。而且，耀眼的山峰更加耀眼、沉陷的峡谷继续沉陷不一定是小概率事件。"

伴随着人口向大城市群的大迁移，中国经济也出现向城市群特别是三大城市群聚集的动向。据《指标》，珠三角城市群 GDP 规模已达 5.8 万亿元，长三角城市群达 12.7 万亿元，京津冀城市群为 6.1 万亿元，这三大城市群合计创造了全国 36.2% 的 GDP。

我国出现的这一趋势与世界城镇化大趋势合拍。目前全球已形成的具有代表性的大城市群有，以纽约、华盛顿、波士顿为中心的美国东北部大西洋沿岸大城市群和以东京、大阪、名古屋为中心的日本太平洋大城市群。日本太平洋大城市群包含了东京大都市圈、名古屋都市圈和近畿都市圈为主构成的城市连绵带，有东京、横滨、川崎、埼玉、名古屋、京都、大阪和神户 8 座人口超过百万的大型城市和众多中小城市，人口规模达到 7 547 万，占日本全国人口的 60%，以 21.4% 的国土面积创造了日本 66% 的 GDP 和 62.4% 的制造业附加价值。

在我国，人口和经济向大城市群集聚，反映了我国城市发展的分化。张仲梁指出，城市发展分化的背后，是资源配置、人口移动和经济增长的分化。"以前是大家都在路上，虽然有的是跑，有的是走，但现在则是有的继续在跑，有的继续在走，有的已经停下来不走了。"

另一方面，作为集聚的负面效应，不仅有可能引发大城市病，在宏观上产业和人口的过度集中也会引起以地区差距为代表的国土不均衡发展等问题。

而这，正是中国城镇化面临的一个新的课题。

二、趋势二：大交流促进大发展

三大城市群迅猛发展的缘由，要归因于持续30多年的对外开放，以及由开放带来的大交流。

在《指标》排列的前20名城市中，5个经济特区和第一批14个沿海开放城市，有9个位列其中，即上海、深圳、广州、天津、宁波、青岛、厦门、大连、福州。三大城市群中，有11个在前20名，其中珠三角3个、长三角6个、京津冀2个。这些综合发展名列前茅的城市，无一不具有持续对外开放，与国际市场实现大交流、大融合、大交易的特点。

据《指标》提供的数据分析：在商务环境方面，在全国排名前12位城市中，三大城市群占了10席，分别是京津冀的北京（第1）、天津（第7），长三角的上海（第2）、杭州（第6）、南京（第9）、宁波（第11）、苏州（第12），珠三角的广州（第3）、深圳（第4）、东莞（第10）。另两席为西南的开放重镇重庆（第5）和成都（第8）所据。在开放度方面，排名前20位的城市中，三大城市群占有15席。其中上海、北京、深圳分据第1、第2和第3位。在交流方面，排名前20位的城市中，三大城市群占有10席，其中长三

角有 6 席，京津冀占 2 席，珠三角占 2 席，上海、北京、深圳分别
为第 1、第 2 和第 3。

三大城市群引领着我国的开放经济、交流经济，承担了我国经
济转型升级的重任。

作为对外开放重要指标的利用外资方面，珠三角当年实际使用
外资金额占全国城市的 8.9%，长三角占 23.5%，京津冀占 11.9%。
三大城市群合计占全国城市的 44.3%。三大城市群的工业外资企业
比重，珠三角为 27.6%，长三角为 25.1%，京津冀为 18.6%，均远
高于全国 295 座城市 14.4% 的平均水平。在出口方面，据海关统计
的货物出口额，珠三角城市群为全国城市出口总额的 23.7%，长三
角占 44%，京津冀占 5.5%。三大城市群合计创造了全国城市出口
总额的 73.2%。

三、趋势三：创新引领结构调整和经济转型

《指标》显示，以三大城市群为代表的中国城市创新能力正不断
提升，为知识经济发展提供着重要支撑。

2012 年中国发明专利申请数量首次超过美国跃居世界首位。在
今天中国的专利授权量中，三大城市群合计贡献了 58.9%，其中珠
三角占全国的 14.2%，长三角占 33.5%，京津冀占 11.2%。这三大
城市群也是科研人员最为集中的地区，R&D（研究与开发）人数占
全国将近一半，为 49.6%，其中珠三角为全国的 12.5%，长三角为
24.7%，京津冀为 12.3%。体现优质企业数量的上市企业数方面，
珠三角占全国的 13.7%，长三角占 29.3%，京津冀占 12%。

四、趋势四：空间均衡理念渐成城市发展主调

《指标》显示，城市发展的空间均衡理念和原则逐渐为人们所接

受并成为一大趋势。中央财经领导小组办公室副主任、《指标》首席专家杨伟民认为，空间均衡就是在一定空间单元内，实现人口（社会）、经济、资源环境三者之间的均衡。确立空间均衡的理念和原则，对如何正确认识和科学促进区域协调发展，对推进绿色城镇化，对促进人与自然的和谐发展具有重大意义。

《指标》综合发展排列前 3 位的是北京、上海、深圳。位列榜首的北京市，经济排名为第 2 位，社会排名第 1 位，环境排名则屈居第 23 位。被环境拖了后腿的北京仍能排在第 1 位，除了得益于经济体量大、品质较优之外，更得益于其在社会大项指标表现远超其他城市。作为全国政治文化中心和历史名城，其世界遗产、非物质文化遗产、重点文物保护单位以及博物馆、美术馆、影剧院的数量非其他城市可比拟。其在生活品质、传承与交流两个中项排名中都位列全国之首。

上海虽为亚军，实与北京不相上下。其经济排名为全国第 1 位，社会排名第 2 位，环境排名第 5 位（环境大项中的自然生态和环境质量两个中项则排在全国城市的第 64 位和第 24 位）。上海经济和环境大项的排名都超过北京而屈居次席，原因在于与北京相比，上海在传承与交流方面有相当的差距，在生活品质方面也排在北京之后。

深圳后来居上，超过广州而成为全国城市发展综合排名的季军，改"北上广"为"北上深"。其经济和社会大项分别居于第 3 位和第 11 位，而环境大项位列第 1 位，其中贡献最大的空间结构中项排名第 3 位，其次是环境质量中项排名位列第 10 位。综合排名紧接深圳位居第 4 位的广州，经济、社会、环境大项排名分别为第 4 位、第 5 位、第 11 位。

"空间失衡"问题在大部分城市中普遍存在，有的还很严重。即使是排列靠前城市，也都不同程度存在着空间失衡问题。如北京的环境排名就比较靠后，而作为新兴城市的深圳，其社会大项中的"社会治理"指标，在 295 个城市中只排第 113 位。

中央财经领导小组办公室副主任杨伟民指出，部分区域生态环境的恶化，是当地的人口规模以及为提高生活水平进行的经济开发超出了当地的资源环境承载能力。实现"空间均衡"的发展，既是当今中国城市发展的一大潮流，又是中国城市未来发展面临的亟待解决的共同难题。

五、趋势五：绿色循环发展观念成主流

《指标》显示，以生态环境保护为前提的绿色发展、循环发展为本的观念，正逐渐成为中国城市发展的主流。

《指标》提出了许多可操作的绿色指标，构成了循环发展的基础，如环境努力、资源效率、经济结构、经济效率、城市设施等。东京经济大学周牧之教授说，与单纯鼓励"硬"的指标，如 GDP、铁路、公路、楼宇建设的指标不同，中国城市综合发展指标倡导的是发展品质。其追求的"绿色"不是狭义的环境因素，而是突出绿色发展的广义概念，背后包含着经济品质、空间结构、生活品质和人文社会等深层内容。

综合发展排名前 20 位的城市，基本也都是在这些方面表现比较好的城市，如深圳、上海、福州、广州、佛山、厦门、苏州 7 个城市同时进入了环境排名的前 20 位，其中深圳和上海进入了前 10 位，成为兼顾发展与环境的城市典范。

值得一提的是综合排名居第 1 位的北京，环境排名跌落出前 20名。北京在水土禀赋条件并不好的情况下，在环境大项的 49 个小项中仍有一些名列前茅，如国家环境保护城市指数（第 8 位）、单位GDP 能耗（第 3 位）、公共交通路网密度（第 1 位）、轨道交通线路里程（第 2 位）、公共汽车拥有量指数（第 2 位）、建成区绿化覆盖率（第 3 位）、燃气普及率（第 1 位）等。但环保投入财政收入比（第 260 位）、人均水资源（第 208 位）、空气质量指数（第 269

位），PM 2.5 指数（第 269 位）等指标都排列靠后。

《指标》综合发展前 20 位的排名，显示有两个"塌陷"的地区：一个是历史文化积淀深厚、人口众多的中原地区，一个是作为中国重工业基地的东北地区。

中原地区的城镇化水平和城镇化质量呈"双低"状态。以河南省为例，虽然人口众多，但大多仍分布在广大农村。郑州是中原地区最大的城市，其综合发展排名位列第 26 位，其中表现最好的是社会大项排名，居第 13 位，经济大项排名第 23 位，其环境大项的排名为第 246 位。与此相关，郑州历史文化遗存丰富，排在第 15 位，但国际游客数却只排在第 48 位。包括商务环境、开放度和创新创业 3 个小指标的发展活力中项指标，只排在第 40 位。

东北地区只有沿海城市大连名列综合排名第 19 位，东北的省会城市则无一进入前 20 位。东北各省会城市的社会功能、经济基础都比较好，如沈阳的社会和经济大项分别排名第 14 位和第 16 位。"塌陷"首先表现在环境指标上，特别是其自然生态和环境质量的表现不佳，分别排名第 185 位和第 190 位。

值得一提的是，呼伦贝尔市在全国城市环境排名中位居第 3 位，是整个北方地区唯一进入环境排名前 20 位的城市。

中央财经领导小组办公室副主任杨伟民指出，中国的城市发展要坚持生态文明的理念，推进城市绿色发展、循环发展、低碳发展，尽可能减少对自然的干扰和损害，节约集约利用土地、水、能源等资源；高度重视生态安全，扩大森林、湖泊、湿地等绿色生态空间比重，增强水源涵养能力和环境容量；改善环境质量，减少主要污染物排放总量，控制开发强度，增强抵御和减缓自然灾害的能力。

六、趋势六：大文化充实城市发展内涵

如果说，在以往 20 多年提速急行的城镇化过程中，出现了很多周

牧之教授所形容的"单纯鼓励'硬'的指标，如 GDP、铁路、公路、楼宇建设的指标"，建城、造城、扩城成风的话，在今天的大转折时期，则出现了以文化建设充实城市发展内涵、带动城市发展的新趋势。

在这方面，三大城市群城市文化建设和文化积累依然走在了前面。公共图书馆藏书量：三大城市群合计占全国城市的40.7%，其中珠三角为9%，长三角为20.9%，京津冀为10.8%。博物馆、美术馆数：三大城市群合计占29.7%，其中珠三角为4.3%，长三角为16.9%，京津冀为8.5%。影剧院数：三大城市群合计占33.6%，其中珠三角为6.4%，长三角为17.7%，京津冀为9.5%。体育场馆数：三大城市群合计占71.4%，珠三角为8%，长三角为16.3%，京津冀为47.1%。动物园、植物园、水族馆数：三大城市群合计占26.3%，珠三角为6.1%，长三角为13.5%，京津冀为6.7%。世界遗产数：三大城市群合计占26.6%，珠三角为1.3%，长三角为11.4%，京津冀为13.9%。

文化建设给城市发展带来的影响无可估量，仅以旅游业为例，三大城市群入境国外游客数合计占全国城市比重为53.22%，国内游客数合计占全国城市比重为27.28%。

《指标》采用辐射力概念界定城市某一功能为外部所利用的程度，在文化体育辐射力排名前8位的城市中，有6个属于三大城市群，其中北京、上海、广州分列前3位。高等教育辐射力排名的前2位是北京、上海，而在科技辐射力排名的前30位城市中，三大城市群占了18席，前5位为北京、上海、深圳、广州、苏州，均为三大城市群城市。

中国城镇化需要一套标杆和参照系在宏观上可以作为城镇化政策的工具，在微观上可以作为城市规划的抓手，同时还可以作为对政策和规划进行评价的尺度。北京大学周其仁教授认为，《指标》为中国城镇化下一轮的转型提供了科学的指标体系。在不断完善的基础上，也可对形成推进新型城镇化的"指挥棒"提供坚实的学术支持。

第四节 关于特色小（城）镇培育与申报的要求

根据住建部、发改委、财政部联合下发的《关于开展特色小镇培育工作的通知》要求，牢固树立和贯彻落实创新、协调、绿色、开放、共享的发展理念，因地制宜、突出特色，充分发挥市场主体作用，创新建设理念，转变发展方式，通过培育特色鲜明、产业发展、绿色生态、美丽宜居的特色小镇，探索小镇建设健康发展之路，促进经济转型升级，推动新型城镇化和新农村建设。对特色小镇的培育要求是：

一、特色鲜明的产业形态

产业定位精准，特色鲜明，战略新兴产业、传统产业、现代农业等发展良好，前景可观。产业向做特、做精、做强发展，新兴产业成长快，传统产业改造升级效果明显，充分利用"互联网＋"等新兴手段，推动产业链向研发、营销延伸。产业发展环境良好，产业、投资、人才、服务等要素集聚度较高。通过产业发展，小镇吸纳周边农村剩余劳动力就业的能力明显增强，带动农村发展效果明显。

二、和谐宜居的美丽环境

空间布局与周边自然环境相协调，整体格局和风貌具有典型特征，路网合理，建设高度和密度适宜。居住区开放融合，提倡街坊式布局，住房舒适美观。建筑彰显传统文化和地域特色。公园绿地贴近生活、贴近工作。店铺布局有管控。镇区环境优美，干净整洁。

土地利用集约节约，小镇建设与产业发展同步协调。美丽乡村建设成效突出。

三、彰显特色的传统文化

传统文化得到充分挖掘、整理、记录，历史文化遗存得到良好保护和利用，非物质文化遗产活态传承。形成独特的文化标识，与产业融合发展。优秀传统文化在经济发展和社会管理中得到充分弘扬。公共文化传播方式方法丰富有效。居民思想道德和文化素质较高。

四、便捷完善的设施服务

基础设施完善，自来水符合卫生标准，生活污水全面收集并达标排放，垃圾无害化处理，道路交通停车设施完善便捷，绿化覆盖率较高，防洪、排涝、消防等各类防灾设施符合标准。公共服务设施完善、服务质量较高，教育、医疗、文化、商业等服务覆盖农村地区。

五、充满活力的体制机制

发展理念有创新，经济发展模式有创新，规划建设管理有创新，鼓励多规协调，建设规划与土地利用规划合一，社会管理服务有创新。省、市、县支持政策有创新。镇村融合发展有创新。体制机制建设促进小镇健康发展，激发内生动力。

国家发改委等有关部门支持符合条件的特色小镇建设项目申请专项建设基金，中央财政对工作开展较好的特色小镇给予适当奖励。

三部委依据各省小城镇建设和特色小镇培育工作情况，逐年确定各省推荐数量。省级住房城乡建设、发展改革、财政部门按推荐数量，于每年8月底前将达到培育要求的镇向三部委推荐。特色小镇原则上为建制镇（县城关镇除外），优先选择全国重点镇。

2016年12月12日，上海市发展和改革委员会、上海市规划和国土资源管理局联合发出了《关于开展上海市特色小（城）镇培育与2017年申报工作的通知》（沪发改地区〔2016〕20号）。参照上海市2017年特色小镇的申报工作，具体要求如下：

（一）推荐数量

各郊区县申报2017年市级特色小镇数量控制在两个以内。

（二）推荐材料

推荐市级特色小镇应提供下列资料：

（1）小城镇基本信息表。

（2）小城镇建设工作情况报告及PPT，报告要紧紧围绕本通知中培育要求的5项要点编写。同时按编写提纲提供能直观、全面反映小城镇培育情况的PPT。

（3）镇总体规划。符合特色小镇培育要求、能够有效指导小城镇建设的规划成果。

（4）相关政策支持文件。被推荐镇列为本区支持对象的证明资料和支持政策文件。

以上材料均需提供电子版，基本信息表还需提供区级人民政府盖章的纸质文件。

第二章

特色小镇的规划与建设

　　住建部、发改委、财政部《关于开展特色小镇培育工作的通知》（以下简称《通知》）中指出，通过培育特色鲜明、产业发展、绿色生态、美丽宜居的特色小镇，探索小镇建设健康发展之路，促进经济转型升级，推动新型城镇化和新农村建设。

　　基于《通知》中对特色鲜明的产业形态的定义的基本思想，"抓特色小镇、小城镇建设大有可为，对经济转型升级、新型城镇化建设，都具有重要意义"，尤其在小镇规划与建设的具体布局方面，住建部、发改委、财政部等部委在全国范围内开展特色小镇培育工作都提出了具体要求。

第一节　选址的艺术

　　特色小镇突出的就是"特"，除了自然景观，主要是指产业特色，不论是制造业还是服务、文化、旅游业等，都是当地的特色产业，具有独一无二、不可复制、不可替代的产业，我们常常说"人杰地灵"，在特色小镇方面，我们是得追求一点"灵气"，所以选址至关重要。

比如，江南水乡如此之多，为何乌镇率先成功？妙就妙在选址上，选址乌镇建设为特色小镇的理由，一是古镇灵性的复活，以旧修旧，便于复古原貌，至少保80%左右的旧貌见证历史，这是非常宝贵的独特资源；二是流动的文化，乌镇具有中国水城威尼斯之誉，独具魅力；三是交通便捷，离上海、杭州等发达城市1个多小时车程，大巴、高铁可直达乌镇，如果再配以小型飞机等就更加近了；四是美食，乌镇最有名的地方特色菜是红烧羊肉、白水鱼，还有乌镇酱鸡、梅菜扣肉及各类有名的小吃，如臭豆腐干、定胜糕、小馄饨、青团子等当地独具特色的美食佳肴；五是住，小桥流水人家，梦幻迷离的老街夜景，都是乌镇特色的精华所在，宜居乌镇，自然会引来世界游人到此；六是科技，互联网、物联网发达，商家都用免费无线网络招揽游客，进景区直接扫二维码，街边小商小贩也扫二维码支付，这是世界许多著名小镇尚未达到的水平。

因为乌镇具有以上独特魅力，区别或优于其他镇，所以便于打造、运营和不断升级完善。如果不是选这里，还会是哪里呢？

浙江省桐乡市市长盛勇军表示，乌镇能有今天，得益于当初高起点的规划，中青旅带来的资金和资源，以及当地政府良好的管理。如今，乌镇已被确定为世界互联网大会的永久会址。未来能否成为像瑞士达沃斯那样的全球著名小镇？这是乌镇面临的机遇和挑战。

根据河北省委省政府出台《关于建设特色小镇的指导意见》精神，特色小镇选址应符合城乡规划、土地利用总体规划要求，相对独立于城市和乡镇建成区中心，原则上布局在城乡结合部，以连片开发建设为宜。特色小镇规划要突出特色打造，彰显产业特色、文化特色、建筑特色、生态特色，形成"一镇一风格"；突出功能集成，推进"多规合一"，体现产城人文四位一体和生产生活生态融合发展；突出节约集约，合理界定人口、资源、环境承载力，严格划定小镇边界，规划面积一般控制在 3 平方公里左右（旅游产业类特色小镇可适当放宽），建设用地面积一般控制在 1 平方公里左右，聚集人口 1 万至 3 万人；突出历史文化传承，注重保护重要历史遗存和民俗文化，挖掘文化底蕴，开发旅游资源，所有特色小镇要按 3A 级以上景区标准建设，旅游产业类特色小镇要按 4A 级以上景区标准建设，并推行"景区 + 小镇"管理体制。

由业而聚人，由人而兴文，由文而引游，最后自然地、历史地发展成为一个产业、文化、旅游和社区的有机体，生态、生产、生活有机融合的生态圈。

第二节　规划与设计

一、安徽省三河镇特色小镇的规划与设计①

以安徽省肥西县三河镇特色小镇为例，我们来看看特色小镇的规划与设计。

三河镇位于安徽省肥西县南端，地处肥西（属合肥市）、舒城（属六安市）、庐江（属合肥市）三县交界处。古三河被称为鹊渚、鹊岸等，为鸟类栖息地之意，是一个具有 2 500 年历史的水乡古镇。三河镇现已拥有中国历史文化名镇、全国首批绿色低碳重点小镇、

---

① 资料来源：由中国建筑设计院有限公司副院长冯新刚、历史所所长单彦名等提供，作者整理。

中国美食文化古镇、中国生态文化示范基地、亚洲金旅奖——最具魅力乡村旅游名镇、第二批全国重点镇、全国新型城镇化示范镇、中国特色景观旅游名镇等众多称号，2015年10月荣膺国家5A级旅游风景区。

（一）三河镇特色资源

1. 湖——烟波浩渺、风景秀美

巢湖东西绵亘781公里，环湖172公里。巢湖景色优美。连天平湖，浪静波恬，轻舟逐水，帆影浮隐。随着合肥城市战略的调整，巢湖作为城市内湖统领周边城镇，成为区域生态中心、景观中心，调节区域环境。三河镇拥有长约10公里的湖岸线和万亩荷花塘，是巢湖重要生态岸线。

2. 古镇——人杰地灵、千年古镇

三河镇有2500多年历史，文化灿烂，人杰地灵，物阜民丰，境内名胜古迹众多，历史名人辈出。太平军将领陈玉成、李秀成在三河一战击败清军取得了近代史上有名的三河大捷。三河镇荟萃了丰富的人文观景，形成了江淮地区独有的"七古"景观，即古河、古桥、古圩、古街、古居、古茶楼和古战场，历史上既是兵家必争之地，又是商家云集之地。

3. 水——水网交织、小桥人家

三河因丰乐河、杭埠河、小南河三水流贯其间而得名。镇内河环水绕，五里长街，镇外河网纵横，圩堤交错，具有"外环两岸，中峙三州"的独特地貌，历来以其古老、秀丽、繁华而闻名遐迩，是镶嵌在巢湖岸边的一颗明珠。三河镇源于水，灵于水，活于水，盛于水，水是三河城镇建设的灵魂。

4. 田——土地肥沃、田园家乡

三河镇位于巢湖西岸，自古以来土地肥沃，是典型的皖中"鱼米之乡"。三河风光旖旎，生态优美，景色宜人，河网纵横，圩堤交

错，村在林中，房在绿中，人在画中。桃花岛风光秀美，姑山岛秀丽多姿。其中，水生蔬菜、水产养殖、葡萄种植是肥西县三大特色农业产业基地之一。

5. 民俗文化——南北交融、丰富多彩

三河镇民俗文化丰富多彩，体现了中国南北文化的交融。至今，春节至元宵节期间，民间仍自发举行龙灯、闹旱船、跳河蚌舞、赶庙会等活动；端午节时，人们做粽子、玩龙船；中秋节日仍玩火把；婚丧嫁娶，仍抬花轿、闹花船、请"良玩"；前有姓氏后有郡的民俗灯笼仍高挂在每户人家的门楼之上，保存着淳厚的民风。民俗文化是三河镇历史文化资源的重要组成部分。庐剧（被评为国家非物质文化遗产）、民间歌舞等都展示着丰富的民俗文化。

6. 美食文化——鹊渚佳酿、美味食府

三河镇古名"鹊渚"，也是闻名遐迩的酿酒之乡，三河米酒是当地一绝。历史悠久，人文荟萃，三河的传统饮食文化源远流长。它取南北菜系之长，集徽、川、淮扬菜之大成，形成自己独具特色的菜肴风味。太平天国英王陈玉成在此全歼湘军李续宾部，取得辉煌的"三河大捷"，留下"鹊渚十里闻酒香，三河美酒醉英王"的美谈。

（二）三河镇发展定位

三河镇用区域的视角，深挖自身优势资源，以"巢湖鹊岸·水乡古镇"为发展主题，以发展城镇、打造特色、构建产业体系为重点发展方向，以建设国家级历史文化名镇、国家特色景观旅游名镇为目标，建设休闲旅游业为主导，具有鲜明皖中地域特色的绿色低碳小城镇。放弃以工业发展为主要方向的发展思路，集中优势资源打造旅游型城镇，塑造城镇形象。

（三）三河镇规划特色

1. 文化立镇，塑造形象

深挖古镇文化，塑造"巢湖鹊岸·水乡古镇"的形象，以品古镇、游巢湖、观田园、秀河畔、赏湿地突出三河镇的古镇文化、水乡特色。详见图2－1。

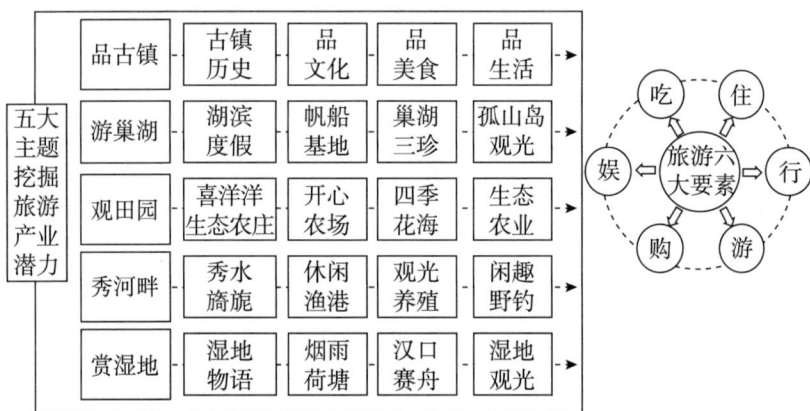

图2－1　三河镇规划特色

以资源为导向项目，将游、吃、住、行、娱、购六大旅游元素融入三河镇旅游产业，在古镇、巢湖、田园、河流、湿地等方面塑造丰富的旅游主题，实现片区旅游的规模化及联动发展。详见表2－1。

表2－1　三河镇项目策划总览表

功能	项目	
湖	湖滨欢乐湾	游泳、潜水训练、浴场、水球、摩托艇、划水、拖伞、帆船等
	渔业观光养殖	渔业观光、渔家乐、巢湖三珍大排档、高端养殖、精加工等
	孤山岛观光	私密酒店、巢湖美食
	经济养殖	贝类、鱼类等各类养殖
	休闲渔港	游艇码头、出湖体验、野钓、湖上游乐等

（续表）

功能	项目	
湿地	湿地氧吧	野味美食部落、湿地小火车、亲子乐园、密林探幽、湿地木屋等
	湿地物语	湿地观鸟、大自然教室、生态科普教育、湿地研究、水循环展示基地等
	湿地休闲	汉口赛舟、户外运动场地、运动理疗中心、康复健身基地、运动饮食研究中心
镇	三河古镇	古镇观光、餐饮街、购物中心、酒店、居住、生活配套等
	旅游风情小镇	商务办公、文化会议中心、创意综合体等
	旅游集散中心	展示中心、游客服务中心、集散广场、生态停车场、汽车旅馆、医疗配套、纪念品售卖点等
田	农家体验园	原始耕种、林间野餐、民居住宿等
	现代循环设施农业	蔬果乐园、高效农业、农业观光、大棚蔬菜、规模农场、苗种培育等
	生态观光农业	蔬果种植业、草食畜牧业、麦田怪圈等
	有机蔬果园	蔬果采摘、百果园、果酱工坊、农家小木屋等
	四季花海	四季庄园、田园婚礼、摄影基地、香水庄园等
	开心农场	田地认领、偷菜、科普教育、农家饭菜等
河	河畔跑马	河床驰骋、闲趣跑马、河畔遛马、露营烧烤、篝火派对等
	寂寞沙洲	滨河风光、湿地沙洲、神话故事园、百龙园、钓鲤园等
	闲趣野钓	休闲野钓、河边露营、野炊等
	滨河民俗公园	民俗长廊、林荫漫步、中华古碉、垂钓会所、河畔野钓等
	渔文化体验园	捉鱼、捕鱼、休闲垂钓、海鲜美食等

2. 产业引领，深度融合

口杯制造业是三河镇产业体系中具有核心地位的产业，基础扎实，发展方向选择面较广，是三河镇工业发展主要竞争优势所在。一方面做强做优以富光口杯为龙头的口杯产业，延伸上下游产业链；另一方面积极开发与三河古镇旅游产品相关的产业，多渠道进行招商引资，引凤筑巢，其发展策略是：加快技术升级，提高生产工艺水平和产品质量，进行产品结构调整，抢占中高端市场，加强专业化分工，拓展市场范围。除了加工制造外，加强产品设计、原料采购、物流运输、订单处理、批发经营和终端零售6个环节的整合，形成6+1的全产业链，提升产品竞争力。在产品设计方面融合三河特色，积极寻找产品设计与三河旅游的结合，实现古镇品牌与富光品牌的强强联合，从三河古镇中吸取设计元素，提升产品设计的文化性，增强产品的价值。同时，通过产品的销售渠道，宣传三河古镇，实现双赢。

3. 保护风貌，重塑水乡

（1）城镇有机生长，组团布局。

三河镇是水乡古镇，水文化占据重要地位，规划结合水系走向，打通环水岸线，充分尊重和利用现有道路及公共设施基础，在土地集约增长的前提下，充分利用镇区北部平坦地形条件，依托原合铜公路，实现城镇自南向北组团式有机增长。在此基础上，结合丰乐河与杭埠河水系走向，开辟镇区三河北路，以加强各组团的交通联系。同时，尊重城镇未来发展的需求，为远景的发展预留空间。

（2）打造"三河"岸线，彰显古镇水韵。

丰乐河贯穿三河镇区，与小南河一起组成镇区水网岸线，将三河古韵今风相结合，"水系串珠"，结合三河镇现状，对沿江岸线中的生活岸线、旅游岸线、生态防护岸线等进行合理的规划布局，打通老城区环形水系网络，塑造美好三河水乡形象。

（3）棋盘自由式结合，完善交通体系。

考虑三河历史文化街区、老城区与新城区的关系，以及对外交通穿越镇区的不合理等因素，规划结合现状自然环境，打造"棋盘＋自由式"路网格局，完善历史文化街区与老城区道路体系，构建滨水人行系统；通过原公路改线方式疏通镇区与外围城镇的联系，改善内外交通关系。

（4）构建生态廊道，倡导绿色低碳。

规划中通过对镇区现有水体的改造、沿江岸线的整治等规划手段，对自然生态环境进行合理的保护和利用，进而改善生态人居环境，实现三河镇绿色低碳小城镇建设。

（5）保护古镇风貌，延续人文景观。

三河镇历史悠久，是中国第三批历史文化名镇，《安徽省三河古镇历史文化街区保护规划》中，按照"晚清时期、皖中徽派"风格修旧如旧，整体打造三河镇历史文化保护街区，完好地保存了古镇传统建筑群和历史街区。规划中通过划定古街历史传统风貌核心保护区以及环境协调区，保护传统风貌的整体性，维护"河、塘、镇"为一体的古街风格，延续人文景观。同时，鼓励发展适合古街传统空间特色的小型商业餐饮、旅游休闲产业等，推动城镇的全面与快速发展。

4. 升级配套，保障活力

（1）提升交通设施。

首先，强化区域对外交通，与合肥、巢湖和肥西实现快速对接，建构铁路、公路交通骨架，紧密对接大型交通枢纽，完善区域公共交通体系，通过大交通格局融入大区域。

其次，完善大交通格局下的微交通系统。在现有交通的基础上，加强镇区与茶棚、木兰、滨湖 3 个中心社区的联系，搭建镇域道路骨架。通过整体提升、脉络梳理，以现状村村通公路为基础，构建覆盖镇域的毛细路网系统，打通各基层村的交通联系，为发展乡村旅游和综合利用提供基础。

最后，结合旅游设施及主题游线，构建滨湖景观慢道、古镇景观慢道、乡间景观慢道、湿地景观慢道、滨河景观慢道，搭建起覆盖全域的慢道系统。

（2）完善公共设施。

按照区域共享，按需配置，城乡均等，保障民生的规划思路，按照服务半径，构建镇、村二级生活功能圈。

（3）配套市政设施。

全域整体考虑市政设施，将电力、给水、污水、垃圾收集等基础设施延伸至基层村，做到集中收集处理，保证全域覆盖。

这个案例从规划设计上突出了三河镇总体原始风貌，彰显其产业、文化、建筑、生态等特色，形成三河镇独具风格的特色小镇，不论从历史文化古迹的保护，还是美食、自然绿色生态的旅游环境的彰显，都体现了规划布局及设计者独具匠心的打造。

二、浙江省加快建设美丽特色小（城）镇实例

根据国家发改委《关于加快美丽特色小（城）镇建设的指导意见》（发改规划〔2016〕2125 号），特色小（城）镇包括特色小镇、小城镇两种形态。特色小镇主要指聚焦特色产业和新兴产业，集聚发展要素，不同于行政建制镇和产业园区的创新创业平台。特色小城镇是指以传统行政区划为单元，特色产业鲜明、具有一定人口和经济规模的建制镇。特色小镇和小城镇相得益彰、互为支撑。发展美丽特色小（城）镇是推进供给侧结构性改革的重要平台，是深入推进新型城镇化的重要抓手，有利于推动经济转型升级和发展动能转换，有利于促进大中小城市和小城镇协调发展，有利于充分发挥城镇化对新农村建设的辐射带动作用。为深入贯彻落实党中央关于特色小镇、小城镇建设的重要批示指示精神，浙江省政府就加快美丽特色小（城）镇建设提出了一系列指导意见。首先是五个坚持：

- 坚持创新探索。创新美丽特色小（城）镇的思路、方法、机

制，着力培育供给侧小镇经济，防止"新瓶装旧酒"、"穿新鞋走老路"，努力走出一条特色鲜明、产城融合、惠及群众的新型小城镇之路。

- 坚持因地制宜。从各地实际出发，遵循客观规律，挖掘特色优势，体现区域差异性，提倡形态多样性，彰显小（城）镇独特魅力，防止照搬照抄、"东施效颦"、一哄而上。

- 坚持产业建镇。根据区域要素禀赋和比较优势，挖掘本地最有基础、最具潜力、最能成长的特色产业，做精做强主导特色产业，打造具有持续竞争力和可持续发展特征的独特产业生态，防止千镇一面。

- 坚持以人为本。围绕人的城镇化，统筹生产、生活、生态空间布局，完善城镇功能，补齐城镇基础设施、公共服务、生态环境短板，打造宜居宜业环境，提高人民群众获得感和幸福感，防止形象工程。

- 坚持市场主导。按照政府引导、企业主体、市场化运作的要求，创新建设模式、管理方式和服务手段，提高多元化主体共同推动美丽特色小（城）镇发展的积极性。发挥好政府制定规划政策、提供公共服务等作用，防止大包大揽。

其次是分类施策，探索城镇发展新路径。

总结推广浙江等地特色小镇发展模式，立足产业"特而强"、功能"聚而合"、形态"小而美"、机制"新而活"，将创新性供给与个性化需求有效对接，打造创新创业发展平台和新型城镇化有效载体。

按照控制数量、提高质量、节约用地、体现特色的要求，推动小（城）镇发展与疏解大城市中心城区功能相结合、与特色产业发展相结合、与服务"三农"相结合。大城市周边的重点镇，要加强与城市发展的统筹规划与功能配套，逐步发展成为卫星城。具有特色资源、区位优势的小城镇，要通过规划引导、市场运作，培育成为休闲旅游、商贸物流、智能制造、科技教育、民俗文化传承的专业特色镇。远离中心城市的小城镇，要完善基础设施和公共服务，发展成为服务农村、带动周边的综合性小城镇。

统筹地域、功能、特色三大重点，以镇区常住人口 5 万以上的特大镇、镇区常住人口 3 万以上的专业特色镇为重点，兼顾多类型多、形态的特色小镇，因地制宜建设美丽特色小（城）镇。

在《浙江省人民政府关于加快特色小镇规划建设的指导意见》中也印证了以下事项：

第一，在全省规划建设一批特色小镇，有利于推动各地积极谋划项目，扩大有效投资，弘扬传统优秀文化；有利于集聚人才、技术、资本等高端要素，实现小空间大集聚、小平台大产业、小载体大创新；有利于推动资源整合、项目组合、产业融合，加快推进产业集聚、产业创新和产业升级，形成新的经济增长点。

第二，产业定位。特色小镇要聚焦信息经济、环保、健康、旅游、时尚、金融、高端装备制造等支撑浙江省未来发展的七大产业，兼顾茶叶、丝绸、黄酒、中药、青瓷、木雕、根雕、石雕、文房等历史经典产业，坚持产业、文化、旅游"三位一体"和生产、生活、生态融合发展。每个历史经典产业原则上只规划建设一个特色小镇。根据每个特色小镇功能定位实行分类指导。

第三，规划引领。特色小镇规划面积一般控制在 3 平方公里左右，建设面积一般控制在 1 平方公里左右。特色小镇原则上 3 年内要完成固定资产投资 50 亿元左右（不含住宅和商业综合体项目），金融、科技创新、旅游、历史经典产业类特色小镇投资额可适当放宽，淳安等 26 个加快发展县（市、区）可放宽到 5 年。所有特色小镇要建设成为 3A 级以上景区，旅游产业类特色小镇要按5A级景区标准建设。支持各地以特色小镇理念改造提升产业集聚区和各类开发区（园区）的特色产业。

第四，运作方式。特色小镇建设要坚持政府引导、企业主体、市场化运作，既凸显企业主体地位，充分发挥市场在资源配置中的决定性作用，又加强政府引导和服务保障，在规划编制、基础设施配套、资源要素保障、文化内涵挖掘传承、生态环境保护等方面更好发挥作用。每个特色小镇要明确投资建设主体，由企业为主推进项目建设。

（一）杭州玉皇山南基金小镇①

2015年5月17日，杭州玉皇山南基金小镇正式揭牌，一个类似于美国对冲基金天堂——格林尼治基金小镇，在国内诞生。基金小镇凭借金融业列入首批浙江省特色小镇创建名单。

玉皇山南基金小镇位于杭州市上城区玉皇山南，地处西湖世界文化遗产保护带的南端。车水马龙地，玉皇山脚下；背倚八卦田，南宋建筑群。这片南宋皇城根下的产业园，三面环山，一面临江，是千年皇城脚下的城中村，西湖边上的原住地。玉皇山南基金小镇核心区规划总占地面积2.5平方公里，总建筑面积约30万平方米。

玉皇山南基金小镇是为响应浙江省委、省政府打造"特色小镇"的要求，以美国格林尼治基金小镇为标杆，运用国际先进理念和运作模式，结合浙江省和杭州市的发展条件和区域特质所打造的集基金、文创和旅游三大功能为一体的特色小镇。

根据玉皇山南小镇原有基础进行规划设计了三期工程，一期的山南国际创意产业园已建成，入驻企业以文创、私募（对冲）基金为主；二期甘水巷、海月水景公园、鱼塘北地块正在建设中，主要

---

① 资料来源：中国城市中心规划院。

集聚私募基金龙头型企业；三期三角地仓库区块和四期白塔片机务段区块，引进为基金小镇提供配套金融服务的私募中介机构、初创型机构等。一次设计将碎片化的基金小镇整合入微小镇生活圈，描绘着线上线下、工作生活紧密关联的小镇蓝图。

基金小镇用"微城市"的理念打造园区，加快建设生活配套服务平台，在玉皇山南集聚区内，公共食堂、商务宾馆、停车场、配套超市等正在加快建设，有的已投入使用。此外，基金小镇还将提供一系列特色配套服务。搭建五大平台：

1. 产业母基金引导平台

推进浙江省、市政府性产业母基金落地，进一步引导民间资金流向创新型产业，助推产业转型升级，同时有助于招引知名基金公司、金融机构落户小镇。

设立相应的财政性扶持基金，借助社会力量筹建母基金，形成多方位、多层次的专项资金扶持体系。加强与省市政府引导产业基金对接，吸引优质金融企业入驻玉皇山南基金小镇，形成资本集聚效应。

2. 投融资信息交流和项目对接平台

打造基金小镇车库咖啡，为股权投资机构打造一个投融资信息交流和项目对接平台。

3. 基金管理人培育平台

一是通过与高盛集团合作，利用其在华尔街的金融人脉资源，吸引华尔街金融人才归国发展。

二是与美国CFA（特许金融分析师）协会旗下对冲基金人才协会进行战略合作，通过协会搭建与小镇、小镇企业之间人才输送桥梁。

三是与浙江玉皇山南对冲基金投资管理有限公司合作（该企业由敦和资管、天堂硅谷和永安期货三家联合成立），协助小镇的海内外招商及合作，尤其是引进来自美国、英国、新加坡、中国香港等国家和地区高端金融团队和人才入驻发展，目前正与数十家来自各国和各地区的团队密切接洽中，部分团队明确将入驻小镇发展。

四是把握国内公募基金管理人"奔私"的契机，定向招引，帮助其团队创建公司落地小镇或加入小镇私募机构担任明星基金管理人。

4. 私募基金研究院和金融家俱乐部

在小镇二期设置私募基金研究院和金融家俱乐部。研究院主要开展私募基金领域研究，建立私募基金管理人的评价和监测系统，发布国内最权威的私募基金行业研究报告等。金融家俱乐部致力于为金融企业领袖人物提供休闲互动场所。

5. 生产生活服务平台

一是完善生活性配套。打造适合行业从业人员的慢生活社区环境，在现有生活性配套的基础上，逐步新增红酒吧、健康服务中心、小镇图书馆、小镇职工之家、健身中心等。

二是做好经营性服务。实行"一站式"服务，协助企业做好项目申报、资金扶持对接、银企对接，还专门成立国税山南分局，提升小镇综合服务水平。组织做好各类政策解读、宣讲。

三是提升管理水平。根据部分企业同时操盘国内外二级市场的需求，小镇专门配备了两路专变和备用电源，做好用电保障。小镇在规划初期便充分考虑停车需求，结合各组团实际，在地面资源有限的情况下，挖掘地下空间，在一期、二期配建 5 处停车场（库），累计停车位超过 1 000 个。

截至目前，基金小镇已集聚了 68 家私募、股权投资企业，到位资金 63 亿元，管理资产规模 300 多亿元，成为杭州市私募股权投资企业最多、管理资产规模最大的区块。入驻企业中，既有新引进的阿里巴巴旗下杭州湖畔山南资本管理有限公司、宁波远大物产等，也有"老牌"的敦和资产管理有限公司。

此外，位于安家塘 19 号的莫言工作室也已完成装修施工，即将迎接莫言团队正式入驻。

未来 5 年，基金小镇将以玉皇山南二、三、四期为核心区块，集约化引进和培育 100 家以上、辐射带动周边 300 家以上各类私募基金、私募证券期货基金、量化基金以及相关财富管理中介机构等，预计管理资产金额超过 5 000 亿元人民币。

（二）云栖小镇①

1. 项目介绍

"云栖小镇"位于杭州市西湖区之江新城的中部，东北距离湖滨商圈直线距离约 15 公里。规划范围以转塘科技经济园区为基础，东至四号浦，南至袁浦路，西至龙山工业安置区，北至绕城公路、狮子山，用地面积为 4.38 平方公里；研究范围东西两侧用地面积向外拓展至 9 平方公里。

规划范围内的转塘科技经济园区原是一个传统产业发展平台，2011 年开始接触云计算产业。至"云栖小镇"规划编制之初，园区已建设有杭州云计算产业园、阿里云计算创业创新基地两个涉"云"平台，引进阿里云计算、华通云、威锋网、云商基金等涉"云"企业近 100 家。2013 年 10 月召开第一届云计算产业行业盛会——"阿里云开发者大会"（现更名为"云栖大会"）。云计算产业发展已取得较好的先发优势。

2. 主要规划内容——云计算产业发展必要性与必然性

特色小镇建设的核心内容还是发展产业。规划首先从目前国内外云计算产业的发展趋势、杭州市城市转型发展的背景以及市政府大力发展信息经济的举措等方面，论证了现阶段抢抓机遇、发展云计算产业的必要性；然后从西湖区"一镇两谷"的智慧产业发展格局，转塘科技经济园区现状的产业发展基础以及发展云计算产业对地区产业信息化的促进作用等方面，论证了在转塘科技经济园区建设云计算产业特色小镇的必然性。

3. 发展定位

富有科技人文特色的云计算产业生态小镇。

---

① 资料来源：杭州市城市规划设计研究院。

4. 规划目标

创新人才集聚的高地，科技人文的传承地，云计算大数据科技的发源地。

5. 云计算产业谋划与生态体系构建

发展特色小镇的出发点是破解浙江发展面临的难题，其产业规划从根本上有别于传统的产业园区。在做产业规划时引入了产业生态链的发展模式，提出了由"云服务区"、"就业创业区"、"就业创业服务区"、"创业成功发展区"四区组成的一个云计算产业生态体系，构建了一个从想创业、始创业、创业中、创成时、创成后的完整创业服务生态链，形成"易就业易创业的生态体系"，详见图2-2。

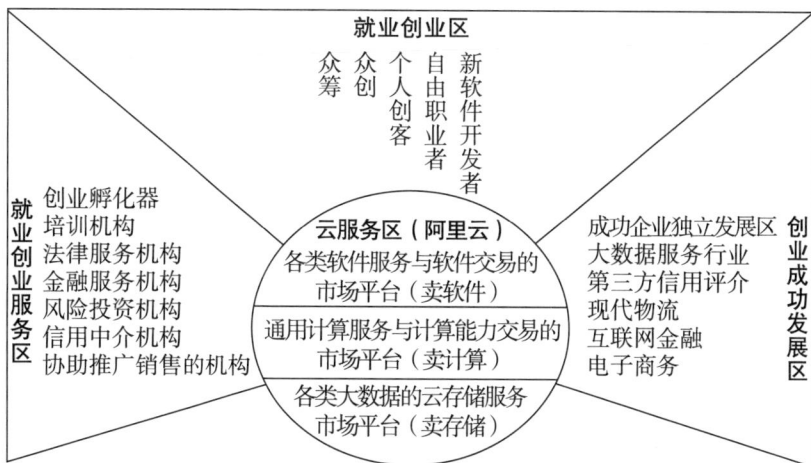

就业创业区

众筹 众创 个人创客 自由职业者 新软件开发者

就业创业服务区

创业孵化器
培训机构
法律服务机构
金融服务机构
风险投资机构
信用中介机构
协助推广销售的机构

云服务区（阿里云）

各类软件服务与软件交易的市场平台（卖软件）

通用计算服务与计算能力交易的市场平台（卖计算）

各类大数据的云存储服务市场平台（卖存储）

创业成功发展区

成功企业独立发展区
大数据服务行业
第三方信用评介
现代物流
互联网金融
电子商务

图2-2 云计算产业生态体系

6. 云计算特色小镇功能分区

根据产业生态链规划，提出了云栖小镇建设需要的八个功能组团，在用地布局上形成了八个功能分区：创业孵化区、创业服务区、云存储云计算产业区、工程师社区、成功发展区、国际化生活区、生活配套区和创业创新拓展区。

7. 存量用地规划调整与规划提升

在规划区大部分用地已出让的情况下，规划采取的是一种渐进式的、有机更新的调整方式，实现规划区从"传统工业园区"到"云栖小镇"的转型提升。相应的调整措施包括，工业用地调整为创新型产业用地、新增配套设施用地、创新型产业用地复合部分配套功能等。同时，在交通、配套设施、开敞空间等方面进行了规划提升。

（1）交通规划：强化小镇对外公共交通联系、开通小镇循环巴士、过境主干路局部功能下穿等。

（2）配套设施规划：增加居住、服务设施、文化设施等配套，以人文的环境吸引高端人才落户于此。利用尚未出让的用地调整功能，新增邻里中心和文化设施用地，同时引导已出让产业用地分别承担服务于企业人员的配套设施建设，包括运动场所、休闲场所、餐饮食堂等。

第三节　特色产业与创新

纵观世界著名小镇发展史，都有一个共同的特点，就是不断创新。

比如达沃斯小镇，早期冬季观光客很少，人们只在夏天才来避暑。旅店老板便向游客许诺如果他们冬天来度假，第二年夏天的房费全免。游客无法抵挡"买一赠一"的诱惑，纷纷赶来，结果发现这里的冬天更好玩——小城从此名声大噪，由此延伸出其他产业链，这种经营模式在当时极富创造性。

再比如我国的杭州云栖小镇，就是以阿里为支撑请云落地为特色的创新小镇。云栖小镇是西湖区依托阿里云公司和转塘科技经济园区两大平台，着力打造的一个以云生态为主导的特色产业小镇。政府是产业集聚区的建设发展主体，使云栖小镇形成了政府与阿里结合的双主体结构，即政府与阿里共同打造"超级孵化器"，共同促进阿里云开发者大会，形成独特的创新产业优势。

日本静冈县磐田市，也就是个8万人的小镇，旅游资源并不多，但由于诞生了雅马哈集团，磐田市几乎家家户户都有人在雅马哈工作，慢慢便形成了以企业主体地位为特色的小镇，再有著名文化体育运动产品品牌的影响力，这就构成小镇区别于以旅游资源为主体的其他小镇的商业模式。

对资源整合的特色小镇，往往比主要靠自然资源为主的小镇更具魅力，我国古北水镇是司马台长城脚下独具北方风情的度假式小镇，像北京这样一个水系并不发达的北方城市，想建一个水镇可不是一件容易的事，如何实施引水工程，这就要技术创新。建设特色小镇除了景观感受外，还有更核心的事情，就是运营架构、内容、商业模式等方面的创新。古北水镇的股东结构设计颇具特色，一共 4 个股东——中青旅控股、乌镇旅游、北京能源投资集团，再加一个私募投资人，这个结构非常有利于古北水镇整体产权开发＋多元复合经营模式的运作。

一、特色产业

特色是一个事物所特有的并区别于其他事物的本质属性。

所谓特色产业就是以独特的产业属性呈现的某些特有资源组成的产业或产业集群。它是一个国家或地区在长期的发展过程中所积淀、成型的一种或几种特有的资源、文化、技术、管理、环境、人才等方面的优势，从而形成的具有国际、本国或本地区特色的具有核心市场竞争力的产业或产业集群。具有以下特征：

（一）别具一格

首先要瞄准一个"特"字，就是要盯住个性化和有地方特色的产业，选择能提供与众不同的特色产品，积极推动，大力发展，形成本地具有独特性的东西，如品牌形象、技术特点、外观特点、客户服务、特殊原料、传统秘方、历史文化、自然特点、经销网络及其他方面的独特性，使之赢得持久的竞争优势，获得超常的经济收益。

（二）集中一点

要毫不犹豫地从一种特色产业入手，集中各自的优势资源，采取超常措施，实施重点突破。从各地的发展经验看，其共同特点就是将战略的注意力集中于一个特色点上，挖掘深加工潜力，把特色产业逐步做强做大，使之在激烈的市场竞争中形成领先优势。

（三）规模效益

要研究创造高附加值产品，全面提高"成本优势"和"低成本运作"能力，千方百计在研究、服务、营销、广告等多方面节约成本，使特色产业在激烈的市场竞争中形成规模优势，获得领先地位。尤其是当市场竞争激烈时，仍然可以获得较好的利润，从而得以生存、发展和壮大。这样，特色产业就能长期处于低成本地位，赢得成本领先的竞争优势，获得持续稳定的发展。

（四）循序渐进

要深刻认识到"特色"本身的一个显著特点，就是它体现了经济发展是一个逐步演进的过程。

一个落后国家或地区不可能一下子发展成为发达国家或地区，而是从一个方面入手，逐步发展，逐步扩张。

当然，这里所说的"特色"并不排斥"一县二色"、"一县三色"、"一县多色"的发展思路，而是强调落后地区应从一个特色产业开始，按照脚踏实地、实事求是、逐步发展的基本思路，当发展到一定程度以后，各方面已积累了广泛的资源要素、知识要素、管理能力、资本运作能力、营销能力，就可以迈开步伐，向多元化方向发展。

（五）政策服务

发展产业靠的是许多企业，企业的生产经营过程中会碰到许多问题，这时就要靠政府去协调、服务，做好服务工作，让企业的所有者能够放心发展企业，形成一个优良的地区投资环境。

特色产业的理想状态无疑是"产业集群"。集群本身是一种特色，聚集主要有两种模式：一是纵向型，围绕成长起来的特色产业，众多上游、中间、下游企业聚集起来，形成一个个完整的生产链；二是横向型，即同类或相似企业、产品聚集，形成专业生产、销售中心。聚集降低企业生产成本，减少市场的信息不对称，形成经济增长极，提升经济竞争力；不仅带动相关产业的发展，而且增强市场机制，激发人们的创业意识，最终促进产业经济全面发展。"特色"就是"独有"，就是"区别于其他"，也就是独一无二之"魅力"。"特色"的形成不会一蹴而就，更不可能靠当权者"拍脑袋"、"想当然"。"特色"的东西是历史的积淀、文化的传承，是由其赖以产生发展的特定环境所决定的。要确实研究和把握本地区的"特色"优势，才能为市场提供具有特色的产品和服务。

二、创新

创新是指以现有的思维模式提出有别于常规或常人思路的见解为导向，利用现有的知识和物质，在特定的环境中，本着理想化需要或为满足社会需求，而改进或创造新的事物、方法、元素、路径、环境，并能获得一定有益效果的行为。

创新是以新思维、新发明和新描述为特征的一种概念化过程，有三层含义：第一，更新；第二，创造新的东西；第三，改变。

如何进行特色产业创新？

（一）开拓创新要有创造意识和科学思维

1.强化创造意识

（1）创造意识要在竞争中培养。

（2）要敢于标新立异：第一要有创新精神，第二要有敏锐的发现问题的能力，第三要有敢于提出问题的勇气。

（3）要善于大胆设想：第一要敢想，第二要会想。

（4）创新的源泉：第一要有兴趣，第二要适合所从事的事业。

2. 确立科学思维

（1）相似联想。

（2）发散思维。

（3）逆向思维。

（4）侧向思维。

（5）动态思维。

（二）开拓创新要有坚定的信心和意志

（1）坚定信心，不断进取。

（2）坚定意志，顽强奋斗。

（3）当创新活动误入歧途，需要调整方向时，它能够强迫自己"转向"或"紧急刹车"。

创新特色产业是建设特色小镇的核心，在特色产业创新方面，全国各地不乏这样用创新思维发展特色产业的事例：本不养羊的清河，却创出了世界上最大的羊绒市场；本不产皮革的辛集，却创出了全国最大的皮革市场；本不产木材的香河，却创出了北方最大的家具产销基地；本没有栽种草莓经验的满城，却创出了北方最著名的草莓集散地，等等。它们这样超常规发展区域特色产业的关键，就是进行了领导方式、体制、结构、技术的创新思维，从而做到了"人无我有、人有我特、人特我优"，使特色产业永具特色，立于不败之地，创新思维是发展特色产业的原动力。①

---

① 资料来源：湛建章：《用创新思维发展特色产业》，科技创新与品牌。

第三章

特色小镇投融资模式

特色小镇是有效投资的重要抓手。特色小镇建设是以特色产业发展如文化、旅游、科技、农业等为前提的,而基础设施与产业发展都必须辅以资金支持、土地扶持政策等基本保障,才能实现特色小镇在产业与人文资源方面的整合,同时提供人的就业发展机遇,进而再吸引周边其他产业进入与人口迁移。要想解决好产业与人的问题,除了政府的规划与政策的持续稳定支持外,还需要足够的资金实力才能办好事情。如何将特色小镇建设与资本接轨,选取什么样的融资与投资模式,这是本章讨论的重点问题。通常情况下,特色小镇的融资模式除公益类捐赠外,按照资金来源划分不外乎两种:一是债权融资模式,二是股权融资模式。其架构如图 3 – 1 所示。

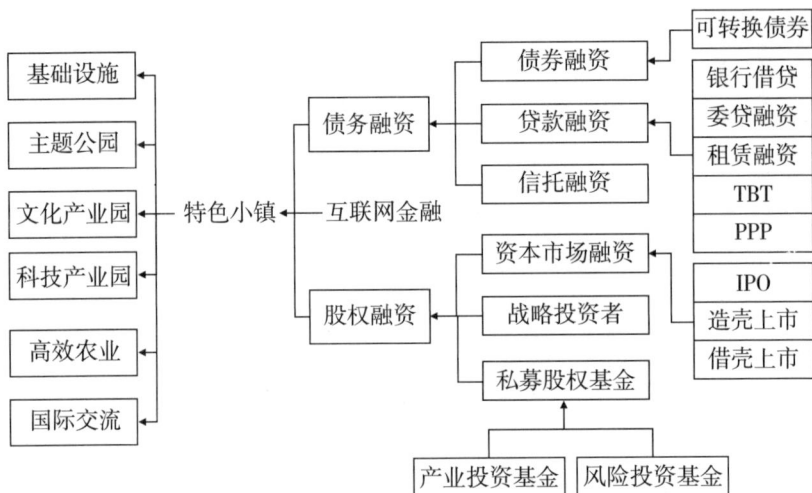

图 3-1　特色小镇融资模式架构

第一节　债权融资

所谓债权融资是指资金需求方通过借钱的方式进行融资，而融资方在获得资金的同时必须要承担资金的利息，借款到期后要向债权人偿还资金的本金。债权融资的特点决定了其用途主要是解决需求方营运资金短缺的问题，而不是用于资本项下的开支。债权融资有以下特点：

（1）债权融资获得的只是资金的使用权而不是所有权，负债资金的使用是有成本的，资金需求方必须支付利息，并且债务到期时须归还本金。

（2）债权融资能够提高融资方所有权资金的回报率，具有财务杠杆作用。

（3）与股权融资相比，债权融资除在一些特定的情况下可能带来债权人对企业的控制和干预问题外，一般不会产生对企业的控制权问题。

银行信用是债权融资的主要形式，但由于银行贷款门槛较高，对大多数中小民营企业而言，获得银行的贷款也相对困难。据深圳市信息统计部门了解，深圳近 10 万家中小企业，至少有一半以上从未在银行贷到一分钱；大约 1/3 的企业即使有贷款，总金额也在 200 万元以下；只有极少企业能从银行贷到够用的资金。

我国国有商业银行给企业贷款在很大程度上是按照所有制性质来划分的，国有中小企业获得银行贷款要容易些，而乡镇企业、集体企业要获得贷款就相对困难。

近年来，随着我国经济的增长和市场化体制的建立完善，民营企业从银行获得贷款难的现象已开始有所缓解，尤其是建设特色小镇，从银行获取资金是有可能的。

一、项目融资

我们先以项目融资为主题来研究其融资模式。项目融资是针对需要大规模资金投资的项目而进行的金融活动，融资方原则上将项目本身的经营收益作为还款资金的来源，而且将其项目资产作为抵押条件来处理，该项目事业主体的一般信用能力通常不被作为重要因素来考虑。

项目融资的方式一般有两种：一是无追索权的项目融资，二是有限追索权的项目融资。

无追索权的项目融资也称纯粹的项目融资，在这种融资方式下，贷款的还本付息完全依靠项目本身的经营效益，同时，贷款银行为保障自身利益，也必须从该项目拥有的资产取得物权担保。如果该项目由于种种原因未能建成或经营失败，其资产或收益不足以清偿全部贷款时，银行无权向该项目的主办人追索。

有限追索权的项目融资是，除贷款项目和收益作为还款来源和取得物权担保外，贷款银行还要求有项目实体以外的第三方提供担保，贷款银行有权向第三方担保人追索，但担保人承担的责任以其各自提供的担保金额为限，所以称为有限追索权的项目融资。

二、特色小镇融资项目

通常根据资金来源，我们选择的融资模式主要包括债权融资及股权融资，针对不同的资金需求，如城镇基础投资、文化旅游投资、健康养老、水利工程、农业投资等具体项目类型，匹配相应的融资工具，包括政府贴息、开发银行贷款及财政资金（只占少数或几乎没有）、各类投资基金、PPP（或 PPP + P2P）、BT、TBT、ABS（资产证券化）等。对于特色小镇建设一般有以下具体项目进行运作与投资：

（一）土地一级开发

就土地一级开发而言，政府可委托机构代理行使权利，通过银行、财团、央企、国企等出资参与投资建设，投资时间短，可直接获利，也可以享受项目的升值收益。

如浙江省嘉兴市嘉善县大云镇的巧克力甜蜜小镇建设，就获得了中国农业发展银行的大力资金支持，这是典型的投贷结合的融资模式。

巧克力甜蜜小镇是我国国内首家、亚洲最大的巧克力特色旅游风景区，规划面积 3.87 平方公里，总投资 55 亿元。小镇涵盖了歌斐颂巧克力主题园、碧云花园、云澜湾温泉、十里水乡等几大板块，着力打造巧克力风情体验基地、婚庆蜜月度假基地和文化创意产业基地，实现"休闲度假、文化创意和乡村风情"的有机结合。

小镇以"甜蜜 + 浪漫"为主题，把自然乡村田园风光生态优势转化成产业优势。该镇将引导农户将甜蜜小镇作为大众创业的新引擎，带动农民增收致富。

小镇建设基于政策引导，中国农业发展银行前期投放的 1.32 亿元重点项目投资基金，弥补了政府项目投资资本金不足的问题，并呈倍增效应地带动了其他资金的投入。

资源整合、项目组合、产业融资，使巧克力甜蜜小镇走上了"旅游+"的发展之路，避免了小镇产业空心化，实现了"以旅游带动产业、以产业支撑旅游"的发展目标。2015年小镇接待游客121万人次，实现服务业收入3.35亿元；2016年还签订了投资60亿元的文创综合项目和2亿元的高端民宿项目。

中国农业发展银行浙江省分行充分发挥了政策性银行在城乡一体化建设中的支柱作用，支持特色小镇建设项目8个，贷款金额160亿元，助推特色小镇建设。2015年，中国农业发展银行推出重点项目投资基金投贷结合的方式，省市县三级联动分两批投入补充项目资本金0.32亿元和1亿元，帮助小镇渡过建设难关。2016年，又对巧克力甜蜜小镇投放项目贷款10亿元。[①]

（二）二级房产开发

二级房产开发，包括居住地产、商铺、客栈、度假式公寓、养老地产等。

这个阶段的项目投资是通过招投标寻找合作伙伴的，投资者通过销售及运营回收所得，融资模式可以多元化。比如银行贷款、债权类融资、房地产资产证券化、产业基金融资、夹层资本、融资租赁、ABS项目融资、产权交易融资、房地产信托融资等。

（二）产业项目及产业价值链的打造

该类项目包括特色产业项目，如科教文卫等产业事业及孵化园、产业园等；还包括旅游产业项目，如主题公园、休闲商街、会所、夜景游玩等。

以上产业项目投资既可以采用债权类投资，也可以采用股权类

---

① 资料来源：王钢、严慧：《农发行160亿贷款助推特色小镇"扬帆起航"》，新华网。

投资，包括 PPP 类、股权类产业投资基金、互联网金融类产品等。

（四）城镇化服务及配套基础设施建设项目

该类项目包括公共基础设施建设、交通、城市智能化管理、社区服务、银行、学校、医院、会展中心等。

根据以上建设项目特点匹配相应的融资模式，可以多元化选择，常用的有 PPP、BT、TBT、ABS、REITs 等，对于一些特需项目还可以加上以下服务模式：

（1）政府与社会资本方签署服务协议。

（2）运营和维护协议。

（3）租赁—建设—经营（LBO）。

（4）建设—移交—经营（BTO）。

（5）建设—经营—移交（BOT）。

（6）扩建后经营整体工程并移交。

（7）购买—建设—经营（BBO）。

（8）建设—拥有—经营（BOO）。

三、古北水镇融资实例①

下面以古北水镇项目为例进行融资模式讨论。

古北水镇是基于北方水文化建造而成的小镇，正在成为北京夜游时尚新地标，吸引越来越多的年轻人及国际友人前来度假休闲，这里也是摄影家和美食爱好者的天堂。

（一）项目介绍

位于北京市密云县古北口镇司马台村的古北水镇，由三个自然

---

① 资料来源：周霄：《整体产权开发＋多元复合经营，古北水镇的投融资方案有哪些地方值得借鉴？》。

村落组成，占地面积近 10 平方公里。2010 年 6 月中青旅与北京密云县签订战略协议，合作开发古北水镇国际旅游综合度假区项目，并于 2014 年 10 月正式对外营业。2015 年全年接待游客 147 万人次，实现营业收入 4.62 亿元，净利润 4 701 万元。预计进入成熟运营期后，每年将接待游客 400 万人次，旅游综合年收入将达到 10 亿元。

（二）交通条件

古北水镇位于北京市密云县，距离市中心仅 100 多公里，车程一个多小时，又处于（北）京承（德）黄金旅游干线上，高速公路直达景区，交通十分便捷。

（三）规划设计思路

1. 项目定位

要将古北水镇打造成集观光游览、休闲度假、商务会展、创意文化等旅游业态为一体，服务与设施一流，参与性和体验性极高的综合性特色休闲旅游度假目的地。

2. 规划方案

整个水镇规划为"六区三谷"，即老营区、民国街区、水街风情区、卧龙堡民俗文化区、汤河古寨区、民宿餐饮区，与后川禅谷、伊甸谷、云峰翠谷。整个水镇范围内，规划实施大量酒店、民宿、餐饮、温泉、演艺、娱乐等配套服务，总体规划有 43 万平方米精美的明清及民国风格的山地合院建筑。其中包含 2 家五星标准大酒店，6 家小型精品酒店，400 余间民宿、餐厅及商铺，10 多个文化展示体验区及完善的配套服务设施，满足客户对观光、休闲、度假和会议的需求。除此之外，后期还规划了高尔夫球场、别墅地产、度假公寓等多种业态和设施，以满足项目的可持续发展。

3. 设计特点

为确保水镇与周边环境的协调性，从外观到内部布局上，都按照现代化社区的标准，对公共场所、活动空间、居住及旅游配套设施进行设计和打造，同时把现代化的设施隐藏不露地融入建筑当中，既展现了北国小镇的历史面貌，又满足了旅游度假者的舒适居住要求，将古典与时尚融为一体。

（四）投资依据

古北水镇整体投资 45 亿元，投资回收期在 8～10 年。项目投资额较大主要是由于原有基础配套较薄弱，自来水厂、污水处理厂和供暖设施缺乏，需要投入 12 亿元进行基础设施建设。古北水镇从项目运作看，类似乌镇模式的异地翻版，符合资源、区位、政府支持和管理四方面的成功要素（详见表 3 - 1）。从投资角度看又兼具自身优势及以下特点：

表 3 - 1　乌镇与古北水镇对比

项目	乌镇 - 西栅	乌镇 - 东栅	古北水镇
景区面积	3.4 平方公里	0.46 平方公里	9 平方公里
初期投资	11 亿元	1.2 亿元	45 亿元
开园时间	2006 年	2001 年	2014 年（1 月试运营，10 月正式开业）
开园第一年收入/客流	8 812 万元/159 万人次		1.97 亿元/98 万人次
开园第二年收入/客流	1.58 亿元/200 万人次		4.62 亿元/147 万人次
同比增长率	79.3%/27%		134.5%/51%

（续表）

项目	乌镇－西栅	乌镇－东栅	古北水镇
酒店数量	高级酒店（乌镇行馆）3 家、度假精品酒店 7 家、民宿 400 余间、青年旅社 1 家、经济酒店 1 家		五星标准大酒店 2 家、小型精品酒店 6 家、民宿 400 余间
客房数量	约 1 600 间		956 间
客房入住率	旺季 90%～100%		旺季 95% 以上

1. 项目所在区域资源的稀缺性

依托司马台长城和鸳鸯湖，地理位置险要，人文历史遗迹、自然资源优厚。

2. 引发多方关注

项目在建设进程中即引发了多方关注，引入 IDG 资本（曾用名"IDG 技术创业投资基金"，是最早进入中国的外资投资基金）及京能集团等战略投资者，并进行了多轮增资，表明外部投资人对项目前景极为看好。

3. 政府大力支持

政府财政及审批方面支持力度大，而且由于主要股东京能集团为北京市市属国企，进一步强化了项目与地方政府的关系。

4. 项目管理团队经验丰富

项目由乌镇原班团队负责打造，在最人程度上保证了项目质量。项目的建筑设计团队，以及以后的经营管理和营销宣传都由乌镇团体操盘，使得项目能在乌镇成功经验的基础上"青出于蓝而胜于蓝"。

（五）商业价值

古北水镇以独有的"长城观光、北方水乡"为核心卖点，经过4年独具匠心的打造，在享有北京2 000多万潜在旅游消费者的巨大市场外，还通过北京这一国际知名文化旅游平台，间接拥有数千万乃至上亿的潜在世界客源市场，获得成功的预期是有保证的。

除了门票外，还包括索道、温泉、餐饮、住宿、娱乐、演艺及展览等，使得项目的收入来源能降低对门票收入的依赖性，同时各项目间能相互促进，提升整体收入规模。运营公司除通过招拍挂形式取得1 000多亩外，原有古镇采用租赁模式运营，降低重资产投入的规模，提高投资回报率。古镇中新建的酒店采用自持模式，其他商业物业自营，将计入利润表的收入规模尽可能做大，便于未来持续融资。

（六）旅游特色

（1）享有"北方乌镇"之誉。乌镇是南方的江南水乡，温婉如玉；古北水镇是北国的边塞小镇，沧桑粗犷。所以，古北水镇在小镇特色上完全与乌镇不同，更多体现了独具的北方特色。

水对于任何景区而言，都是不可或缺的旅游资源，而古北水镇本无水，原本只有一条流经区域少且流量很小的小溪。在建造中，设计者巧妙利用堤坝等设施，打造出一个个首尾相连的水面，贯穿整个小镇，最终形成令人叹为观止的"北方水乡小镇"，水镇之名才得以名副其实。

（2）古镇复旧。一走进小镇，就感觉到小镇历史的久远和深厚的历史文化积淀，建设者大多采用"修旧如旧"的手法，力求再现小镇的历史风貌。有些院落，从斑驳的墙体和大门可以看出，明显是从其他地方整体迁移到此的原样复建。

（3）有文化有故事的北方小镇。通过对以英华书院、杨无敌祠、震远镖局、司马小烧、八旗会馆等为代表的建筑群的重建，最大程度地实现了北方小镇的场景化营造，展示了北国边塞小镇的历史风貌和民俗文化，并与司马台长城有机地融为一体，形成独一无二的自我特色，对游客产生了极大的吸引力。古北水镇还十分重视对地方民俗文化的挖掘，通过造酒、染布、镖局、戏楼、祠堂等情景化活动的再现，让游客更真实地体验和感受古镇生活。

（七）当地政府的扶持

作为北京市"十二五"规划的重点旅游建设项目，古北水镇的开发得到了当地政府的大力支持。除 2012 年获得密云县政府 4 100 万元的基建补贴外，更是在道路交通、征地拆迁、水电供暖等方面获得当地政府的支持帮助。

（八）社会资本的参与

古北水镇项目总投资超过 40 亿元，面对如此巨大的资金需求，投资方采用成熟的市场化资本运作方式，由中青旅控股股份有限公司、乌镇旅游股份有限公司、京能集团和其他战略投资者共同成立北京古北水镇旅游有限公司，按比例共同出资持股，承担古北水镇的开发、建设，成为了项目开发建设所需的巨额资金的保障。

此外，古北水镇投资方还与知名地产商开发龙湖地产合作，借助古北水镇巨大的游客量和消费能力，共同开发打造区域内唯一的房地产项目"龙湖·长城源著"，力求通过地产开发的资金快速回流，从而实现资金的平衡。

（九）古北水镇实际融资操作

2010 年 7 月，中青旅设立北京古北水镇旅游有限公司，注册资本 2.1 亿元，由中青旅全资控股，作为古北水镇项目的建设主体，推进项目建设工作。古北水镇基本情况如表 3-2 所示。

表 3 – 2　古北水镇基本情况

区域类型	投资内容	营收渠道及资产	产权归属
保护专属区	1. 对古长城及遗存地点大环境整治	索道	公司
	2. 主题适度修复	—	当地政府
	3. 建设游览线路设施	—	当地政府
旅游专属区	1. 景点（风俗特色展示）	古长城保护费统一门票	古长城保护基金
	2. 酒店、特色民宿	客房收入	公司
	3. 商业业态（自营＋出租）	销售收入	公司
	4. 各类配套娱乐设施（自营＋出租）	销售收入、租金	公司
	5. 大环境营造（区内道路、水城、绿化）	—	公司
	6. 公共配套设施（游客中心、厕所、区内电力、供排水、有线电视、供热等）	—	公司
区域内外	旅游地产项目	房产销售收入	公司

　　整个古北水镇景区规划面积 9 平方公里，其中项目公司购买 1 000 多亩土地，其他采用租赁形式使用土地。在景区规划区域内，如果公司仍有用地需求，当地政府也会提供相应的土地支持，推动景区长远发展。

　　当地政府对项目支持力度较高，采取市级部门领导、区县政府牵头到行政审批模式，除立项和建设用地手续外，市级行政审批权限一律下放，由密云县统筹研究，依法依规办理。密云县成立了"古北水镇"项目手续审批工作协调领导小组，优化审批流程，构建"政府牵头、部门协商、集中审批"的项目审批模式，在依法依规的前提下，最大限度地加快审批进程，各相关部门从受理到审批均将时间压缩在行政许可的最短时限。此外还提供财政补贴和政策支持，除项目拿地、征地、水电供暖、基建补贴等支持，在交通方面，政府还协助修建景区门口的道路。

2011年6月，中青旅为古北水镇旅游公司以出具保函的方式向北京和谐成长投资中心借款1亿元人民币提供担保，借款期限1年。同年8月，古北水镇旅游公司取得国际休闲度假旅游区一期项目旅游用地，总面积717.54亩，成交价格为2.59亿元；11月取得旅游用地359亩，成交价格为1.94亿元。项目取得土地为当地村民宅基地，借助新农村的开发政策，村民获得较高的拆迁补偿收益。另外，在水镇开发前吸收当地人就业，优先培训当地人成为工作人员。水镇开发后，设立1万平方米民俗区，对社会公开招标，村民享有优先租赁的权利。

2011年12月，古北水镇旅游公司引入战略投资者乌镇旅游公司和IDG资本，旅游公司注册资本由2.1亿元增至5亿元，增资后中青旅持股42%，乌镇旅游持股18%，IDG资本持股40%。

2012年8月古北水镇旅游公司再次引入战略投资者京能集团进行增资扩股，投资5亿元占股20%。增资完成后股权结构变更为表3-3所示。

表3-3 2012年增资后股权结构

股东名称	出资比例
中青旅	33.60%
乌镇旅游	14.40%
北京和谐成长投资中心	12.00%
IDG资本	20.00%
京能集团	20.00%
合计	100.00%

增资后古北水镇旅游公司自有资金达到15亿元，为项目建设提供了充足的资金支持，增强了公司信用，降低了公司财务费用，并

提高了项目的抗风险能力。同时，项目的建设运营团队、国有资本、战略投资人持股比例均为 15%～20%，能很好地平衡项目管理团队与资方的利益关系。

旅游公司以项目土地及地上建筑为抵押物，从中国银行北京分行、交通银行北京分行获得合计 15 亿元 10 年期银团贷款，加上旅游公司自有资金，项目建设资金已达到 30 亿元。

2013 年 5 月，项目公司各股东方共同对古北水镇公司进行增资，合计增资金额 3.02 亿元，增资后股权结构变更为表 3 - 4 所示。

表 3 - 4　2013 年增资后股权结构

股东名称	出资比例
中青旅	25.81%
乌镇旅游	15.48%
北京和谐成长投资中心	14.13%
IDG 资本	24.58%
京能集团	20.00%
合计	100.00%

由于中青旅持股比例下降，古北水镇不再纳入财务报表合并范围，变更为联营子公司。

2013 年 10 月，水镇项目一期开业，2014 年元旦开始试运营，水镇大酒店及部分民宿客房开始接待游客，部分游览景点、文化展示体验区、商铺和特色餐饮同步推出。试营业几个月后的清明节，游客量便迎来大爆发，日均客流量达到 2 万人次。

2014 年 7 月古北水镇各股东按持股比例对公司进行增资，共计出资 8 亿元，将注册资本由 13.02 亿元增至 15.32 亿元，为新增项目开发提供资金，降低财务费用。

（十）古北水镇开发融资思路

借鉴古北水镇"整体产权开发＋多元复合经营投融资方案"成功经验，我们是否还可以采用其他手段或运作模式，是否同样可以达到募集资金投入项目建设运营的目的呢？下面我们不妨假设试试其他办法与操作思路来打造古北水镇。

1. 首先，从运作思路入手

第一，对古北水镇的自有资源进行梳理，发现特色亮点，准确定位，为建设特色小镇寻找证据，便于立项报批。这个项目中"地"是融资的重要资源，不论是购买的1 000多亩土地，还是采用租赁形式使用的土地，都大有文章可做。

第二，与当地政府充分沟通，了解其政策支持力度，主要是政府意图及规划决策等，尤其是在具体合作事宜上政府的承诺或"背书"内容。

第三，勾勒出小镇布局，描出一张蓝图来，即古北水镇的整体规划及每个建设项目的具体设计方案。

第四，整体财务预算，即总投资及分期投资规模，了解当地经济实力，落实政府直接与间接扶持资金额度。

第五，构想古北水镇运作的商业模式，预测未来3年的投资收益，分析核心产业链的价值体系及成长性空间，探索在资本市场的定位。

第六，选择现阶段与之匹配的投融资模式与金融工具。

第七，确定参与古北水镇建设的合作伙伴，即搭建合作平台及管理架构。

2. 其次，根据以上思路着手进行具体工作

（1）"特色定位"——"登长城观光、游北方水乡"，这是古北水镇的核心卖点。这里是紧邻北京市郊区罕见的山、水、城相结合的自然古村落，具有不可替代的地域优势的北方旅游小镇。

（2）参考模板——乌镇模式（见表 3 - 5）。

表 3 - 5　古北水镇与乌镇项目对比

项目对比	古北水镇	乌镇
开发模式	中青旅 + 政府 + 战略投资者	中青旅 + 政府 + 战略投资者
地理区位	地处北京密云古北口镇，北京一小时经济圈内	地处浙江桐乡，距上海、杭州、苏州车程两小时内
产品定位	观光、休闲、会议复合定位	观光、休闲、会议复合定位
土地产权	项目独家经营权，通过招拍挂获得土地 1 076 亩	享有乌镇东栅、西栅和中市独家经营权，西栅面积 3 平方公里
资源基础	4A 级景区司马台长城	茅盾故居
景区内容	以司马台长城为背景，具有北方建筑、历史文化特点的亲水山坡型古镇。观光以古镇风光、民居、山水自然风景为主，休闲拥有温泉资源	江南水乡古镇，恢复晚清和民国时期水乡古镇风貌，酒吧、女红、餐饮等配套齐全
竞争环境	周边景点质量一般，数量较少，整个河北省仅 5 个 5A 景区	周边古镇众多，上海周边有江南六大古镇，浙江、江苏有 25 个 5A 景区

（3）确认当地政府的支持力度且有参与建设及出资能力（事实上，2012 年密云县政府出资 4 100 万元用于基建补贴，在道路交通、征地拆迁、水电供暖等方面也协同解决与支持）。

（4）商业模式与市场预测：仅门票包括索道、温泉、餐饮、住宿、娱乐、演艺及展览等就可以达亿元年收入，再加后期延伸的高尔夫球场、别墅地产、度假公寓等多种业态和设施，产生的经济效益也是可测可实现的。

（5）与之适应的可选择的融资模式有：银行贷款，BT、TBT、

PPP（5P）、ABS、REITs，股权类融资模式如 PE、VC、Pre – IPO 等，债转股也适用。

3. 仅从融资模式上选择与之匹配的进行操作

（1）商业银行贷款类。

只要有抵押担保物，这是比较好把握的融资渠道，古北水镇建设所需用地及建设物，只要合理利用都可以与所有商业银行建立合作关系进行融资。

（2）TBT 融资模式，见图 3 – 2。

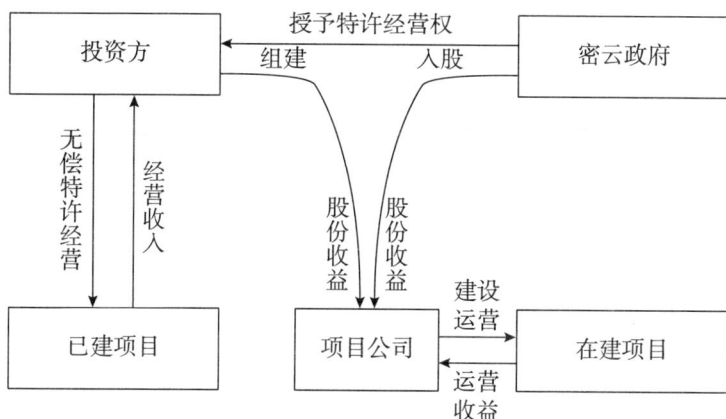

图 3 – 2　古北水镇 TBT 融资模式

TBT 就是将 TOT 与 BOT 融资方式组合起来，以 BOT 为主的一种融资模式。在 TBT 模式中，TOT 的实施是辅助性的，采用它主要是为了促成 BOT 和 TBT 的实施过程。古北水镇镇政府通过招标将已经运营一段时间的项目和未来若干年的经营权无偿转让给投资人；投资人负责组建项目公司去建设和经营待建项目；项目建成开始经营后，政府从 BOT 项目公司获得与项目经营权等值的收益；按照 TOT 和 BOT 协议，投资人相继将项目经营权归还给政府。实质上，是政府将一个已建项目和一个待建项目打包处理，获得一个逐年增加的协议收入（来自待建项目），最终收回待建项目的所有权益。

在 TBT 融资模式中，政府通过 TOT 一次性融得资金后，会在 BOT 项目中入股，甚至主导项目的实施。这样，其他投资人就不用担心财务上和政府履行合同上的问题，而且有了政府的强力参与，又有了资金的保证，就大大增加了项目实施的成功率。

（3）PPP 融资模式，见图 3 - 3。

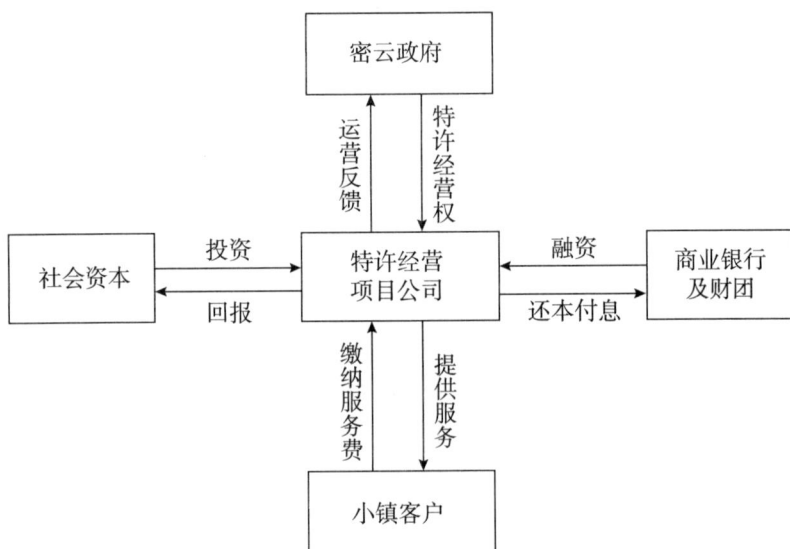

图 3 - 3　古北水镇 PPP 融资模式

作为财政支出创新的重要形式，政府和社会资本合作（PPP）仍将担纲 2017 年的投资主力，PPP 或掀起 2 万亿元落地热潮，因为 2016 年全年 PPP 落地规模大约在 1.2 万亿 ~ 1.5 万亿元，税收优惠、操作细则等相关政策密集出台，鼓励与规范并举的政策框架进一步完善。一方面，2017 年经济稳增长仍需投资发力；另一方面，地方财政收支矛盾进一步加剧，财政扩张空间有限，基建投资将更多寄望于 PPP 等创新融资工具。财政政策重点将从"补项目"转向"补运营"。

PPP 是政府和社会资本合作，是公共基础设施中的一种项目融资模式。在该模式下，鼓励私人企业、民营资本与政府进行合作，参与公共基础设施的建设。

PPP 指在公共服务领域，政府采取竞争性方式选择具有投资、运营管理能力的社会资本，双方按照平等协商原则订立合同，由社会资本提供公共服务，政府依据公共服务绩效评价结果向社会资本支付对价。

PPP 是以市场竞争的方式提供服务，主要集中在纯公共领域、准公共领域。PPP 不仅是一种融资手段，而且是一次体制机制变革，涉及行政体制改革、财政体制改革、投融资体制改革。

PPP 模式的特点有：

第一，PPP 是一种新型的项目融资模式。PPP 融资是以项目为主体的融资活动，是项目融资的一种实现形式，主要根据项目的预期收益、资产以及政府扶持的力度而不是项目投资人或发起人的资信来安排融资。项目经营的直接收益和通过政府扶持所转化的效益是偿还贷款的资金来源，项目公司的资产和政府给予的有限承诺是贷款的安全保障。

第二，PPP 融资模式可以使更多的民营资本参与到项目中，以提高效率，降低风险。这也正是现行项目融资模式所鼓励的。政府的公共部门与民营企业以特许权协议为基础进行全程合作，双方共同对项目运行的整个周期负责。PPP 融资模式的操作规则使民营企业能够参与到城市轨道交通项目的确认、设计和可行性研究等前期工作中来，这不仅降低了民营企业的投资风险，而且能将民营企业的管理方法与技术引入项目中来，还能有效地实现对项目建设与运行的控制，从而有利于降低项目建设投资的风险，较好地保障政府与民营企业各方的利益。这对缩短项目建设周期、降低项目运作成本甚至资产负债率，都有值得肯定的现实意义。

第三，PPP 模式可以在一定程度上保证社会资本"有利可图"。私人部门的投资目标是寻求既能够还贷又有投资回报的项目，无利可图的基础设施项目是吸引不到社会资本的投入的。而采取 PPP 模式，政府可以给予私人投资者相应的政策扶持作为补偿，如税收优惠、贷款担保、给予民营企业沿线土地优先开发权等。通过实施这些政策，可提高社会资本投资城市轨道交通项目的积极性。

第四，PPP 模式在减轻政府初期建设投资负担和风险的前提下，提高了城市基础设施服务质量。在 PPP 模式下，公共部门和民营企业共同参与城市基础设施的建设和运营，由民营企业负责项目融资，有可能增加项目的资本金数量，进而降低资产负债率，这不但能节省政府的投资，还可以将项目的一部分风险转移给民营企业，从而降低政府的风险。同时双方可以形成互利的长期目标，更好地为社会和公众提供服务。

PPP 模式的缺点有：

第一，PPP 模式导致私人机构融资成本较高。与公共部门相比，金融市场对私人机构信用水平的认可度通常略低，导致私人机构的融资成本通常要高于公共机构的融资成本。

第二，PPP 模式普遍采用的特许经营制度可能导致垄断。一方面，在 PPP 模式下，居高的投标成本和交易费用以及复杂的长期合同，导致很多规模较小的私人机构对 PPP 项目望而却步，因此减少了政府部门对社会资本的选择空间，也使招投标过程不能实现良好的竞争性。另一方面，PPP 模式普遍采用的特许经营制度，实际上使中标的投资运营商获得了一定程度的垄断性，利益基本上能得到合同保障。这种缺乏竞争的环境在某些情况下会减弱私人机构降低成本、提高服务品质的动力。

第三，PPP 项目复杂的交易结构可能降低效率。首先，在 PPP 项目中，通常需要多个独立参与者通力合作，而多个参与者会导致整个项目的约束条件增加。其次，由于每个参与项目的商业机构都会在咨询、会计和法律等方面产生支出，这部分支出会包括在投标价格中，从而传导给公共部门。国外的经验显示，PPP 市场越成熟，这部分成本就越低。例如，如果公共部门采用标准化的合同体系，可以为参与商业机构节省在项目尽职调查和评估过程中所产生的成本。同时，在评估增加的这部分交易成本时，也需要考虑 PPP 模式下通过风险分担带来的额外好处。再次，复杂的交易结构需要公共部门和私人机构建立与 PPP 模式相匹配的专业能力。现阶段，国内相关方面的能力欠缺较为明显，现状的改善还需要较长时间。在这种情况下，政府部门过度依赖外部咨询机构，会导致在项目开展过程中所积累的知识和经验并没有沉淀在公共部门内部，这又减缓了公共部门提升建设相关能力的进度。目前，各国都成立了类似 PPP 中心的组织，包括我国财政部 PPP 中心、英国的 Infrastructure UK、加拿大的 PPP Canada、美国的 NCPPP、欧盟的 EPEC 等，这些组织在沉淀 PPP 项目经验和知识的过程中起着非常重要的作用。最后，交易结构的复杂性和众多的参与方可能使项目沟通存在一定的障碍，特别是在未来发生一些不可预料的事件时，可能会在合同条款的争议方面耗费过多时间。而且，即便在项目启动的过程中，也可能存在公共部门内部意见不一致，或民众和公共部门意见不一致的情况，这在一定程度上会降低效率。

第四，PPP 的长期合同缺乏足够的灵活性。为了项目长期运行稳定，PPP 合同可能会比较严格，灵活性不够，公共部门或私人机构在起草合同的时候，很难将未来的变化充分地考虑进来，合同条款通常只考虑当前时点的情况，导致项目后期管理不能因时制宜，而只能遵照合同条款执行——哪怕这些条款已经不再能使项目生命周期的综合成本最优化。解决合同灵活性和合理性的途径有两个方面：一是在项目前期就尽最大努力做好整个生命周期的规划，通常，公共部门需要聘请具有丰富 PPP 项目经验的咨询机构对项目进行前期调查分析，确保参与方对项目需求有充分的理解，对项目的费用有可靠的预算，对风险有全面的评估并可以在公共部门和私人机构间实现最优分担；同时，还要确保通过招投标过程得到具有竞争性的报价，当然这些前期工作势必产生不菲的成本。二是在起草合同时保留适当的灵活性，这也必将增加成本，一方面是来自投资的不确定性增加而产生的风险溢价，另一方面是来自将来需要改变对私人机构的激励机制而产生的或有支出。解决合同灵活性和合理性的成本，有可能降低项目投资者的投资回报率，防止出现过高的投资回报率。

第五，公众使用公共产品/公共服务的成本表面上可能提高。如果公共产品/公共服务由公共部门提供，由于公共部门的非营利性和不按全成本核算定价的特点，公众所付出的直接使用费用较低。当然，世界上不存在免费午餐，低收费最终会表现为地方政府债务的累积或公共机构的亏损，也会通过其他渠道由公众承担相关成本，甚至潜在成本可能更高。在 PPP 模式的定价机制下，私人机构需要补偿项目相关的全部成本并获得合理水平的投资收益，对产品或服务进行市场化的定价，可能增加公众的直接使用成本。如此，PPP合同中约定的定价机制可能是控制公共资源使用成本的一个手段，但定价机制的确定同样困难，尤其在涉及多边合作的 PPP 项目中，不仅需要考虑当地的发展水平、技术进步的趋势，还需要考虑汇率等其他因素。

特色小镇 PPP 模式投资收益。特色小镇项目 PPP 开发过程中，由于各参与部门对整个项目进行了投资或风险分担，因此基于共享原则下，项目的利益分配主要考虑投资额和所承担的风险程度。同时政府要建立对收益进行补贴、调整或约束的条款。

对社会资本来说，非运营项目的主要收益来源于政府补贴，半运营项目或运营项目的主要收益来源于项目运营收益分成和政府给予的补贴。如运营初期业务量较小导致社会资本的利润率低于合同规定水平，政府就有责任通过财政补贴等方式来保证社会资本应该享有的合同内容下的基本利润。

对金融机构来讲，如果只是提供资金（为项目公司融资）的间接参与，则收益来源主要是贷款利息。如果作为社会资本的直接参与，则可与政府、社会资本签订三方合作协议，最终享受项目运营收益分成或政府偿付费用。

对于政府而言，主要收入为土地出让收入＋税收收入＋非税收入＋专项资金，同时这四项收入将成为政府偿付各参与者成本和利润的主要来源。

（4）PPP＋P2P融资模式，见图3－4。

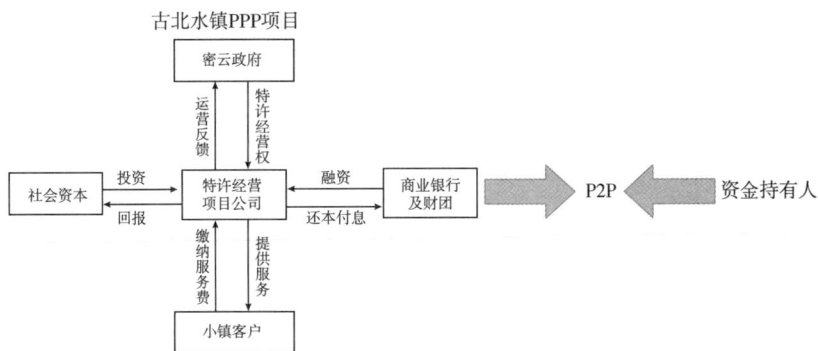

图3－4　古北水镇PPP＋P2P模式

借助互联网、大数据、云计算等技术手段与架构，将PPP项目设计成融资产品与P2P平台结合，形成新型网贷模式"PPP＋P2P"，这就将以PPP项目运作规范透明、信息披露充分、风控措施严格、回报周期长、收益稳定等优势，吸引原来投资普通高风险P2P产品的社会资金进入PPP模式与P2P的融合体。

"PPP＋P2P"模式的优势在于，一方面，政府基础设施建设急需大量社会资本的参与；另一方面，社会资本又找不到低风险、回报合理的投资渠道，面对这一困境，我们创造性地提出"PPP＋P2P"的"众筹金融5P"模式，通过"PPP＋P2P"的"众筹金融5P"模式，既解决了政府在基础设施建设中的重要资金来源问题，又有效防控了P2P行业的风险，而且还能使广大普通民众分享基础设施建设所带来的长期稳定的投资收益。

第二节　股权融资

股权融资是指持有企业股权的股东以出让部分企业所有权,引进新的股东或战略投资者从而达到融资的目的,同时总股本也相应增加实现增资扩股。股权融资所获得的资金,企业无须还本付息,新老股东共同分享企业成果并承担有限责任。按照融资对象及渠道来划分,主要有公开市场发行募集(公募)和定向发行募集(私募)两类,包括配股、增发新股以及股利分配中的送红股等。股权融资如图 3-5 所示。

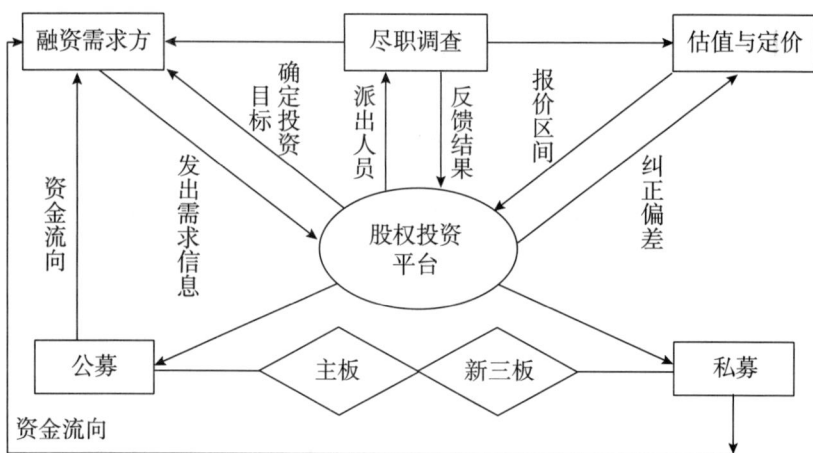

图 3-5　股权融资模式

相对债权融资,股权融资有以下特点:

(1)长期性。股权融资筹措的资金具有永久性,无到期日,不需归还。

(2)不可逆性。企业采用股权融资无须还本,投资人欲收回本金,需借助于流通市场。

（3）无负担性。融资方无须支付固定的股利，没有偿债负担，投资方将按所持股份承担有限责任，所获股利多少与支付与否视公司的经营状况而定。

一、股权融资需注意的问题

企业是否需要进行股权融资，需要根据企业自身发展情况而定，企业所处的行业前景、自身团队、财务状况、规范性等多种因素决定是否值得去做股权融资。值得注意的一点是，企业处于上升期是企业股权融资的好时机，而绝非步入困境的时候再想起融资。

企业估值是引入投资的关键条款，多数企业因为这一问题导致谈判破裂。如果企业发展中仅仅需要资金支持的话，像国内有些企业融资时采用招投标模式，价高者得，现在看来大多以失败收场，愿意出高价的机构很多缺乏资源，只是通过对赌等条款去约束企业，一旦遇到业绩下滑及其他不利条件，企业就要为高价引入机构付出代价，假如当初把机构当作战略投资引入，估值按照合理共赢的思路，引入的机构与企业同甘共苦的概率会大增。

在资本方决定进入一个公司之前，最主要是根据管理层所提供的经营策略勾画出一个企业的核心竞争力，这种核心竞争力以及这种核心竞争力的商业化运作和实现，就决定了这个企业将来能够提升它的价值。在勾勒出核心竞争力之后，私募资本会和公司董事会管理层一起拟订一个有效的、可行的实施计划方案。

资本方往往能够从不同角度给公司提供一些建议，最主要的就是公司管理体制和股权架构的设置，股权架构的合理性决定了未来利益分配的合理性。

除上述两个关键点之外，股权融资还要注意以下 9 个方面（以 PE 为例）：

（一）私募股权融资进入阶段

国内外上市的中国企业全部加起来约 3 000 家，但是中国有近千万家企业，民营企业平均寿命只有 2.9 年，企业从创业到上市，概率微小。企业经营还有一个"死亡之谷"定律，绝大部分创业项目在头 3 年内失败，企业设立满 3 年后才慢慢爬出死亡之谷。因此，私募股权投资基金对于项目的甄选应非常严格。

风险投资/创投企业与 PE 基金之间的区别已经越来越模糊，除了若干基金的确专门做投资金额不超过 1 000 万元人民币的早期项目以外，绝大多数基金感兴趣的私募交易单笔门槛金额在人民币 2 000 万元以上，1 000 万美元以上的私募交易基金之间的竞争则会比较激烈。因此，如企业仅需要百万元人民币级别的融资，不需要寻求基金的股权投资，寻求个人借贷、个人天使投资、银行贷款、高息借款等会更好一些。

服务型企业在成长到 100 人左右的规模，1 000 万元以上的年收入，微利或者接近打平的状态，比较适合做首轮股权融资；制造型企业年税后净利超过 500 万元以后，比较适合安排首轮股权融资。这些节点与企业融资时的估值有关，如果企业没有成长到这个阶段，私募融资时企业就很难得到一个较高的估值，基金会因为交易规模太小而丧失投资的兴趣。

当然，不是所有企业做到这个阶段都愿意私募，但是私募的好处是显而易见的：多数企业靠自我积累利润进行业务扩张的速度很慢，而对于轻资产的服务型企业来说，由于缺乏可以抵押的资产，从而获得银行的贷款非常不易。企业吸收私募投资后，经营往往得到质的飞跃。很多企业因此上市，企业家的财富从净资产的状态放大为股票市值（我国股市中小民营企业的市盈率高达 40 倍以上，市净率在 5~10 倍），财富增值效应惊人。只要有机会，我国多数的民营企业家还是愿意接受私募投资的。

（二）私募股权投资基金与企业的接洽

在我国，绝大多数私募交易谈判的发起来自私募股权投资或基金的推介以及中介机构的撮合。

我国的经济周期性特点非常明显，在不同的经济周期下，企业寻求基金、基金追逐企业的现象总是周而复始地循环。一般而言，在经济景气阶段，一家好企业往往同时被多家基金追求，特别是在新能源、医药、环保、教育、连锁等领域，只要企业有私募意愿，企业素质不是太差，基金往往会主动出击。

专业的投资顾问和执业律师在企业与私募股权投资基金的接洽中发挥着重要作用。私募基金对于投资顾问、律师的推荐与意见是相当重视的，对于投资顾问和律师推介的企业，基金一般至少会前往考察。这是因为投资顾问和律师往往比较清楚企业的经营特点与法律风险，私募基金在判断企业的经济前景时往往要征询相关意见。

（三）导致私募股权融资谈判破裂的原因

我国私募交易谈判的成功率并不高。以企业与意向投资基金签署保密协议作为双方开始接洽的起点，能够最终谈成的交易不到两成。当然，谈判破裂的原因有很多，比较常见的有以下几条：

第一，企业家过于情感化，对企业的内在估值判断不够客观，过分高出市场公允价格。企业家往往是创业者，对于企业有深厚的感情，同时现在又有基金主动出资，更加进一步验证企业的强大，因此，不是一个很高的价格是不会让别人分享企业的股权的。但是，基金的投资遵循严格的价值规律，特别是经过金融风暴的洗礼后，对于企业的估值相对客观。双方如果在企业价值判断上的差距过大，交易很难达成。

第二，行业有政策风险、业务依赖于具体人脉、技术太高深或者商业模式太复杂。有的企业是靠人脉设置政策壁垒来拿业务；有的企业技术特别先进，比如最近非常热门的薄膜电池光伏一体化项目、生物质能或者氨基酸生物医药项目；有的企业商业模式要绕几个弯才能够明白做什么生意，千奇百怪。

第三，企业融资的时机不对，很多企业只有在缺钱的时候才求助基金公司。而基金永远是锦上添花，不会是雪中送炭。

第四，企业拿了钱以后要进入一个新行业或者新领域。有些企业家在主业上已经非常成功，突然要进入一个新领域进行多元化，因此就通过私募融资来启动项目。这种项目不容易成功，基金公司希望企业家专注，私募股权基金第一考察的就是企业老板。

（四）签署保密协议仅仅是起点

一般而言，在找到正确的途径后，企业是不难接洽到基金公司来考察的。见过一两轮后，基金公司往往要求企业签署保密协议，提供进一步财务数据。

保密协议的签署仅表明基金公司愿意花费时间严肃地考察这个项目，私募的万里长征才迈出第一步。在这个阶段，除非企业家自己无法判断应当提交什么材料，请专业融资顾问帮忙判断，否则企业仅仅只提供一般的材料，会造成继续进行的难度。

多数情况下，签署的保密协议以使用基金公司的版本为主，在把握保密协议的利益上，一般坚持以下要点：

第一，保密材料的保密期限一般至少在3年以上。

第二，凡是企业提交的标明"商业秘密"字样的企业文件，都应当进入保密范围，但保密信息不包括公知领域的信息。

第三，保密人员的范围往往扩大到基金公司的顾问（包括其聘请的律师）、雇员及关联企业。

（五）关于支付佣金

由于业内惯例是基金公司作为投资人一般不会支付任何佣金，如果此次交易没有聘请融资顾问，企业在交易成功后向对此次交易贡献较大的人或者公司支付 2% ~ 3% 的酬劳，也为情理所容，但是要注意以下两点：

第一，要绝对避免支付给交易对方的工作人员——基金公司投资经理，这会被定性为"商业贿赂"。

第二，建议将佣金条款写进投资协议或者至少让投资人知情。佣金是一笔较大的金额，企业未经过投资人同意而支出这笔金额，理论上损害了投资人的利益。

（六）关于融资顾问

私募交易的专业性与复杂程度超越了 95% 以上的民营企业家的知识范畴与能力范围。企业家如果不聘请融资顾问自行与私募股权投资基金商洽融资事宜，除非该企业家是投资银行家出身，否则是对企业与全体股东的不负责任。

融资顾问最关键的作用是估值。如果企业自我感觉对资本市场比较陌生，聘请较有名气的融资顾问的确有助于提高私募成功率，企业为此支付融资佣金还是物有所值的。

一般而言，企业在签署保密协议前后，就应当聘请融资和法律顾问介入。常见的做法是求助于企业的常年融资顾问，来提供指导。私募交易属于金融业务，因此，有实力的企业应当在中国金融法律业务领先的前十强律所中挑选私募顾问。

（七）关于尽职调查

尽职调查是一个企业向基金公司"亮家底"的过程，规范的基金公司会做三种尽职调查：

第一，行业/技术尽职调查：找一些与企业同业经营的其他企业了解大致情况；如果企业的上下游，甚至竞争伙伴都给予较高评价，那基金公司自然有投资信心；技术尽职调查多见于新材料、新能源、生物医药高技术行业的投资。

第二，财务尽职调查：要求企业提供详细财务报表，有时会派驻会计师审计财务数据真实性。

第三，法律尽职调查：基金公司律师向企业发放调查清单，要求企业就设立登记、资质许可、治理结构、劳动员工、对外投资、风险内控、知识产权、资产、财务纳税、业务合同、担保、保险、环境保护、涉诉情况等各方面提供原始文件。为了更有力地配合法律尽职调查，企业一般在融资顾问指导下由企业律师来完成问卷填写。

（八）关于企业估值的依据

企业的估值是私募交易的核心，企业的估值定下来以后，融资额与投资者的占股比例可以根据估值进行推算。企业估值谈判在私募交易谈判中具有里程碑的作用。

总体来说，企业如何估值，是私募交易谈判双方博弈的结果，尽管有一些客观标准，但本质上是一种主观判断。对于企业来说，估值不是越高越好。除非企业有信心这轮私募完成后就直接上市，否则，一轮估值很高的私募融资对于企业的下一轮私募是相当不利的。很多企业做完一轮私募后就停滞了，主要原因是前一轮私募把价格抬得太高，企业受制于反稀释条款而无法进行后续交易。

常见估值方法有市盈率法与横向比较法。

市盈率法：对于已经盈利的企业，可以参考同业已上市公司的市盈率做些调整，是主流的估值方式。市盈率法有时候对企业并不公平，因为民企在吸收私募投资以前，出于税收筹划的需要，不愿意在账面上释放利润，有意通过各种财务手段合理降低企业的应纳税所得。这种情况下，企业的估值就要采取其他修正方法。

横向比较法是将企业当前的经营状态与同业已经私募过的公司，在类似规模时的估值进行横向比较，参考其他私募交易的估值，适用于公司尚未盈利的状态。

（九）签署了投资意向书并不意味着大功告成

双方在企业估值与融资额达成一致后，就可以签署投资意向书，总结谈判成果，为下一阶段的详细调查与投资协议谈判作准备。

投资意向书其实只是一个泛泛而谈的法律文件，声明除保密与独家锁定期条款以外，其余均无约束力。签署投资意向书是为了给谈判企业一颗定心丸，使得其至少在独家锁定期内（一般为两个月）不再去继续寻找"白马王子"，专心与该基金公司独家谈判。签署投资意向书以后，基金公司仍然可能以各种理由随时推翻交易，投资意向书获得签署但最终交易失败的案例比比皆是。

不同私募基金草拟的投资意向书详尽程度也有很大不同，一些基金公司的已经很接近于合同条款，在所投资股权的性质（投票表决、分红、清盘时是否有优先性）、投资者反摊薄权利、优先认购新股权、共同出售权、信息与检查权、管理层锁定、董事会席位分配、投资者董事的特殊权利、业绩对赌等诸方面都有约定。尽管这些约定此时并无法律效力，但是企业日后在签署正式投资协议时要推翻这些条款也非易事。[1]

二、古北水镇股权融资实例

从股权融资的角度，我们以古北水镇为例，对小镇产业进行细分，便不难发现"以旅游带动产业、以产业支撑旅游"的发展模式是可以实现的。

从产业发展及产业链延伸的角度看，目前古北水镇主要靠门票、餐饮、住宿、娱乐等多业态复合经营来作为主营业务收入，是古北水镇商业模式的核心；未来将可能从文化遗产、国际化合作方向去

---

[1] 资料来源：北京市京师律师事务所彭宇明律师。

挖掘新的资源来放大古镇效应，创新和提升其商业模式。从资产权属看，古北水镇采用了全资买断原住居民所有权属的商铺和居住的房屋产权，这种大手笔的资产控制权的获取，为后期对古镇的统一规划、统一经营管理，实现整个景区开发的主体一元化及发展特色产业造就了坚实的基础，从资本运作的角度看，更便于资产证券化的运作。

　　商务旅游业及配套设施建设是前期核心产业，如何从资本市场的角度去搭建资本平台，获取进入资本市场的通道呢？我们不妨这样假设"古北水镇特色产业股权融资架构"，如图3-6所示。

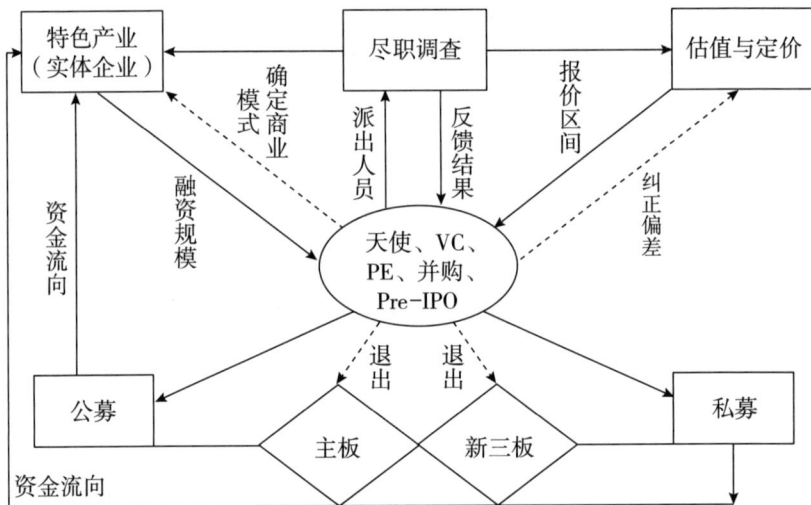

图3-6　古北水镇特色产业股权融资架构

从操作流程上，我们一步步运行，详见图3-7。

（一）融资项目立项——《商务旅游业及配套设施项目》

主要事项为向投资方提交《商业计划书》，主要内容包括：

（1）执行摘要：突出核心要点，捕捉核心价值内容。

（2）项目公司介绍：公司基本情况、股权结构、股东背景、关联企业、创始过程。

对接企业融资需求 与企业签订融资服务协议	在股权融资平台上发布企业股权转让比例和转让价格等信息	为融资资金的支付提供资金监管及结算服务，撮合交易

需求对接　尽职调查　挂牌转让　定向发行　资金监管　持续咨询

对企业进行尽职调查 为企业提供估值参考	协商确定股权价格 向合适的投资者定向发行	对企业后期跟踪 持续提供专业化咨询服务，助力企业成长

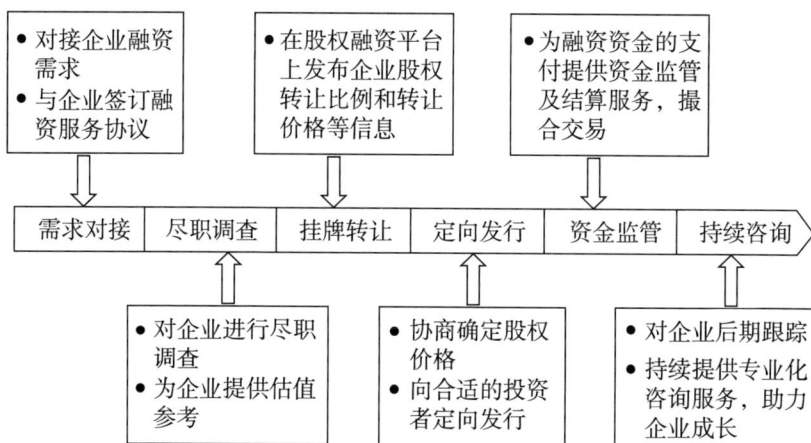

图 3-7　古北水镇股权融资流程

（3）管理团队及人力资源：组织构架、高级管理人员简介、内部管理控制、人员结构和分布。

（4）行业与市场：市场环境分析、市场机会、竞争者、未来趋势。

（5）产品/服务及商业模式：产品（服务）介绍、独特性、市场定位、目标市场、目标客户、市场反应、市场占有率、新产品开发、知识产权。

（6）财务数据：近期（最好有两年以上）审计报告、财务分析报告、主要资产债务清单等。

（7）发展规划与盈利预测：短中长计划、盈利水平及增长率。

（8）融资计划：资金需求及使用计划、投资风险、投资退出计划及可能投资回报。

（9）退出机制：主板、新三板上市变现，回购、并购、股份转让等。

（二）尽职调查

尽职调查的目的就是"发现价值、发现问题、规避风险"。投资方根据项目公司提供的商业计划书内容进行核实调查。尽职调查的主要内容如下：

1. 财务尽职调查

（1）目标公司概况，包括：营业执照、验资报告、章程、组织框架图；公司全称、成立时间、注册资本、股东、投入资本的形式、企业的性质、主营业务；公司历史沿革（大事记）；公司总部以及下属具有控制权的公司，并对关联方做适当的了解；对目标公司的组织、分工及管理制度进行了解。

（2）公司的会计政策：现行会计制度，例如收入确认政策、截止性政策；现行会计报表的合并原则及范围。

（3）利润表分析：产品结构；销售收入及成本、毛利、折旧的变化趋势；公司的主要客户；期间费用，如人工成本、折旧等；非经常性损益，例如企业投资收益及投资项目情况；对未来损益影响因素的判断。

（4）资产负债表分析：货币资金分析、应收账款分析、存货分析、在建工程分析、无形资产等其他项目分析。

（5）现金流量表分析：收入来源及利润构成。

（6）其他表外项目分析，如对外担保、资产抵押、诉讼等。

2. 完税情况及税收优惠政策

（1）国税地税完税清单、税务账目的明细账、税务机关的税务审查报告、税收减免或是优惠的相关证明。

（2）增值税、企业所得税、个人所得税、关税、印花税、房产税等各项税收的申报及缴纳情况，与关联企业业务往来的和税务相关的文件等。

3. 法律尽职调查

（1）公司签署的合同或相关文件的真实性。

（2）公司拥有的权利和资质凭证是否完备、是否已经过期。

（3）公司雇员的社保资金的缴付比例与实际缴付情况是否符合相关法规规定、是否签署非竞争条款。

（4）目标企业可能存在的诉讼。

4. 环保尽职调查

根据国家环境保护部门标准对该项目所在旅游区的环境进行测评，包括消烟除尘、污水处理、垃圾处理和处置设施，以促进污染的集中控制，提高污染物处理和达标排放的能力，使其关注燃料结构和煤炭燃用方式，禁止原煤直接散烧而破坏旅游环境。

（三）估值与定价

1. 企业估值

操作中融资方对出让股权价格一般都会有一个心理价位，而投资方也会给出一个购买价格，只有满足双方共同的意愿才能形成一个可实现的交易架构。那么，怎样进行估值？

企业价值评估方法一般有以下几种：

（1）账面价值法。

账面价值是指资产负债表中股东权益的价值或净值，主要由投资者投入的资本加企业的经营利润构成，计算公式为：目标企业价值＝目标公司的账面净资产。

（2）重置成本法。

重置成本指并购企业重新构建一个与目标企业完全相同的企业，需要花费的成本。当然，必须要考虑到现存企业的设备贬值情况。计算公式为：评估价值＝重置成本－实体性贬值－功能性贬值－经济性贬值。

（3）市场比较法。

市场比较法是基于类似资产应该具有类似价格的理论推断，其理论依据是"替代原则"。市场法实质就是在市场上找出一个或几个与被评估企业相同或近似的参照企业，在分析、比较两者之间重要指标的基础上，修正、调整企业的市场价值，最后确定被评估企业的价值。运用市场法的评估重点是选择可比企业和确定可比指标。

（4）现金流量贴现法。

现金流量贴现法是在考虑资金的时间价值和风险的情况下，将发生在不同时点的现金流量按既定的贴现率统一折算为现值再加总求得目标企业价值的方法。

（5）期权价值评估法。

期权价值评估法下，利用期权定价模型可以确定并购中隐含的期权价值，然后将其加入按传统方法计算的静态净现值中，即目标企业的价值。期权价值评估法考虑了目标企业所具有的各种机会与经营灵活性的价值，弥补了传统价值评估法的缺陷，能够使并购方根据风险来选择机会、创造经营的灵活性，风险越大，企业拥有的机会与灵活性的价值就越高。

总之，企业价值评估是以一定的科学方法和经验水平为依据的，但本质上是一种主观性很强的判断，在实际运用中，针对古北水镇选用适合的方法进行估价，必要的时候可以交叉采取多种方法同时估价，最后综合加权计算均值作为参考。

2. 定价

对融资项目估值后，接下来就进行定价，定价的方法有：

（1）PE，市盈率定价法。

$P = E \times PE$，E 是净利润，PE 是市盈率倍数，PE 决定价值。这是目前常用的定价方法。

（2）PB，净资产定价法。

$P = BV \times PB$，BV 是账面净资产，PB 是市净率倍数。估值时的一个参照指标，尤其是针对重资产型的公司。

（3）DCF，现金流折现法。

预测公司未来自由现金流、资本成本，对公司未来自由现金流进行贴现，公司价值即未来现金流的现值。这种方法比较适用于较为成熟、偏后期的私人公司或上市公司。

任何估值方法都要考虑投资人的收益空间。任何估值结果都是双方商谈的结果。

（四）投资方案设计

根据对融资项目的估值定价及融资方董事会、股东大会审议后的股权出让意见，投资方要做出投资决策与具体方案来，双方进行商务谈判。谈判内容有：

1. 确定交易价格与交易架构

谈判的另一个核心问题是收购价格与交易架构，双方经前期的工作后，已经签署相关条款清单，即主合同条款已基本有数，只需要对实施细节包括收购方式（股权收购或资产收购）、支付方式（现金或股权互换）、支付时间、股权结构（离岸或是境内、股权比例）、融资结构、风险分配、违约责任等方面的安排进行正式确认。

2. 协调事宜

如果融资方和投资方由于利益、税收角度不同，双方对估值和合同条款清单的谈判中产生意见分歧，就需要会计师和律师或财务顾问来协助。当交易双方就全部的细节达成共识后，就委托律师起草各项法律文件，最主要的是投资协议、股东协议、注册权协议等。

3. 附属条款

双方签署了法律上的协议并不等于交易结束，投资协议往往附有一些类似对赌条款，比如投资方对融资方在收入、利润、增长性、退出机制等方面的承诺持有保留意见时就可能会增添一些约束性的限制性条款即对赌协议，只有在约定的条件满足了双方需求之后，投资协议才生效，双方才有可能履行协议的相应义务。

（五）退出制机及主要业务规则

所谓投资退出机制，是指风险投资机构在所投资的风险企业发展相对成熟或不能继续健康发展的情况下，将所投入的资本由股权形态转化为资本形态，以实现资本增值或避免和降低财产损失的机制及相关配套制度安排。风险投资的本质是资本运作，退出是实现收益的阶段，同时也是全身而退进行资本再循环的前提。它主要有四种方式，包括股份上市、股份转让、股份回购和公司清理。目前我国境内投资者退出机制选择地如图 3-8 所示。

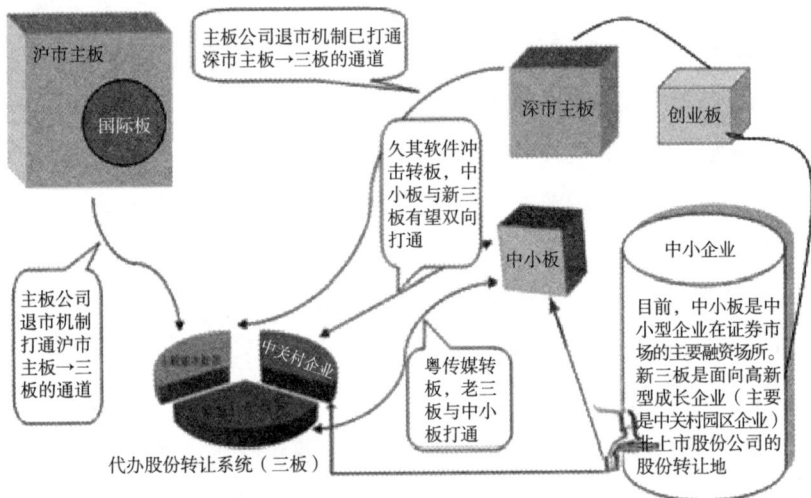

图 3-8　投资人选择的退出地

上市及股权融资的业务操作规则，如图 3-9 所示。

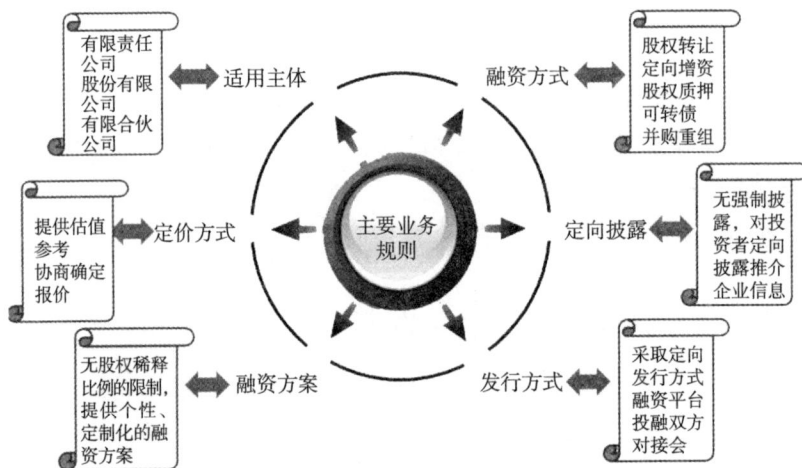

图 3-9　上市及股权融资的业务操作规则

第三节 资产证券化

既然古镇开发者从资产权属上对古北水镇采用了全资买断原住居民所有权属的商铺和居住的房屋产权，这种大手笔的资产控制权的目的显然是为获取后期对古镇的统一规划、统一经营管理，实现整个景区开发的主体一元化及发展特色产业打下坚实的基础，解除了后患，从资本运作的角度看，为古镇实行资产证券化埋下了伏笔。

古北水镇 ABS 融资模式架构如图 3－10 所示。

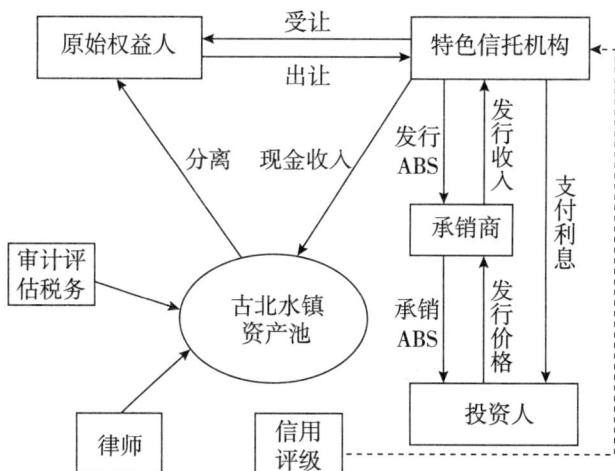

图 3－10 古北水镇 ABS 融资模式

ABS 融资模式是以项目所属的资产为支撑的证券化融资方式，即以项目所拥有的资产为基础，以项目资产可以带来的预期收益为保证，通过在资本市场发行债券来募集资金的一种项目融资方式。

一、ABS 融资模式特点

（1）ABS 融资模式的最大优势是通过在国际市场上发行债券筹集资金，债券利率一般较低，从而降低了筹资成本。

（2）通过证券市场发行债券筹集资金，是 ABS 不同于其他项目融资方式的一个显著特点。

（3）ABS 融资模式隔断了项目原始权益人自身的风险，使其清偿债券本息的资金仅与项目资产的未来现金收入有关，加之，在国际市场上发行债券是由众多的投资者购买，从而分散了投资风险。

（4）ABS 融资模式是通过 SPV（特殊目的公司）发行高档债券筹集资金，这种负债不反映在原始权益人自身的资产负债表上，从而避免了原始权益人资产质量的限制。

（5）作为证券化项目融资方式的 ABS，由于采取了利用 SPV 增加信用等级的措施，从而能够进入国际高档证券市场，发行那些易于销售、转让以及贴现能力强的高档债券。

（6）由于 ABS 融资模式是在高档证券市场筹资，其接触的多为国际一流的证券机构，有利于培养东道国在国际项目融资方面的专门人才，也有利于国内证券市场的规范。

二、资产支持证券的优点

相比其他证券产品，资产支持证券具有以下几个优点：

（1）具有吸引力的收益。在评级为 3A 级的资产中，资产支持证券比到期日与之相同的美国国债具有更高的收益率，其收益率与到期日和信用评级相同的公司债券或抵押支持债券的收益率大致相当。

（2）较高的信用评级。从信用角度看，资产支持证券是最安全的投资工具之一。与其他债务工具类似，它们也是在其按期偿还利息与本金能力的基础之上进行价值评估与评级的。但与大多数公司债券不同的是，资产支持证券得到担保物品的保护，并由其内在结构特征通过外部保护措施使其得到信用增级，从而进一步保证了债务责任得到实现。大多数资产支持证券从主要的信用评级机构得到了最高信用评级——3A 级。

（3）投资多元化与多样化。资产支持证券市场是一个在结构、收益、到期日以及担保方式上都高度多样化的市场。用以支持证券的资产涵盖了不同的业务领域，从信用卡应收账款到汽车、船只和休闲设施贷款，以及从设备租赁到房地产和银行贷款。另外，资产支持证券向投资者提供了条件，使他们能够将传统上集中于政府债券、货币市场债券或公司债券的固定收益证券进行多样化组合。

（4）可预期的现金流。许多类型资产支持证券的现金流的稳定性与可预测性都得到了很好的设置。购买资产支持证券的投资者有极强的信心按期进行期望中的偿付。然而，对出现的类似于担保的资产支持证券，有可能具有提前偿付的不确定因素，因此投资者必须明白，此时现金流的可预测性就不那么准确了。这种高度不确定性往往由高收益性反映出来。

（5）事件风险小。由于资产支持证券得到标的资产的保证，从而提供了针对事件风险而引起的评级下降的保护措施，与公司债券相比，这点更显而易见。投资者对于没有保证的公司债券的主要担心在于，不论评级有多高，一旦发生对发行人产生严重影响的事件，评级机构将调低其评级。类似的事件包括兼并、收购、重组及重新调整资本结构，这通常都是由于公司的管理层为了提高股东的收益而实行的。

三、ABS 的种类

（1）汽车消费贷款、学生贷款证券化。

（2）商用、农用、医用房产抵押贷款证券化。

（3）信用卡应收账款证券化。

（4）贸易应收款证券化。

（5）设备租赁费证券化。

（6）基础设施收费证券化。

（7）门票收入证券化。

（8）俱乐部会费收入证券化。

（9）保费收入证券化。

（10）中小企业贷款支持证券化。

（11）知识产权证券化等。

四、ABS 融资模式的运作

（一）ABS 融资模式的运作阶段

ABS 融资模式的运作过程分为六个主要阶段。

第一阶段：组建项目融资专门公司。采用 ABS 融资模式，项目主办人需组建项目融资专门公司，可称为信托投资公司或信用担保公司，它是一个独立的法律实体。这是采用 ABS 融资模式筹资的前提条件。

第二阶段：寻求资信评估机构授予融资专门公司尽可能高的信用等级。由国际上具有权威性的资信评估机构，经过对项目的可行性研究，依据对项目资产未来收益的预测，授予项目融资专门公司 AA 级或 AAA 级信用等级。

第三阶段：项目主办人（筹资者）转让项目未来收益权。通过签订合同，项目主办人在特许期内将项目筹资、建设、经营、债务偿还等全权转让给项目融资专门公司。

第四阶段：项目融资专门公司发行债券筹集项目建设资金。由于项目融资专门公司信用等级较高，其债券的信用级别也在 A 级以上，只要债券一发行，就能吸引众多投资者购买，其筹资成本会明显低于其他筹资方式。

第五阶段：项目融资专门公司组织项目建设、项目经营并用项目收益偿还债务本息。

第六阶段：特许期满，项目融资专门公司按合同规定无偿转让项目资产，项目主办人获得项目所有权。

（二）ABS 融资模式的运作过程

ABS 融资模式的具体运作过程：

（1）组建一个特殊目的公司（SPV）。

（2）特殊目的公司选择能进行资产证券化融资的对象。

（3）将政府项目所包含的有效资产进行资产评估。

（4）引入中介对项目进行产品设计。

（5）以合同、协议等方式将政府项目未来现金收入的权利转让给特殊目的公司。

（6）特殊目的公司直接在资本市场发行债券募集资金或者由特殊目的公司信用担保，由其他机构组织发行，并将募集到的资金用于项目建设。

（7）特殊目的公司通过项目资产的现金流入清偿债权的债券本息。

（8）对项目资产整合设计发行的融资产品进行风险分析与风险对抗。

五、资产证券化业务的参与机构

（一）律师

对基础资产进行法律尽职调查，对交易架构提供法律意见，起草交易文件。

（二）审计/会计/税务

对基础资产或发起人相关业务进行审计或执行商定程序，在交易存续期内，根据要求对服务报告执行商定程序，为发起人提供交易相关的处理意见，包括是否能出表，为交易提供相关的税务意见。

（三）资产评估机构

对基础资产价值或资产现金流进行评估，在交易存续期内，根据要求对资产进行评估。

（四）信用评级机构

对发行证券进行信用评级，在证券存续期内持续跟踪评级。

（五）承销商/财务顾问

协助发起人/原始权益人选择资产，设计方案，提供相关顾问服务，组织交易实施，协调各方参与和中介工作，组织路演，和投资者沟通，定价与发行。

（六）托管银行

资金保管、划拨、监督等服务，由具备评级要求的商业很行提任，定期提交资金保管报告。

（七）交易管理人

发行人，负责信托财产的管理，交易信息披露，安排各服务机构服务工作，目前主要为信托公司或证券公司，定期提交受托管理报告。

（八）服务机构

对基础资产进行管理、维护、资金划付。

一般由发起人担任，通常要求在触发条件下指定后备资产服务机构定期提交资产服务报告。

（九）支付机构

登记托管，代理本息兑付等服务，如中债登、中证登、上清所。

（十）信用增级机构

由发行人或独立的第三方提任，独立的第三方增级机构包括政府机构、保险公司、金融担保公司、金融机构等。

六、哪些资产可以被证券化

一段时间内，只要能持续产生稳定的现金流的资产就能进行证券化。

可以证券化的"资产"类别包括金融机构信贷资产、企业债权资产、企业收益权资产、不动产资产四大类。

（一）金融机构信贷资产

银行类金融机构持有的信贷资产，包括各类金融机构的住房抵押贷款、汽车销售贷款、个人消费贷款、商业地产抵押贷款、企业贷款、不良贷款、住房公积金贷款、信用卡应收账款等。如05－建元、07－建元的个人住房抵押贷款资产证券化产品，08－通元、12－上元的个人汽车抵押贷款资产证券化产品，2014招商银行的个人信用卡应收账款资产证券化产品，13－民元、13－邮元的一般企业贷款资产证券化产品，06－信元、08－建元的不良贷款资产证券化产品。

（二）企业债权资产

非金融机构/企业在成产经营过程中形成的各类债权，包括保理应收款、企业应收款、小额贷款、委托贷款、信托收益权等。如东证－阿里巴巴的小额贷款资产证券化产品。

（三）企业收益权资产

非金融机构/企业因过去的生产经营投入而形成的未来可以带来收益的各项收益权，包括楼宇/汽车/设备/飞机/交通工具/机械租赁收益权、市政水电气/公用基础设施收费权、路桥/经营场所收益权、票款收益权、PPP收益权等。如远东一期的融资租赁资产证券化产品。

（四）不动产资产

包括各类商业地产、工业地产、保障房、养老地产和医疗地产，即各类公募/私募REITs（房地产信托投资基金）产品。如苏宁云创私募REITs产品、鹏华前海万科公募REITs产品。图3－11所示为古北水镇REITs结构图。

REITs最早产生于20世纪60年代初的美国，由美国国会创立，意在使中小投资者能以较低门槛参与不动产市场，获得不动产市场交易、租金与增值所带来的收益。2009年年初，中国人民银行会同有关部门形成了REITs初步试点的总体构架，但由于我国相关法律法规仍不完备，REITs一直未能正式启动。2011年，国内首个REITs专户国投瑞银主投亚太地区REITs产品，完成合同备案，成为国内基金业首个REITs专户产品。

REITs是房地产证券化的重要手段。房地产证券化就是把流动性较低的、非证券形态的房地产投资，直接转化为资本市场上的证

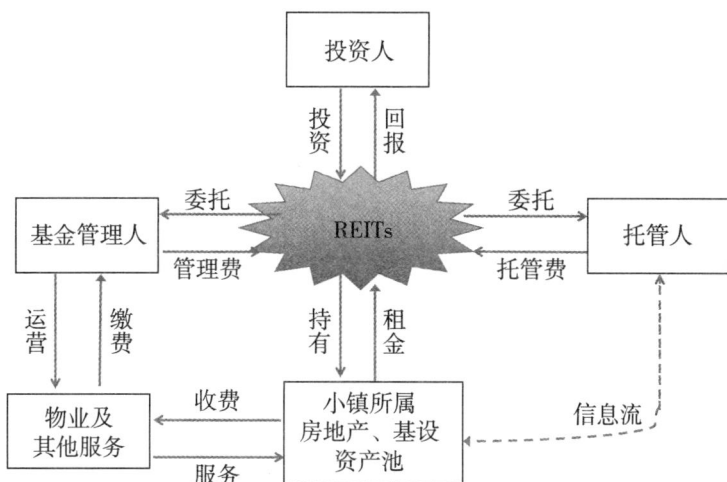

图 3-11　古北水镇 REITs 结构

券资产的金融交易过程。房地产证券化包括房地产项目融资证券化和房地产抵押贷款证券化两种基本形式。

REITs 的特点在于：

（1）收益主要来源于租金收入和房地产升值。

（2）收益的大部分将用于发放分红。

（3）REITs 长期回报率较高，与股市、债市的相关性较低。

从不同角度看，对 REITs 有多种不同的分类方法，常见的分类方法有以下几种：

（1）根据组织形式，REITs 可分为公司型和契约型两种。

公司型 REITs 以《公司法》为依据，通过发行 REITs 股份所筹集的资金用于投资房地产资产，REITs 具有独立的法人资格，自主进行基金的运作，面向不特定的广大投资者筹集基金份额，REITs股份的持有人最终成为公司的股东。

契约型 REITs 则以信托契约成立为依据，通过发行受益凭证筹集资金而投资于房地产资产。契约型 REITs 本身并非独立法人，仅仅属于一种资产，由基金管理公司发起设立，其中基金管理人作为受托人接受委托对房地产进行投资。

二者的主要区别在于设立的法律依据与运营的方式不同，因此契约型 REITs 比公司型 REITs 更具灵活性。公司型 REITs 在美国占主导地位，而在英国、日本、新加坡等地契约型 REITs 则较为普遍。

（2）根据投资形式的不同，REITs 通常可被分为三类：权益型、抵押型与混合型。

权益型 REITs 投资于房地产并拥有所有权，权益型 REITs 越来越多地开始从事房地产经营活动，如租赁和客户服务等，但是 REITs 与传统房地产公司的主要区别在于，REITs 的主要目的是作为投资组合的一部分对房地产进行运营，而不是开发后进行转售。

抵押型 REITs 是投资房地产抵押贷款或房地产抵押支持证券，其收益主要来源是房地产贷款的利息。

混合型 REITs 顾名思义是介于权益型与抵押型 REITs 之间的，其自身拥有部分物业产权的同时也在从事抵押贷款的服务。市场上流通的 REITs 中绝大多数为权益型，而另外两种类型的 REITs 所占的比例不到10%，并且权益型 REITs 能够提供更好的长期投资回报与更大的流动性，市场价格也更具有稳定性。

（3）根据运作方式的不同，有封闭和开放型两种 REITs。

封闭型 REITs 的发行量在发行之初就被限制，不得任意追加发行新增的股份；而开放型 REITs 可以随时为了增加资金投资于新的不动产而追加发行新的股份，投资者也可以随时买入，不愿持有时也可随时赎回。封闭型 REITs 一般在证券交易所上市流通，投资者不想持有时可在二级市场上转让卖出。

（4）根据基金募集方式的不同，REITs 又被分为公募型与私募型。

私募型 REITs 以非公开方式向特定投资者募集资金，募集对象是特定的，且不允许公开宣传，一般不上市交易。公募型 REITs 以公开发行的方式向社会公众投资者募集信托资金，发行时需要经过监管机构严格的审批，可以进行大量宣传。私募型 REITs 与公募型 REITs 的主要区别在于：第一，投资对象方面，私募型 REITs 一般面向资金规模较大的特定客户，而公募型 REITs 则不定；第二，投资管理参与程度方面，私募型 REITs 的投资者对于投资决策的影响力较大，而公募型 REITs 的投资者则没有这种影响力；第三，在法律监管方面，私募型 REITs 受到法律以及规范的限制相对较少，而公募型 REITs 受到的法律限制和监管通常较多。

第四章

打造特色产业商业模式，加强公司治理

如何解决特色小镇建设资金的问题，是地方政府的痛点，也是政策机构关注的焦点，采用什么样的资金供给模式，其效果与承担的风险是不同的。特色小镇需要一个核心投资主体，这个投资主体可以是代理政府行使权力的机构、财团，也可是村镇自有的股份制企业、国有企业、上市公司，还可以是境外投资机构等。

因此，特色小镇建设不是全由政府大包大揽，但必须在政府的引导下，充分发挥政府及社会资本的共同作用，秉持市场化运作的规律，依法治理与建设。

特色小镇的开发模式主要有土地一级开发、二级房产开发、产业以及产业链项目开发、小城镇综合开发等模式。相应地，也有不同的资金供给模式。特色小镇的资金，应以企业为主体，政府提供政策供给、规划引导、审批服务等方面的支持，最大限度地优化资金环境，提高企业的积极性。当前一些地方成立特色小镇发展基金，有助于解决特色小镇的资金问题。同时，PPP 模式是实现各方面长期利益的一种可能性安排，应该进行积极尝试。

在第三章中我们讨论了在特色小镇建设中的债权融资模式和股权融资模式，这一章我们重点介绍特色小镇发展中怎样搭建商业模式，引导特色产业步入资本市场，在 A 股主板或新三板市场去获取长期持续稳定的融资通道，通过公开发行（公募）或定向发行（私募）的融资方式，补充特色小镇持续发展的资本源。

第一节　打造特色产业的商业模式

不论企业是吸引风险投资还是 IPO 上市融资，投资人关注的重点大多集中在企业发展的商业模式及成长性上，由此可以判断投资回报与投资风险。

所谓商业模式，狭义理解就是收入模式，怎么去赚钱，但完整的商业意义应该包括产品模式、用户模式、推广模式、创新模式，延伸至客户价值最大化原则、持续盈利原则、资源整合原则、公司治理规范性原则、融资效率原则、风险管理与控制原则、传承与创新原则、纳税筹划及合理避税原则等基本内容。

什么是特色小镇？特色小镇≠小城镇≠开发区≠风景区，特色小镇的核心就是特色产业，每一类特色产业的载体都可能是具有法人地位的实体企业，其商业模式取决于企业对特色产业及产业链价值体系的定位。换句话说，有什么特色的产业模式，就能搭建相匹配的商业模式，根据住建部、发改革、财政部《关于开展特色小镇培育工作的通知》精神，我们把特色小镇类型划分为七种模式。

一、产业发展型模式

产业发展型模式的特点是产业优势和特色明显，基本形成"一村一品"、"一乡一业",产业向做特、做精、做强发展,新兴产业成长快,传统产业改造升级效果明显,充分利用"互联网+"等新兴手段,推动产业链向研发、营销延伸。如乌镇、云栖等就是这样的模式。该模式架构如图4-1所示。

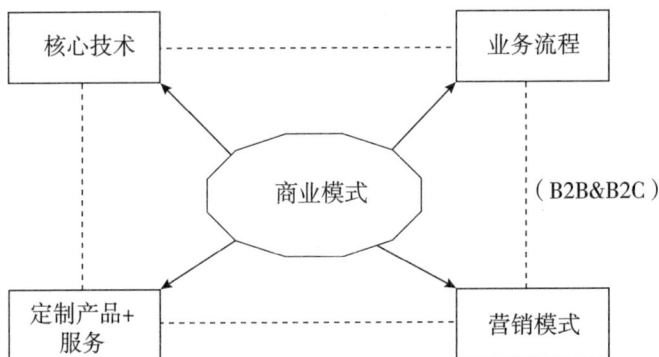

图4-1 产业发展型商业模式架构

根据产业发展特点,其商业模式的核心应该包括核心技术、产品设计、渠道建设、客户增量、市场占有率的递增率、信息流与物流的效率、B2B、B2C、供应链优势以及流动资金的充足度等。

二、生态保护型模式

生态保护型模式多在生态优美、环境污染少的地区,自然条件优越,水资源和森林资源丰富,具有传统的田园风光和乡村特色,生态环境优势明显,把生态环境优势变为经济优势的潜力大,适宜发展生态旅游。如贵阳龙凤湿地古镇、四川宜宾枫湾镇就是比较典型的例子,著有"春季赏花看竹、夏季乘凉品桃、秋季赏枫度假、冬季沐浴泡泉"之誉,且有500亩荷花世界、2 000亩白水蜜桃、万亩竹海、高山杜鹃、"小桂林"、温泉度假等生态项目,自然资源丰富、特色产业多、旅游项目多、旅游品牌多,旅游类型可多样化等产业优势。该模式架构如图4-2所示。

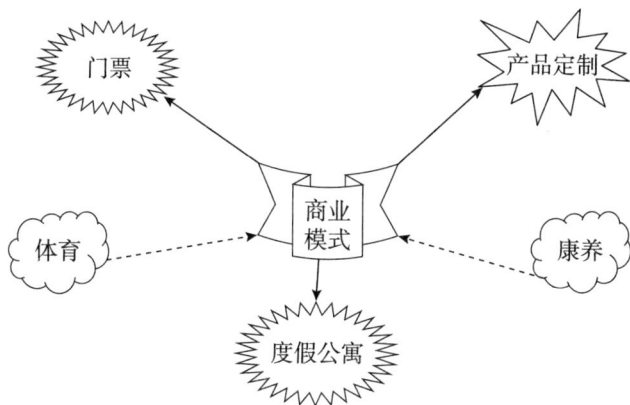

图4-2　生态保护型模式商业模式架构

三、文化传承型模式

文化传承模式是在具有特殊人文景观，包括古村落、古建筑、古民居以及传统文化的地区，其特点是乡村文化资源丰富，具有优秀民俗文化以及非物质文化，文化展示和传承的潜力大。如福建省福州市永泰县嵩口镇、山东省微山县南阳镇、招远市辛庄镇高家庄子村等都是著名的历史名镇。该模式架构如图4-3所示。

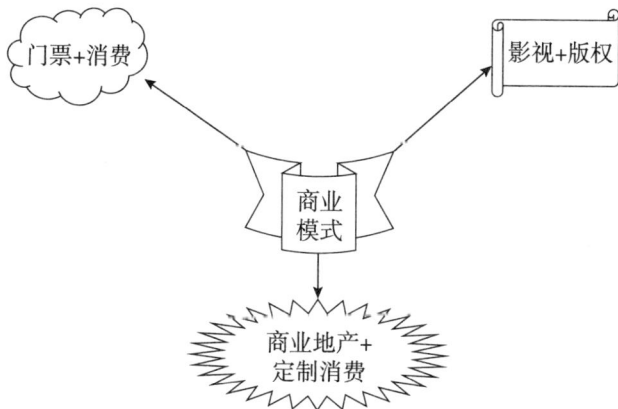

图4-3　文化传承型商业模式架构

四、高效农业型模式

高效农业型模式主要在我国的农业主产区,其特点是以发展农业作物生产为主,农田水利等农业基础设施相对完善,农产品商品化率和农业机械化水平高,人均耕地资源丰富,农作物秸秆产量大。如陕西省杨凌五泉镇、辽宁省谢屯镇等。该模式架构如图4-4所示。

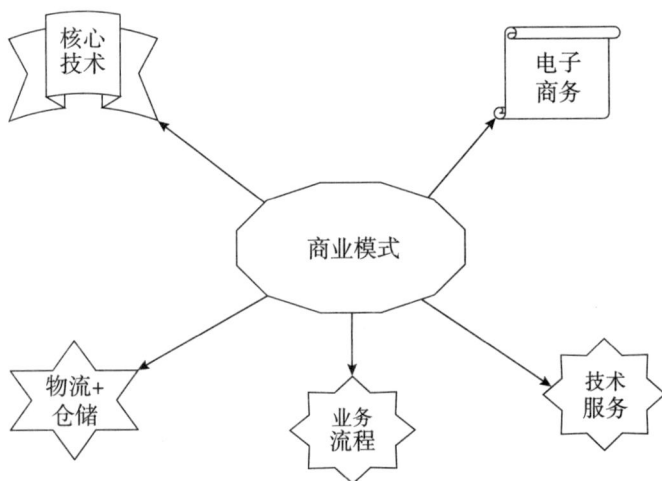

图4-4 高效农业型商业模式架构

五、城郊集约型模式

城郊集约型模式主要存在于大中城市郊区,其特点是经济条件较好,公共设施和基础设施较为完善,交通便捷,农业集约化、规模化经营水平高,土地产出率高,农民收入水平相对较高,是大中城市重要的"菜篮子"基地。如上海市松江区泖港镇,地处上海市松江区南部、黄浦江南岸,是松江浦南地区三镇的中心,东北距上海市中心 50 公里，北距松江区中心 10 公里。该镇的发展不倚靠工业，而是依托"气净、水净、土净"的独特资源优势，大力发展环保农业、生态农业、休闲农业，成为上海的"菜篮子"、"后花园"，服务于以上海为主的周边大中城市。该模式架构如图 4-5 所示。

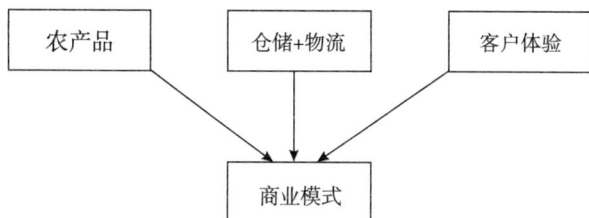

图 4-5　城郊集约型商业模式架构

六、资源整合型模式

所谓资源整合就是把来自不同方向、不同层次、不同属性、不同内容的资源进行优化配置有机融合的过程，从而创造出新的价值体系来。比如江西省上饶市婺源县江湾镇，就是集农业服务、旅游发展、历史文化于一体的整合型模式特色小镇。该模式架构如图 4-6 所示。

七、休闲旅游型模式

休闲旅游型是指依靠某类具有开发价值的自然景观或人文景观，以旅游服务和休闲产业为主的小城镇，也是一种以商业街区为主要形态，休闲聚集与居住聚集混合的小镇旅游策划综合开发项目。如休闲古镇、旅游小镇、温泉小镇、艺术小镇、时尚小镇等。

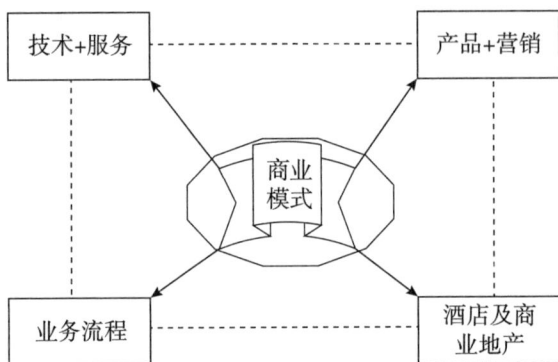

图 4-6 资源整合型商业模式架构

这种模式主要是在适宜发展乡村旅游的地区，其特点是旅游资源丰富，住宿、餐饮、休闲娱乐设施完善齐备，交通便捷，距离城市较近，适合休闲度假，发展乡村旅游潜力大。比如古北水镇、丽江、大理等。该模式架构如图4-7所示。

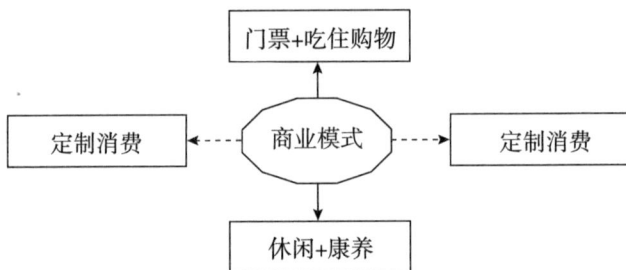

图 4-7 休闲旅游型商业模式架构

第二节 加强公司规范治理

每个特色小镇都会拥有无数的特色产业链上的实体企业机体，而每个机体都会在成长中显现自己特有的基因，只有按照市场规律发展，遵循相应的监管法则，这些实体企业才能慢慢做大做强。站在投融资的角度如何去打造这些实体企业，首先应从公司治理方面着手，然后才是考察企业持续发展的商业模式和独立、持续的盈利能力等。那么，怎样理解这些公司的规范治理呢？

公司治理的实质就是对公司的各个参与者的责任、权利、义务三者关系的确认与权衡，我国公司治理结构是采用"三权分立"制度，即决策权、经营管理权、监督权分属于股东会、董事会或执行董事、监事会。通过权力的制衡，使三大机关各司其职，又相互制约，保证公司顺利运行。其治理模式如图4-8所示。

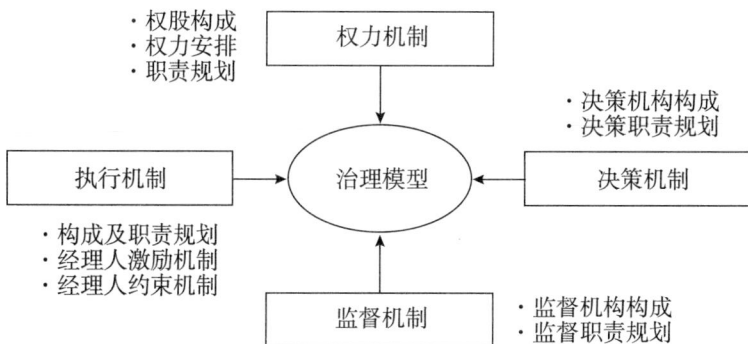

图4-8 上市公司治理模式

根据《公司法》第八十二条的规定，股份有限公司章程中应当载明董事会议事规则和监事会议事规则。两大示范规则将为上市公司公司治理及制定或者修改各自的董监事会议事规则提供导向性意见。

《董事会议事示范规则》共32条，《监事会议事示范规则》共19条，分别重点规范了董事会和监事会的会议通知、召集和主持、出席、提案的提出和审议、表决方式、决策程序、档案管理等事项。

其中，《董事会议事示范规则》要求，董事会会议应当有过半数的董事出席方可举行，有关董事拒不出席或者怠于出席会议导致无法满足会议召开的最低人数要求时，董事长和董事会秘书应当及时向监管部门报告。董事因故不能出席会议的,应当事先审阅会议材料,形成明确的意见,书面委托其他董事代为出席。但是,在审议关联交易事项时,非关联董事不得委托关联董事代为出席;关联董事也不得接受非关联董事的委托;独董不得委托非独董代为出席,非独董也不得接受独董委托;董事不得在未说明其本人对提案的个人意见和表决意向的情况下全权委托其他董事代为出席;1 名董事不得接受超过 2 名董事的委托。在决议形成方面,规则强调,董事会根据《公司章程》的规定,在其权限范围内对担保事项做出决议,除公司全体董事过半数同意外,还必须经出席会议的 2/3 以上董事的同意。

此外,《董事会议事示范规则》还对利润分配做了特别规定,即董事会会议需要就公司利润分配事宜做出决议的,可以先将拟提交董事会审议的分配预案通知注册会计师,并要求其据此出具审计报告草案。董事会做出分配决议后,应当要求注册会计师出具正式的审计报告,董事会再根据注册会计师出具的正式审计报告对定期报告的其他相关事项做出决议。

《监事会议事示范规则》大多参照《董事会议事示范规则》的有关条例编制。

两大示范规则进一步规范上市公司董事会议事方式和决策程序,促使董事和董事会有效地履行职责,在提高董事会规范运作和科学决策水平方面起到了推动作用。同时,也有益于促使监事和监事会有效地履行监督职责,完善公司法人治理结构。

一、董事会议事示范规则

(一)制定依据

根据《中华人民共和国公司法》、《中华人民共和国证券法》、

《上市公司治理准则》、沪深证券交易所股票上市规则等有关法律法规以及《公司章程》的规定制作，进一步规范董事会的议事方式和决策程序，促使董事和董事会有效地履行职责，提高董事会规范运作和科学决策水平。

（二）明确董事会行使的职责

（1）召集股东大会，并向股东大会报告工作。

（2）执行股东大会的决议。

（3）决定公司的经营计划和投资方案。

（4）制订公司的年度财务预算方案、决算方案。

（5）制订公司的利润分配方案和弥补亏损方案。

（6）制订公司增加或者减少注册资本、发行债券或其他证券及上市方案。

（7）拟订公司重大收购、收购本公司股票或者合并、分立、解散及变更公司形式的方案。

（8）审议公司在一年内购买、出售重大资产不超过公司最近一期经审计总资产30%的事项。

（9）审议公司对外单笔担保额不超过最近一期经审计净资产10%的担保。

（10）审议公司与关联自然人发生的金额在30万元（含）～3 000万元（不含）且占公司最近一期经审计净资产绝对值5%（不含）之间的关联交易事项。

（11）审议公司与关联法人发生的金额在300万元（含）且占公司最近一期经审计净资产绝对值0.5%（含）～3 000万元（不含）且占公司最近一期经审计净资产绝对值5%（不含）之间的关联交易事项。

（12）审议对不超过最近1个会计年度会计师事务所核定的公司总资产5%的资产处置行使决策权。

（13）审议对不超过最近 1 个会计年度会计师事务所核定的公司净资产 20% 的投资项目行使决策权。

（14）决定公司内部管理机构的设置。

（15）根据董事长的提名，聘任或者解聘公司总经理、董事会秘书；根据总经理的提名，聘任或者解聘公司副总经理、财务负责人等高级管理人员，并决定其报酬事项和奖惩事项。

（16）制定公司的基本管理制度。

（17）制订公司章程的修改方案。

（18）编制、审核、发布公司信息披露公告。

（19）向股东大会提请聘请或更换为公司审计的会计师事务所。

（20）听取公司经理的工作汇报并检查经理的工作。

（21）选举公司董事长。

（22）法律、行政法规、部门规章或公司章程授予的其他职权。

（三）董事会下设董事会办公室，处理董事会日常事务

1. 董事会会议

董事会会议分为定期会议和临时会议。

定期会议是指年度、半年度会议，董事会每年应当至少在上下两个半年度各召开一次定期会议；临时会议是指除定期会议以外的会议，可多次召开。

2. 定期会议的提案

在发出召开董事会定期会议的通知前，董事会秘书处应当充分征求各董事的意见，初步形成会议提案后交董事长拟订。

董事长在拟订提案前，应当视需要征求总经理和其他高级管理人员的意见。

根据有关法律、法规及中国证监会、证券交易所的规定，需会前征得独立董事认可的议案，应于会前得到 1/2 以上独立董事认可后，方可提交董事会审议。

3. 临时会议

有下列情形之一的，董事会应当召开临时会议：

（1）代表 1/10 以上表决权的股东提议时。

（2）1/3 以上董事联名提议时。

（3）监事会提议时。

（4）董事长认为必要时。

（5）1/2 以上独立董事提议时。

（6）总经理提议时。

（7）证券监管部门要求召开时。

（8）《公司章程》规定的其他情形。

4. 临时会议的提议程序

按照前条规定提议召开董事会临时会议的，应当通过董事会办公室或者直接向董事长提交经提议人签（盖章）的书面提议。书面提议中应当载明下列事项：

（1）提议人的姓名或者名称。

（2）提议理由或者提议所基于的客观事由。

（3）提议会议召开的时间或者时限、地点和方式。

（4）明确和具体的提案。

（5）提议人的联系方式和提议日期等。

提案内容应当属于《公司章程》规定的董事会职权范围内的事项，与提案有关的材料应当一并提交。

董事会办公室在收到上述书面提议和有关材料后，应当于当日转交董事会秘书。董事会秘书认为提案内容不明确或者有关材料不充分的，可以要求提议人修改或者补充。

董事长自接到或者董事会秘书转交的提议或者证券监管部门的要求后认为无异议，应当于 10 日内，召集董事会会议并主持会议。

5. 会议的召集和主持

董事会会议由董事长召集和主持；董事长不能履行职务或者不

履行职务的，由半数以上董事共同推举一名董事召集和主持。

6. 会议通知内容

书面会议通知包括以下内容，但不限于：

（1）会议日期和地点。

（2）会议期限。

（3）事由及议题。

（4）发出通知的日期。

（5）会议的召开方式。

（6）会议召集人和主持人、临时会议的提议人及其书面提议。

（7）董事表决所必需的会议材料。

（8）董事应当亲自出席或者委托其他董事代为出席会议的要求。

（9）联系人和联系方式。

口头会议通知至少应包括上述第（1）、（2）、（3）项内容，以及情况紧急需要尽快召开董事会临时会议的说明。

7. 会议的召开

董事会会议应当有过半数的董事出席方可举行。有关董事拒不出席或者怠于出席会议导致无法满足会议召开的最低人数要求时，董事长和董事会秘书应当及时向监管部门报告。

监事可以列席董事会会议；总经理和董事会秘书未兼任董事的，应当列席董事会会议。会议主持人认为有必要的，可以通知其他有关人员列席董事会会议。

8. 亲自出席和委托出席

董事原则上应当亲自出席董事会会议。因故不能出席会议的，应当事先审阅会议材料，形成明确的意见，书面委托其他董事代为出席。

委托书应当载明：

（1）委托人和受托人的姓名。

（2）委托人对每项提案的简要意见。

（3）委托人的授权范围、有效期限和对提案表决意向的指示。

（4）委托人的签字、日期等。

委托其他董事对定期报告代为签署书面确认意见的，应当在委托书中进行专门授权。

受托董事应当向董事会办公室提交书面委托书，在会议签到簿上说明受托出席的情况。

董事连续两次未能亲自出席，也不委托其他董事代为出席董事会会议的；独立董事连续3次未能亲自出席董事会会议的，均视为不能履行职责，董事会应当建议股东大会予以撤换。

9. 关于委托出席的限制

委托和受托出席董事会会议应当遵循以下原则：

（1）在审议关联交易事项时，非关联董事不得委托关联董事代为出席；关联董事也不得接受非关联董事的委托。

（2）独立董事不得委托非独立董事代为出席，非独立董事也不得接受独立董事的委托。

（3）1名董事不得接受超过两名董事（不包括两名）的委托，董事也不得委托已经接受两名其他董事委托的董事代为出席。

10. 会议审议程序

会议主持人应按预定时间宣布开会，并报告出席会议人员情况和会议议题。

会议主持人应当提请出席董事会会议的董事对各项提案发表明确的意见。

对于根据规定需要独立董事事前认可的提案，会议主持人应当在讨论有关提案前，指定1名独立董事宣读独立董事达成的书面认可意见。

董事阻碍会议正常进行或者影响其他董事发言的，会议主持人应当及时制止。

对列入会议议程的内容，主持人根据实际情况，可以采取提案人集中报告，与会董事集中审议后逐项表决的方式；也可以采取提案人逐项报告，与会董事逐项审议、逐项表决的方式。每一个议案均应给予合理的讨论时间。

集中审议的议案，一项议案未审议完毕，不得审议下一项议案；逐项审议、表决的议案，一项议案未审议完毕，不得进入议案的表决。

除征得全体与会董事的一致同意外，董事会会议不得就未包括在会议通知中的提案进行表决。董事接受其他董事委托代为出席董事会会议的，不得代表其他董事对未包括在会议通知中的提案进行表决。

11. 发表意见及会议表决

董事应当认真阅读有关会议材料，在充分了解情况的基础上独立、审慎地发表意见。

董事可以在会前向董事会办公室、会议召集人、总经理和其他高级管理人员、各专门委员会、会计师事务所和律师事务所等有关人员和机构了解决策所需要的信息，也可以在会议进行中向主持人建议请上述人员和机构代表与会解释有关情况。

每项提案经过充分讨论后，主持人应当适时提请与会董事进行表决。

会议表决实行一人一票，以投票方式进行。

董事会在做出决议之前，应当充分听取列席人员的意见。列席人员有发言权，但无表决权。

董事的表决意向分为同意、反对和弃权。与会董事应当从上述意向中选择其一，未做选择或者同时选择两个以上意向的，会议主持人应当要求有关董事重新选择，拒不选择的，视为弃权；中途离开会场不回来而未做选择的，视为弃权。

董事会对通知中列明的事项原则上应当进行表决，但经全体董事的过半数同意，可以不进行表决。

列入董事会议程的议案，在交付表决前，提案人要求撤回的，对该议案的审议即行终止。

代为出席会议的董事应当在授权范围内行使董事的权利。董事未出席董事会会议，亦未委托代表出席的，视为放弃在该次会议上的表决权。

12. 决议的形成

董事会审议通过会议提案并形成相关决议，必须有超过公司全体董事人数之半数的董事对该提案投赞成票。法律、行政法规和《公司章程》规定董事会形成决议应当取得更多董事同意的，从其规定。

不同决议在内容和含义上出现矛盾的，以形成时间在后的决议为准。

13. 回避表决及暂缓表决

出现下述情形的，董事应当对有关提案回避表决：

（1）"上市规则"规定董事应当回避的情形。

（2）《公司章程》规定的因董事与会议提案所涉及的企业有关联关系而须回避的其他情形。

在董事回避表决的情况下，有关董事会会议由过半数的无关联关系董事出席即可举行，形成决议须经无关联关系董事过半数通过。出席会议的无关联关系董事人数不足3人的，不得对有关提案进行表决，而应当将该事项提交股东大会审议。

（3）1/2以上的与会董事或两名以上独立董事认为提案不明确、不具体，或者因会议材料不充分等其他事由导致其无法对有关事项做出判断时，会议主持人应当要求会议对该议题进行暂缓表决。

提议暂缓表决的董事应当对提案再次提交审议应满足的条件提出明确要求。

列入董事会议程的议案，在审议过程中发现有重大问题需要进一步研究的，可以暂不表决，并组成专门工作组，或授权经营管理班子进一步考察，提出考察报告后提交下次董事会审议。

14. 会议纪要和决议记录

除会议记录外，董事会秘书还可以视需要安排董事会办公室工作人员对会议召开情况作简明扼要的会议纪要，根据统计的表决结果就会议所形成的决议制作单独的决议记录。

与会董事应当代表其本人和委托其代为出席会议的董事对会议决议进行签字确认。

董事对会议记录或者决议记录有不同意见的，可以在签字时做出书面说明。必要时，应当及时向监管部门报告，也可以发表公开声明。

董事既不按前款规定进行签字确认，又不对其不同意见做出书面说明或者向监管部门报告、发表公开声明的，视为完全同意会议记录和决议记录的内容。

15. 决议公告

董事会决议公告事宜，由董事会秘书根据"上市规则"的有关规定办理。在决议公告披露之前，与会董事和会议列席人员、记录和服务人员等负有对决议内容保密的义务。

董事会会议档案，包括会议通知和会议材料、会议签到簿、董事代为出席的授权委托书、会议录音资料、经与会董事签字确认的会议记录、会议纪要、决议记录、决议公告等，由董事会秘书负责保存。

董事会会议档案的保存期限不少于 10 年。

（四）关于利润分配的特别规定

董事会会议需要就公司利润分配事宜做出决议的，可以先将拟提交董事会审议的分配预案通知注册会计师，并要求其据此出具审计报告草案（除涉及分配之外的其他财务数据均已确定）。董事会做出分配的决议后，应当要求注册会计师出具正式的审计报告，董事会再根据注册会计师出具的正式审计报告对定期报告的其他相关事项做出决议。

提案未获通过的，在有关条件和因素未发生重大变化的情况下，董事会会议在 1 个月内不应当再审议内容相同的提案。

（五）独立董事发表意见

公司董事会应依据审计委员会提供的内控总结报告，对公司内部控制情况进行审议评估，形成内部控制自我评价报告。独立董事应对此报告发表意见。

自我评价报告至少应包括以下内容：

（1）说明公司内部控制制度是否建立健全和有效运行，是否存在缺陷。

（2）重点关注的控制活动的自查和评估情况。

（3）说明内部控制缺陷和异常事项的改进措施（如适用）。

（4）说明上一年度的内部控制缺陷及异常事项的改善进展情况（如适用）。

（六）专项说明

注册会计师对公司内部控制有效性表示异议的，公司董事会应针对该审核意见涉及事项做出专项说明，专项说明至少应包括以下内容：

（1）异议事项的基本情况。

（2）该事项对公司内部控制有效性的影响程度。

（3）公司董事会对该事项的意见。

（4）消除该事项及其影响的可能性。

（5）消除该事项及其影响的具体措施。

（七）附则

（1）本议事规则未尽事宜，依照国家有关法律、法规、《公司章程》及其他规范性文件的有关规定执行。

(2) 本规则由董事会制定报股东大会批准后生效，修改时亦同。

(3) 本议事规则自股东大会审议通过之日起生效执行。

(4) 本规则由董事会解释。

二、股东大会议事示范规则

(一) 制定依据

为完善公司法人治理结构，规范股东会的运作程序，以充分发挥股东会的决策作用，根据《中华人民共和国公司法》、《中华人民共和国证券法》和《上市公司股东大会规则》及《公司章程》的规定，制定公司股东大会议事示范规则。

(二) 股东大会行使的职责

股东大会是公司的权力机构，应当在《公司法》和《公司章程》规定的范围内依法行使下列职权：

(1) 决定公司的经营方针和投资计划。

(2) 选举和更换非由职工代表担任的董事、监事，决定有关董事、监事的报酬事项。

(3) 审议批准董事会的报告。

(4) 审议批准监事会报告。

(5) 审议批准公司的年度财务预算方案、决算方案。

(6) 审议批准公司的利润分配方案和弥补亏损方案。

(7) 对公司增加或者减少注册资本做出决议。

(8) 对发行公司债券做出决议。

(9) 对公司合并、分立、解散、清算或者变更公司形式做出决议。

（10）修改本章程。

（11）对公司聘用、解聘会计师事务所做出决议。

（12）审议批准《上市公司章程指引》第 41 条规定的担保事项。

（13）审议公司在 1 年内购买、出售重大资产超过公司最近一期经审计总资产 30% 的事项。

（14）审议批准变更募集资金用途事项。

（15）审议股权激励计划。

（16）审议法律、行政法规、部门规章或本章程规定应当由股东大会决定的其他事项。

（三）股东大会的召开

股东大会分为年度股东大会和临时股东大会。年度股东大会每年召开 1 次，应当于上一会计年度结束后的 6 个月内举行。临时股东大会不定期召开，出现《公司法》第 101 条规定的应当召开临时股东大会的情形时，临时股东大会应当在两个月内召开。

上市公司在上述期限内不能召开股东大会的，应当报告公司所在地中国证监会派出机构和公司股票挂牌交易的证券交易所（以下简称"证券交易所"），说明原因并公告。

（四）有权提议召开临时股东大会的机构

1. 独立董事有权向董事会提议召开临时股东大会

对独立董事要求召开临时股东大会的提议，董事会应当根据法律、行政法规和公司章程的规定，在收到提议后 10 日内提出同意或不同意召开临时股东大会的书面反馈意见。

董事会同意召开临时股东大会的，应当在做出董事会决议后的 5 日内发出召开股东大会的通知；董事会不同意召开临时股东大会的，应当说明理由并公告。

2. 监事会有权向董事会提议召开临时股东大会

监事会向董事会提议召开临时股东大会，并应当以书面形式向董事会提出。董事会应当根据法律、行政法规和公司章程的规定，在收到提议后 10 日内提出同意或不同意召开临时股东大会的书面反馈意见。

董事会同意召开临时股东大会的，应当在做出董事会决议后的 5 日内发出召开股东大会的通知，通知中对原提议的变更，应当征得监事会的同意。

董事会不同意召开临时股东大会，或者在收到提议后 10 日内未做出书面反馈的，视为董事会不能履行或者不履行召集股东大会会议职责，监事会可以自行召集和主持。

3. 单独或者合计持有公司 10% 以上股份的股东有权向董事会请求召开临时股东大会

单独或者合计持有公司 10% 以上股份的股东向董事会请求召开临时股东大会，并应当以书面形式向董事会提出。董事会应当根据法律、行政法规和公司章程的规定，在收到请求后 10 日内提出同意或不同意召开临时股东大会的书面反馈意见。

董事会同意召开临时股东大会的，应当在做出董事会决议后的 5 日内发出召开股东大会的通知，通知中对原请求的变更，应当征得相关股东的同意。

董事会不同意召开临时股东大会，或者在收到请求后 10 日内未做出反馈的，单独或者合计持有公司 10% 以上股份的股东有权向监事会提议召开临时股东大会，并应当以书面形式向监事会提出请求。

监事会同意召开临时股东大会的，应在收到请求 5 日内发出召开股东大会的通知，通知中对原请求的变更，应当征得相关股东的同意。

监事会未在规定期限内发出股东大会通知的，视为监事会不召集和主持股东大会，连续 90 日以上单独或者合计持有公司 10% 以上股份的股东可以自行召集和主持。

监事会或股东决定自行召集股东大会的，应当书面通知董事会，同时向公司所在地中国证监会派出机构和证券交易所备案。

在股东大会决议公告前，召集股东持股比例不得低于10%。

（五）股东大会的主持

股东大会由董事长主持。董事长不能履行职务或不履行职务时，由副董事长主持；副董事长不能履行职务或者不履行职务时，由半数以上董事共同推举的一名董事主持。

监事会自行召集的股东大会，由监事会主席主持。监事会主席不能履行职务或不履行职务时，由监事会副主席主持；监事会副主席不能履行职务或者不履行职务时，由半数以上监事共同推举的一名监事主持。

股东自行召集的股东大会，由召集人推举代表主持。

召开股东大会时，会议主持人违反议事规则使股东大会无法继续进行的，经现场出席股东大会有表决权过半数的股东同意，股东大会可推举一人担任会议主持人，继续开会。

（六）股东大会决议

股东会决议分为普通决议和特别决议。

股东会做出普通决议，应当由代表1/2以上表决权的股东通过。

股东会做出特别决议，应当由代表2/3以上表决权的股东通过。

下列事项由股东会以特别决议通过：

（1）公司增加或者减少注册资本。

（2）公司的分立、合并、解散和清算。

（3）本章程的修改。

（4）公司在1年内购买、出售重大资产或者担保金额超过公司最近一期经审计总资产30%的。

（5）股权激励计划。

（6）法律、行政法规或本章程规定的，以及股东大会以普通决议认定会对公司产生重大影响的、需要以特别决议通过的其他事项。

上述以外其他事项由股东大会以普通决议通过。

（七）股东大会的法律意见

上市公司召开股东大会，应当聘请律师对以下问题出具法律意见并公告：

（1）会议的召集、召开程序是否符合法律、行政法规、《上市公司股东大会规则》和《公司章程》的规定。

（2）出席会议人员的资格、召集人资格是否合法有效。

（3）会议的表决程序、表决结果是否合法有效。

（4）应上市公司要求对其他有关问题出具的法律意见。

（八）监管措施

上市公司无正当理由不召开股东大会的，证券交易所有权对该公司挂牌交易的股票及衍生品种予以停牌，并要求董事会做出解释并公告。

股东大会的召集、召开和相关信息披露不符合法律、行政法规、《上市公司股东大会规则》和《公司章程》要求的，中国证监会及其派出机构有权责令上市公司或相关责任人限期改正，并由证券交易所予以公开谴责。

董事、监事或董事会秘书违反法律、行政法规、《上市公司股东大会规则》和《公司章程》的规定，不切实履行职责的，中国证监会及其派出机构有权责令其改正，并由证券交易所予以公开谴责；对于情节严重或不予改正的，中国证监会可对相关人员实施证券市场禁入。

股东有权对董事长、董事、监事或总经理及其他高级管理人员提出质询，董事、监事、高级管理人员在股东大会上应就股东的质询做出解释和说明。

（九）附则

《股东大会议事示范规则》应在中国证监会指定报刊上刊登有关信息披露内容。公告或通知篇幅较长的，上市公司可以选择在中国证监会指定报刊上对有关内容做摘要性披露，但全文应当同时在中国证监会指定的网站上公布。

股东大会补充通知应当在刊登会议通知的同一指定报刊上公告。

凡是与《中华人民共和国公司法》、《中华人民共和国证券法》和《上市公司股东大会规则》及《公司章程》相违背的地方，应以《中华人民共和国公司法》、《中华人民共和国证券法》和《上市公司股东大会规则》及《公司章程》规定为准。

《股东大会议事示范规则》由公司董事会负责解释。

三、监事会议事示范规则

（一）制定依据

根据《中华人民共和国公司法》、《中华人民共和国证券法》、《上市公司治理准则》、"上市规则"等有关法律法规以及《公司章程》的规定制作，进一步规范监事会的议事方式和决策程序，促使监事和监事会有效地履行职责，对股东大会负责，并向其报告工作，提高监事会规范运作和公司经营管理的监督职能。

（二）监事会及监事的资格及任职

监事会由 3 名监事组成，其中两名监事由股东大会选举，1 名监事由公司的员工代表大会民主推举；监事会设主席 1 人，由全体监事过半数选举产生。

监事不得兼任董事、总经理、财务负责人及其他高级管理人员。

监事由股东代表和公司职工代表出任，股东代表出任的监事由股东大会选举和更换，职工代表出任的监事由公司职工民主选举产生或更换。公司职工代表出任的监事不少于监事人数的1/3。公司监事为自然人，有下列情形之一的，不能担任公司的监事：

（1）无民事行为能力或者限制民事行为能力。

（2）因贪污、贿赂、侵占财产、挪用财产或者破坏社会主义市场经济秩序，被判处刑罚，执行期满未逾5年；或者因犯罪被剥夺政治权利，执行期满未逾5年。

（3）担任破产清算的公司、企业的董事或者厂长、经理，对该公司、企业的破产负有个人责任的，自该公司、企业破产清算完结之日起未逾3年。

（4）担任因违法被吊销营业执照、责令关闭的公司、企业的法定代表人，并负有个人责任的，自该公司、企业被吊销营业执照之日起未逾3年。

（5）个人所负数额较大的债务到期未清偿。

（6）被中国证监会处以证券市场禁入处罚，期限未满的。

（7）法律、行政法规或部门规章规定的其他内容。

违反规定选举、委派监事的，该选举、委派或者聘任无效。监事在任职期间出现上述情形的，公司解除其职务。

监事的任期每届为3年。监事任期届满，连选可以连任。

（三）监事会职权与义务

1. 监事会的职权

（1）应当对董事会编制的公司定期报告进行审核并提出书面审核意见。

（2）检查公司财务。

（3）对董事、高级管理人员执行公司职务的行为进行监督，对违反法律、行政法规、公司章程或者股东大会决议的董事、高级管理人员提出罢免的建议。

（4）当董事、高级管理人员的行为损害公司的利益时，要求董事、高级管理人员予以纠正。

（5）提议召开临时股东大会，在董事会不履行《公司法》规定的召集和主持股东大会职责时召集和主持股东大会。

（6）向股东大会提出提案。

（7）依照《公司法》第152条的规定，对董事、高级管理人员提起诉讼。

（8）发现公司经营情况异常，可以进行调查；必要时，可以聘请会计师事务所、律师事务所等专业机构协助其工作，费用由公司承担。

2. 监事行使监督权利的方式

（1）向监事会报告，并形成监事会决议。

（2）委托注册会计师、审计师对监事会监督职权范围内的事项进行审查。

（3）根据审查结果决定是否有必要召开临时股东大会。

（4）建议召开临时股东大会。

（四）监事会会议

监事会主席召集和主持监事会会议；监事会主席不能履行职务或者不履行职务的，由半数以上监事共同推举一名监事召集和主持监事会会议。

监事会每6个月至少召开一次会议。会议通知应当在会议召开10日以前书面送达全体监事。

监事会会议通知包括以下内容：

（1）举行会议的日期、地点和会议期限。

（2）事由及议题。

（3）发出通知的日期。

监事会应有 2/3 以上监事出席，方可进行。遇有公司章程规定的情况，可召开监事会临时会议。

监事会应由监事本人出席，监事因故不能出席，可以委托其他监事代为出席。授权委托书应当载明代理人的姓名、代理事项、权限和有效期限，并经委托人签名后有效。

监事会可要求公司董事、总经理和其他高级管理人员、内部、外部审计人员出席监事会，回答所关注的问题。

监事会行使职权时，必要时可以聘请律师事务所、会计师事务所等专业机构给予帮助，由此发生的费用由公司承担。

（五）监事会决议和记录

（1）监事会决议采取举手表决方式。

每名监事有一票表决权。监事会决议仅可在获出席会议的过半数监事表决赞成后，方可通过。

监事对于会议的议项有利害关系而可能损害本公司利益时，不得参加表决。

出席会议的监事应本着认真负责的态度，对议案进行审议并充分表达个人意见；监事对其个人的投票承担责任。

（2）监事会会议应有记录，出席会议的监事和记录人应当在会议记录上签名。监事有权要求在记录上对其在会议上的发言做出某种说明性记载。

监事会会议记录和决议文本作为公司档案由董事会秘书保存，保存期为 15 年。

（六）附则

本规则为公司章程的附件，自公司股东大会审议通过后执行。

本规则由公司监事会制定。

四、内部控制

内部控制是指上市公司为了保证公司战略目标的实现，而对公司战略制定和经营活动中存在的风险予以管理的相关制度安排。上市公司出现内部失控的现象，尤其表现在对控股子公司的失控和金融衍生品投资的失控，因此，上市公司内部控制风险受到市场的高度关注。

（一）上海证券交易所上市公司内部控制指引

《上海证券交易所上市公司内部控制指引》（以下简称《指引》）详细规定了上市公司内部控制的原则以及董事会全体成员的责任，要求在上证所上市的公司应当按照法律、行政法规、部门规章以及上证所股票上市规则的规定建立健全内部控制制度，保证内控制度的完整性、合理性及实施的有效性，以提高公司经营的效果与效率，增强公司信息披露的可靠性，确保公司行为合法合规。《指引》从 2006 年 7 月 1 日起实施，上市公司也从 2006 年年度报告起披露内部控制自我评估报告和会计师事务所对自我评估报告的核实评价意见。

上交所《指引》分为 6 章，共 35 条。从内容上看，上证所将主要通过信息披露监管来督促上市公司完善内部控制。首先，《指引》要求上市公司对内部控制进行检查监督，并指定专门的职能部门负责，要求建立相应的工作制度。该部门可直接向董事会报告，其负责人的任免可由董事会决定。其次，《指引》对上市公司内部控制的信息披露做出规定。上市公司应在定期报告中披露内部控制制度的实施情况，在发生重大的内部控制风险时，还应及时以临时公告形式披露。最后，《指引》要求公司在年度报告披露的同时披露内部控制制度自我评估报告，并要求外部审计进行核实评价。

（二）深圳证券交易所上市公司内部控制指引

《深圳证券交易所上市公司内部控制指引》（以下简称《内控指引》），明确划分了上市公司高管人员、董事会和股东大会对关联交易的审批权限，由独立董事和监事至少每季度查阅公司与关联人之间的资金往来情况；独立董事应当对公司对外担保事项发表独立意见，并定期对公司对外担保情况进行调查。对董事会在审议关联交易事项时的董事委托出席问题做出了规范，要求在公司章程中明确股东大会、董事会审批对外担保的权限和违反审批权限及审议程序的责任追究制度，指派专人持续关注被担保人的情况。上市公司委托理财必须经董事会或股东大会审议批准，并指派专人跟踪委托理财资金的进展及安全状况。建立募集资金专户存储制度，严格按项目预算投入募集资金，内部稽核部门应跟踪募集资金使用情况并定期向董事会审计委员会报告。

《内控指引》共分 10 章 81 条，包括总则、基本要求、关联交易内部控制、对外担保内部控制、委托理财内部控制、募集资金内部控制、信息披露内部控制、对控股子公司的控制、对外承诺的内部控制和内部控制检查及披露 10 个部分。

（三）"三权"和谐相处是上市公司内部控制体系有效性的基础

上市公司上市之初一般都是基础较好的企业，而且大多是按现代企业制度建立的管理模式运行。即便有些先天不足的企业，经过近几年不断改进完善，也基本上能达到国家法律法规的要求。但是，却有一些原本不错的上市公司，在人们不知不觉中已面临摘牌退市的危险，走进上市公司，其境况各有不同，有的公司在形式上似乎都设立了很多风险防范机制和预警控制系统，但是没有发挥作用，没能让企业一路平安。当然，要说客观原因肯定不少，比如政策变化监督不力、市场供需调控、中介机构严重失职等，然而，最主要最直接的原因。还是上市公司缺乏完善而有效的内部控制体系。

上市公司内部控制体系就是如何面对与协调所有权、经营决策权和监督权三权的分立与制衡。即由全体股东组成的股东大会、由主要股东组成的董事会及其领导下的经理班子、由股东代表和适当比例的公司职工代表组成的监事会，"三权"分立，既各司其职，又相互制约。股东大会是最高权机构，董事会对股东大会负责，监事会主要是检查公司账务，对董事会和经理层违反法规及公司章程的行为进行监督，总经理是上市公司的实际操作人。完善而有效的内部控制体系既解决公司的所有权（股东）与经营权（经理）分权制衡问题，也解决所有权之间（大股东与小股东）之间的利益关系问题。

（四）内部控制的框架

公司内控制度应力求全面、完整，至少在以下三个层面做出安排：公司层面，公司下属部门及附属公司层面，公司各业务环节层面。在建立和实施内控制度时，应考虑以下基本要素：

（1）目标设定，指董事会和管理层根据公司的风险偏好设定战略目标。

（2）内部环境，指公司的组织文化以及其他影响员工风险意识的综合因素，包括员工对风险的看法、管理层风险管理理念和风险偏好、职业道德规范和工作氛围、董事会和监事会对风险的关注和指导等。

（3）风险确认，指董事会和管理层确认影响公司目标实现的内部和外部风险因素。

（4）风险评估，指董事会和管理层根据风险因素发生的可能性和影响，确定管理风险的方法。

（5）风险管理策略选择，指董事会和管理层根据公司风险承受能力和风险偏好选择风险管理策略。

（6）控制活动，指为确保风险管理策略有效执行而制定的制度和程序，包括核准、授权、验证、调整、复核、定期盘点、记录核对、职能分工、资产保全、绩效考核等。

（7）信息沟通，指产生服务于规划、执行、监督等管理活动的信息并适时向使用者提供的过程。

（8）检查监督，指公司自行检查和监督内部控制运行情况的过程。

公司应在符合总体战略目标的基础上，针对各下属部门、附属公司以及各业务环节的特点，建立相应的内控制度。

（五）上市公司相关各业务环节内部控制

公司内部控制通常应涵盖经营活动中所有业务环节，包括但不限于：

（1）销货及收款环节：包括订单处理、信用管理、运送货物、开出销货发票、确认收入及应收账款、收到现款及其记录等。

（2）采购及付款环节：包括采购申请、处理采购单、验收货物、填写验收报告或处理退货、记录应付账款、核准付款、支付现款及其记录等。

（3）生产环节：包括拟订生产计划、开出用料清单、储存原材料、投入生产、计算存货生产成本、计算销货成本、质量控制等。

（4）固定资产管理环节：包括固定资产的自建、购置、处置、维护、保管与记录等。

（5）货币资金管理环节：包括货币资金的入账、划出、记录、报告、出纳人员和财务人员的授权等。

（6）关联交易环节：包括关联方的界定，关联交易的定价、授权、执行、报告和记录等。

（7）担保与融资环节：包括借款、担保、承兑、租赁、发行新股、发行债券等的授权、执行与记录等。

（8）投资环节：包括投资有价证券、股权、不动产、经营性资产、金融衍生品及其他长、短期投资、委托理财、募集资金使用的决策、执行、保管与记录等。

（9）研发环节：包括基础研究、产品设计、技术开发、产品测试、研发记录及文件保管等。

（10）人事管理环节：包括雇用、签订聘用合同、培训、请假、加班、离岗、辞退、退休、计时、计算薪金、计算个人所得税及各项代扣款、薪资记录、薪资支付、考勤及考核等。

公司在内控制度制定过程中，可以根据自身所处行业及生产经营特点对上述业务环节进行调整。

公司内控制度除涵盖对经营活动各环节的控制外，还包括贯穿于经营活动各环节之中的各项管理制度，包括但不限于：印章使用管理、票据领用管理、预算管理、资产管理、质量管理、担保管理、职务授权及代理制度、定期沟通制度、信息披露管理制度及对附属公司的管理制度等。

（六）使用计算机信息系统的，还应制定信息管理的内控制度

信息管理的内控制度至少应涵盖下列内容：

（1）信息处理部门与使用部门权责的划分。

（2）信息处理部门的功能及职责划分。

（3）系统开发及程序修改的控制。

（4）程序及资料的存取、数据处理的控制。

（5）档案、设备、信息的安全控制。

（6）在证券交易所网站或公司网站上进行公开信息披露活动的控制。

（七）根据国家财政主管部门的有关规定，建立内部会计控制规范

（1）上市公司的组建及股本变动、募集资金使用情况。

根据招股、配股说明书检查历年来股本变动情况及资金使用情况，每年资金使用是否与配股募集资金公告或变更公告资金投向相符。新项目投产后，其产品产量质量、年利润、投资回收期等经济技术指标是否与募集资金公告相符，特别是对失败的项目要重点检查。

（2）上市公司与关联企业的关联交易情况与上市公司有关联交易的企业：

对其有控制关系的关联方——子公司、分公司等。

上市公司对其下属有控制关系的关联方——参股公司、联营公司、子公司等。

对关联企业的主要业务、交易类型（商品、劳务）、关联交易要素（定价原则、交易金额）、关联方往来账款、资金占用进行了审查，评价有无相互让利和效益流失。

（八）专项风险的内部控制

1. 对控股子公司实行管理控制

（1）依法建立对控股子公司的控制架构，确定控股子公司章程的主要条款，选任董事、监事、经理及财务负责人。

（2）根据公司的战略规划，协调控股子公司的经营策略和风险管理策略，督促控股子公司据以制定相关业务经营计划、风险管理程序。

（3）制定控股子公司的业绩考核与激励约束制度。

（4）制定母子公司业务竞争、关联交易等方面的政策及程序。

（5）制定控股子公司重大事项的内部报告制度。重大事项包括但不限于发展计划及预算、重大投资、收购出售资产、提供财务资

助、为他人提供担保、从事证券及金融衍生品投资、签订重大合同、海外控股子公司的外汇风险管理等。

（6）定期取得控股子公司月度财务报告和管理报告，并根据相关规定，委托会计师事务所审计控股子公司的财务报告。

2. 对金融衍生品交易实行内部控制

（1）合理制定金融衍生品交易的目标、套期保值的策略。

（2）制定金融衍生品交易的执行制度，包括交易员的资质、考核、风险隔离、执行、止损、记录和报告等的政策和程序。

（3）制定金融衍生品交易的风险报告制度，包括授权、执行、或有资产、隐含风险、对冲策略及其他交易细节。

（4）制定金融衍生品交易风险管理制度，包括机构设置、职责、记录和报告的政策和程序。

（九）内部控制的检查监督

董事会及管理层通过内控制度的检查监督，发现内控制度是否存在缺陷和实施中是否存在问题，并及时予以改进，确保内控制度的有效实施。

确定专门职能部门负责内部控制的日常检查监督工作，并根据相关规定以及公司的实际情况配备专门的内部控制检查监督人员。公司可根据自身组织架构和行业特点安排该职能部门的设置，该部门负责人的任免可由董事会决定。

公司应制定内部控制检查监督办法，该办法至少包括如下内容：

（1）董事会或相关机构对内部控制检查监督的授权。

（2）公司各部门及下属机构对内部控制检查监督的配合义务。

（3）内部控制检查监督的项目、时间、程序及方法。

（4）内部控制检查监督工作报告的方式。

（5）内部控制检查监督工作相关责任的划分。

（6）内部控制检查监督工作的激励制度。

（十）内部控制的信息披露

董事会应根据内部控制检查监督工作报告及相关信息，评价公司内部控制的建立和实施情况，形成内部控制自我评估报告。公司董事会应在审议年度财务报告等事项的同时，对公司内部控制自我评估报告形成决议。

公司董事会下设审计委员会的，可由审计委员会编制内部控制自我评估报告草案并报董事会审议。

公司董事会在年度报告披露的同时，披露年度内部控制自我评估报告，并披露会计师事务所对内部控制自我评估报告的核实评价意见。

公司内部控制自我评估报告至少应包括如下内容：

（1）内控制度是否建立健全。

（2）内控制度是否有效实施。

（3）内部控制检查监督工作的情况。

（4）内控制度及其实施过程中出现的重大风险及其处理情况。

（5）对本年度内部控制检查监督工作计划完成情况的评价。

（6）完善内控制度的有关措施。

（7）下一年度内部控制有关工作计划。

会计师事务所应参照主管部门有关规定对公司内部控制自我评估报告进行核实评价。

五、独立董事

（一）上市公司充分发挥独立董事的作用

1. 上市公司应当赋予独立董事的特别职权

（1）重大关联交易（指上市公司拟与关联人达成的总额高于

300万元或高于上市公司最近经审计净资产值的5%的关联交易）应由独立董事认可后，提交董事会讨论；独立董事做出判断前，可以聘请中介机构出具独立财务顾问报告，作为其判断的依据。

（2）向董事会提议聘用或解聘会计师事务所。

（3）向董事会提请召开临时股东大会。

（4）提议召开董事会。

（5）独立聘请外部审计机构和咨询机构。

（6）可以在股东大会召开前公开向股东征集投票权。

独立董事行使上述职权应当取得全体独立董事的1/2以上同意。如上述提议未被采纳或上述职权不能正常行使，上市公司应将有关情况予以披露。

如果上市公司董事会下设薪酬、审计、提名等委员会的，独立董事应当在委员会成员中占有1/2以上的比例。

2. 独立董事应当对上市公司重大事项发表的独立意见

（1）提名、任免董事。

（2）聘任或解聘高级管理人员。

（3）公司董事、高级管理人员的薪酬。

（4）上市公司的股东、实际控制人及其关联企业对上市公司现有或新发生的总额高于300万元或高于上市公司最近经审计净资产值的5%的借款或其他资金往来，以及公司是否采取有效措施回收欠款。

（5）独立董事认为可能损害中小股东权益的事项。

（6）公司章程规定的其他事项。

独立董事应当就上述事项发表以下几类意见之一：同意，保留意见及其理由，反对意见及其理由，无法发表意见及其障碍。

如有关事项属于需要披露的事项，上市公司应当将独立董事的意见予以公告，独立董事出现意见分歧无法达成一致时，董事会应将各独立董事的意见分别披露。

3. 为了保证独立董事有效行使职权，上市公司应当为独立董事提供必要的条件

（1）上市公司应当保证独立董事享有与其他董事同等的知情权。

凡须经董事会决策的事项，上市公司必须按法定的时间提前通知独立董事并同时提供足够的资料，独立董事认为资料不充分的，可以要求补充。当两名或两名以上独立董事认为资料不充分或论证不明确时，可联名书面向董事会提出延期召开董事会会议或延期审议该事项，董事会应予以采纳。

上市公司向独立董事提供的资料，上市公司及独立董事本人应当至少保存 5 年。

（2）上市公司应提供独立董事履行职责所必需的工作条件。上市公司董事会秘书应积极为独立董事履行职责提供协助，如介绍情况、提供材料等。独立董事发表的独立意见、提案及书面说明应当公告的，董事会秘书应及时到证券交易所办理公告事宜。

（3）独立董事行使职权时，上市公司有关人员应当积极配合，不得拒绝、阻碍或隐瞒，不得干预其独立行使职权。

（4）独立董事聘请中介机构的费用及其他行使职权时所需的费用由上市公司承担。

（5）上市公司应当给予独立董事适当的津贴。津贴的标准应当由董事会制订预案，股东大会审议通过，并在公司年报中进行披露。

除上述津贴外，独立董事不应从该上市公司及其主要股东或有利害关系的机构和人员取得额外的、未予披露的其他利益。

（6）上市公司可以建立必要的独立董事责任保险制度，以降低独立董事正常履行职责可能引致的风险。

（二）担任独立董事应当符合的基本条件

（1）根据法律、行政法规及其他有关规定，具备担任上市公司董事的资格。

（2）具有法规所要求的独立性。

（3）具备上市公司运作的基本知识，熟悉相关法律、行政法规、规章及规则。

（4）具有5年以上法律、经济或者其他履行独立董事职责所必需的工作经验。

（5）公司章程规定的其他条件。

（三）不得担任独立董事的人员

（1）在上市公司或者其附属企业任职的人员及其直系亲属、主要社会关系（直系亲属是指配偶、父母、子女等；主要社会关系是指兄弟姐妹、岳父母、儿媳女婿、兄弟姐妹的配偶、配偶的兄弟姐妹等）。

（2）直接或间接持有上市公司已发行股份1%以上或者是上市公司前10名股东中的自然人股东及其直系亲属。

（3）在直接或间接持有上市公司已发行股份5%以上的股东单位或者在上市公司前5名股东单位任职的人员及其直系亲属。

（4）最近1年内曾经具有前3项所列举情形的人员。

（5）为上市公司或者其附属企业提供财务、法律、咨询等服务的人员。

（6）公司章程规定的其他人员。

（7）中国证监会认定的其他人员。

（四）独立董事的提名、选举和更换应当依法、规范地进行

（1）上市公司董事会、监事会、单独或者合并持有上市公司已发行股份1%以上的股东可以提出独立董事候选人，并经股东大会选举决定。

（2）独立董事的提名人在提名前应当征得被提名人的同意。提名人应当充分了解被提名人职业、学历、职称、详细的工作经历、

全部兼职等情况，并对其担任独立董事的资格和独立性发表意见，被提名人应当就其本人与上市公司之间不存在任何影响其独立客观判断的关系发表公开声明。

在选举独立董事的股东大会召开前，上市公司董事会应当按照规定公布上述内容。

（3）在选举独立董事的股东大会召开前，上市公司应将所有被提名人的有关材料同时报送中国证监会、公司所在地中国证监会派出机构和公司股票挂牌交易的证券交易所。上市公司董事会对被提名人的有关情况有异议的，应同时报送董事会的书面意见。中国证监会在15个工作日内对独立董事的任职资格和独立性进行审核。对中国证监会持有异议的被提名人，可作为公司董事候选人，但不作为独立董事候选人。在召开股东大会选举独立董事时，上市公司董事会应对独立董事候选人是否被中国证监会提出异议的情况进行说明。对于《关于在上市公司建立独立董事制度的指导意见》（以下简称《指导意见》）发布前已担任上市公司独立董事的人士，上市公司应将前述材料在《指导意见》发布实施起1个月内报送中国证监会、公司所在地中国证监会派出机构和公司股票挂牌交易的证券交易所。

（4）独立董事每届任期与该上市公司其他董事任期相同，任期届满，连选可以连任，但是连任时间不得超过6年。

（5）独立董事连续3次未亲自出席董事会会议的，由董事会提请股东大会予以撤换。除出现上述情况及《公司法》中规定的不得担任董事的情形外，独立董事任期届满前不得无故被免职。提前免职的，上市公司应将其作为特别披露事项予以披露，被免职的独立董事认为公司的免职理由不当的，可以做出公开的声明。

（6）独立董事在任期届满前可以提出辞职。独立董事辞职应向董事会提交书面辞职报告，对任何与其辞职有关或其认为有必要引起公司股东和债权人注意的情况进行说明。如因独立董事辞职导致公司董事会中独立董事所占的比例低于上述《指导意见》规定的最低要求时，该独立董事的辞职报告应当在下任独立董事填补其缺额后生效。

第三节　公司股权激励

企业发展中很难解决的一个重要问题就是人的问题，大多中小企业基数小但发展快、品牌价值吸引力也不大，用现金解决问题是不现实的，因此众多中小企业把吸引、保留、激励高素质的人才的目光放到股权激励上，为企业创造更大的价值，也为股东创造更大的价值，从而提升企业市值管理。

股权激励是指上市公司以本公司股票为标的，对其董事、监事、高级管理人员及其他员工进行的长期性激励。股权激励是上市公司建立、健全激励与约束机制，加强公司治理的有效措施，其主要法律依据是《中华人民共和国公司法》、《中华人民共和国证券法》及《上市公司员工持股计划管理暂行办法》等相关法律、行政法规的规定。

一、股权激励的规定

（一）股权激励的要素与概念

1. 激励对象

上市公司的董事、监事、高级管理人员、核心技术（业务）人员，以及公司认为应当激励的其他员工，但不应当包括独立董事。

持股5%以上的主要股东或实际控制人原则上不得成为激励对象。除非经股东大会表决通过，且股东大会对该事项进行投票表决时，关联股东须回避表决。

持股5%以上的主要股东或实际控制人的配偶及直系近亲属若符合成为激励对象的条件，可以成为激励对象，但其所获授权益应关注是否与其所任职务相匹配。同时股东大会对该事项进行投票表决时，关联股东须回避表决。

2. 激励方式

股票、股票期权、认股权证。

3. 股票来源

公开发行新股预留股份、向激励对象发行股份。股东不得直接向激励对象赠予（或转让）股份。股东拟提供股份的，应当先将股份赠予（或转让）上市公司，并视为上市公司以零价格（或特定价格）向这部分股东定向回购股份。然后，按照经证监会备案无异议的股权激励计划，由上市公司将股份授予激励对象。上市公司对回购股份的授予应符合《公司法》第143条规定，即必须在1年内将回购股份授予激励对象。

4. 激励数额

总数不得超过公司股本总额的10%，任何一名激励对象通过股权激励计划获授的公司股票累计不得超过公司股本总额的1%。

5. 期权资金来源的限制

资金来源只能有激励基金一条途径，上市公司尤其不得提供贷款和贷款担保。

6. 期权行权价格的基准

期权行权价格的基准是以股权激励计划草案摘要公布前一日的公司股票收盘价，或股权激励计划草案摘要公布前30个交易日内的公司股票平均收盘价来定的。

7. 期权有效期

从授权日计算不得超过10年。在有效期内，激励对象应分期按比例行权。

8. 认股权证行权价格的基准

从以二级市场股票价格为依据的，与期权行权价格的确定方法相同。

9. 认股权证数额

激励对象每年转让的认股权证数量不得超过其所持同种认股权证总数的25%。

（二）股权激励的一般规则

1. 上市公司不得实行股权激励计划的情形

（1）最近1个会计年度财务会计报告被注册会计师出具否定意见或者无法表示意见的审计报告。

（2）最近1年内因重大违法违规行为被中国证监会予以行政处罚。

（3）中国证监会认定的其他情形。

2. 不得成为激励对象的人员

（1）最近3年内被证券交易所公开谴责或宣布为不适当人选的。

（2）最近3年内因重大违法违规行为被中国证监会予以行政处罚的。

（3）具有《中华人民共和国公司法》规定的不得担任公司董事、监事、高级管理人员情形的。

股权激励计划经董事会审议通过后，上市公司监事会应当对激励对象名单予以核实，并将核实情况在股东大会上予以说明。

3. 拟实行股权激励计划的上市公司，解决标的股票来源

（1）向激励对象发行股份。

（2）回购本公司股份。

（3）法律、行政法规允许的其他方式。

4. 对激励对象的规定

激励对象为董事、监事、高级管理人员的，上市公司应当建立绩效考核体系和考核办法，以绩效考核指标为实施股权激励计划的条件。

上市公司不得为激励对象依股权激励计划获取有关权益提供贷款以及其他任何形式的财务资助，包括为其贷款提供担保。

上市公司全部有效的股权激励计划所涉及的标的股票总数累计不得超过公司股本总额的10%。

非经股东大会特别决议批准，任何一名激励对象通过全部有效的股权激励计划获授的本公司股票累计不得超过公司股本总额的1%。

5. 上市公司应当在股权激励计划中对下列事项做出明确规定或说明

（1）股权激励计划的目的。

（2）激励对象的确定依据和范围。

（3）股权激励计划拟授予的权益数量、所涉及的标的股票种类、来源、数量及占上市公司股本总额的百分比；若分次实施的，每次拟授予的权益数量、所涉及的标的股票种类、来源、数量及占上市公司股本总额的百分比。

（4）激励对象为董事、监事、高级管理人员的，其各自可获授的权益数量、占股权激励计划拟授予权益总量的百分比；其他激励对象（各自或按适当分类）可获授的权益数量及占股权激励计划拟授予权益总量的百分比。

（5）股权激励计划的有效期、授权日、可行权日、标的股票的禁售期。

（6）限制性股票的授予价格或授予价格的确定方法，股票期权的行权价格或行权价格的确定方法。

（7）激励对象获授权益、行权的条件，如绩效考核体系和考核办法，以绩效考核指标为实施股权激励计划的条件。

（8）股权激励计划所涉及的权益数量、标的股票数量、授予价格或行权价格的调整方法和程序。

（9）公司授予权益及激励对象行权的程序。

（10）公司与激励对象各自的权利义务。

（11）公司发生控制权变更、合并、分立、激励对象发生职务变更、离职、死亡等事项时如何实施股权激励计划。

（12）股权激励计划的变更、终止。

（13）其他重要事项。

（三）国有控股上市公司实施股权激励制度的有关规定

1. 严格股权激励的实施条件，加快完善公司法人治理结构

上市公司在达到外部董事（包括独立董事）占董事会成员一半以上、薪酬委员会全部由外部董事组成的要求之后，要进一步优化董事会的结构，健全通过股东大会选举和更换董事的制度，按专业化、职业化、市场化的原则确定董事会成员人选，逐步减少国有控股股东的负责人、高级管理人员及其他人员担任上市公司董事的数量，增加董事会中由国有资产出资人代表提名的、由公司控股股东以外人员任职的外部董事或独立董事数量，督促董事提高履职能力，恪守职业操守，使董事会真正成为各类股东利益的代表和重大决策的主体，董事会选聘、考核、激励高级管理人员的职能必须到位。

2. 完善股权激励业绩考核体系，科学设置业绩指标和水平

业绩考核指标应包含反映股东回报和公司价值创造等综合性指标，如净资产收益率（ROE）、经济增加值（EVA）、每股收益等；反映公司赢利能力及市场价值等成长性指标，如净利润增长率、主营业务收入增长率、公司总市值增长率等；反映企业收益质量的指标，如主营业务利润占利润总额比重、现金营运指数等。上述3类业绩考核指标原则上至少各选一个。相关业绩考核指标的计算应符合现行会计准则等相关要求。

上市公司授予激励对象股权时的业绩目标水平，应不低于公司近3年平均业绩水平及同行业（或选取的同行业境内、外对标企业，行业参照证券监管部门的行业分类标准确定，下同）平均业绩（或对标企业50分位值）水平。

上市公司激励对象行使权利时的业绩目标水平，应结合上市公司所处行业特点和自身战略发展定位，在授予时业绩水平的基础上有所提高，并不得低于公司同行业平均业绩（或对标企业75分位值）水平。凡低于同行业平均业绩（或对标企业75分位值）水平以下的不得行使。

对科技类上市公司实施股权激励的业绩指标，可以根据企业所处行业的特点及成长规律等实际情况，确定授予和行使的业绩指标及其目标水平。

对国有经济占控制地位的、关系国民经济命脉和国家安全的行业以及依法实行专营专卖的行业，相关企业的业绩指标，应通过设定经营难度系数等方式，剔除价格调整、宏观调控等政策因素对业绩的影响。

3. 合理控制股权激励收益水平，实行股权激励收益与业绩指标增长挂钩浮动

在达到实施股权激励业绩考核目标要求的基础上，以期初计划核定的股权激励预期收益为基础，按照股权行使时间限制表，综合上市公司业绩和股票价格增长情况，对股权激励收益增幅进行合理调控。具体方法如下：

（1）对股权激励收益在计划期初核定收益水平以内且达到考核标准的，可按计划予以行权。

（2）对行权有效期内股票价格偏高，致使股票期权（或股票增值权）的实际行权收益超出计划核定的预期收益水平的上市公司，根据业绩考核指标完成情况和股票价格增长情况合理控制股权激励实际收益水平。即在行权有效期内，激励对象股权激励收益占本期股票期权（或股票增值权）授予时薪酬总水平（含股权激励收益，下同）的最高比重，境内上市公司及境外 H 股公司原则上不得超过 40%，境外红筹股公司原则上不得超过 50%。股权激励实际收益超出上述比重的，尚未行权的股票期权（或股票增值权）不再行使或将行权收益上交公司。

4. 完善限制性股票授予方式，以业绩考核结果确定限制性股票的授予水平

上市公司应以严格的业绩考核作为实施限制性股票激励计划的前提条件。上市公司授予限制性股票时的业绩目标应不低于下列业绩水平的高者：公司前 3 年平均业绩水平；公司上一年度实际业绩水平；公司同行业平均业绩（或对标企业 50 分位值）水平。

上市公司应强化对限制性股票激励对象的约束。限制性股票激励的重点应限于对公司未来发展有直接影响的高级管理人员。限制性股票的来源及价格的确定应符合证券监管部门的相关规定，且股权激励对象个人出资水平不得低于按证券监管规定确定的限制性股票价格的 50%。

5. 限制性股票收益（不含个人出资部分的收益）的增长幅度不得高于业绩指标的增长幅度（以业绩目标为基础）

上市公司股权激励的重点应是对公司经营业绩和未来发展有直接影响的高级管理人员和核心技术骨干，不得随意扩大范围。未在上市公司任职、不属于上市公司的人员（包括控股股东公司的员工）不得参与上市公司股权激励计划。境内、境外上市公司监事不得成为股权激励的对象。严格股权激励对象范围，规范股权激励对象离职、退休等行为的处理方法。

股权激励对象正常调动、退休、死亡、丧失民事行为能力时，授予的股权当年已达到可行使时间限制和业绩考核条件的，可行使的部分可在离职之日起的半年内行使，尚未达到可行使时间限制和业绩考核条件的不再行使。股权激励对象辞职、被解雇时，尚未行

使的股权不再行使。

6. 规范上市公司配股、送股、分红后股权激励授予数量的处理

上市公司因发行新股、转增股本、合并、分立、回购等原因导致总股本发生变动或其他原因需要调整股权授予数量或行权价格的，应重新报国有资产监管机构备案后由股东大会或授权董事会决定。对于其他原因调整股票期权（或股票增值权）授予数量、行权价格或其他条款的，应由董事会审议后经股东大会批准；同时，上市公司应聘请律师就上述调整是否符合国家相关法律法规、公司章程以及股权激励计划规定出具专业意见。

建立上市公司国有控股股东与国有资产监管机构沟通协调机制。上市公司国有控股股东在上市公司董事会审议其股权激励计划之前，应与国有资产监管机构进行沟通协调，并应在上市公司股东大会审议公司股权激励计划之前，将上市公司董事会审议通过的股权激励计划及相应的管理考核办法等材料报国有资产监管机构审核，经股东大会审议通过后实施。

二、股权激励的种类

（一）限制性股票

限制性股票是指激励对象按照股权激励计划规定的条件，从上市公司获得的一定数量的本公司股票。上市公司授予激励对象限制性股票，应当在股权激励计划中规定激励对象获授股票的业绩条件、禁售期限。

上市公司以股票市价为基准确定限制性股票授予价格的，在下列期间内不得向激励对象授予股票：

（1）定期报告公布前 30 日。

（2）重大交易或重大事项决定过程中至该事项公告后 2 个交易日。

（3）其他可能影响股价的重大事件发生之日起至公告后 2 个交易日。

限制性股票授予价格的折扣问题：

（1）如果标的股票的来源是存量，即从二级市场购入股票，则按照《公司法》关于回购股票的相关规定执行。

（2）如果标的股票的来源是增量，即通过定向增发方式取得股票，其实质属于定向发行，则参照现行《上市公司证券发行管理办法》中有关定向增发的定价原则和锁定期要求确定价格和锁定期，同时考虑股权激励的激励效应。

①发行价格不低于定价基准日前 20 个交易日公司股票均价的 50%。

②自股票授予日起 12 个月内不得转让，激励对象为控股股东、实际控制人的，自股票授予日起 36 个月内不得转让。

若低于上述标准，则需由公司在股权激励草案中充分分析和披露其对股东权益的摊薄影响，由中国证监会上市公司监管部提交重组审核委员会讨论决定。

（二）股票期权

股票期权是指上市公司授予激励对象在未来一定期限内以预先确定的价格和条件购买本公司一定数量股份的权利。

激励对象可以其获授的股票期权在规定的期间内以预先确定的价格和条件购买上市公司一定数量的股份，也可以放弃该种权利。

（1）激励对象获授的股票期权不得转让、用于担保或偿还债务。

（2）上市公司董事会可以根据股东大会审议批准的股票期权计划，决定一次性授出或分次授出股票期权，但累计授出的股票期权涉及的标的股票总额不得超过股票期权计划所涉及的标的股票总额。

（3）股票期权授权日与获授股票期权首次可以行权日之间的间

隔不得少于 1 年。

股票期权的有效期从授权日计算不得超过 10 年。

（4）在股票期权有效期内，上市公司应当规定激励对象分期行权。

股票期权有效期过后，已授出但尚未行权的股票期权不得行权。

（5）上市公司在授予激励对象股票期权时，应当确定行权价格或行权价格的确定方法。行权价格不应低于下列价格较高者：

①股权激励计划草案摘要公布前 1 个交易日的公司标的股票收盘价。

②股权激励计划草案摘要公布前 30 个交易日内的公司标的股票平均收盘价。

（6）上市公司因标的股票除权、除息或其他原因需要调整行权价格或股票期权数量的，可以按照股票期权计划规定的原则和方式进行调整。

上市公司依据前款调整行权价格或股票期权数量的，应当由董事会做出决议并经股东大会审议批准，或者由股东大会授权董事会决定。

律师应当就上述调整是否符合《试行办法》、公司章程和股票期权计划的规定向董事会出具专业意见。

（三）行权规定

激励对象应当在上市公司定期报告公布后第二个交易日，至下一次定期报告公布前 10 个交易日内行权，但不得在下列期间内行权：

（1）重大交易或重大事项决定过程中至该事项公告后两个交易日。

（2）其他可能影响股价的重大事件发生之日起至公告后两个交易日。

上市公司在下列期间内不得向激励对象授予股票期权：

（1）定期报告公布前 30 日。

（2）重大交易或重大事项决定过程中至该事项公告后两个交易日。

（3）其他可能影响股价的重大事件发生之日起至公告后两个交易日。

三、上市公司员工持股计划

员工持股计划是指上市公司根据员工意愿，将应付员工工资、奖金等现金薪酬的一部分委托资产管理机构管理，通过二级市场购入本公司股票并长期持有，股份权益按约定分配给员工的制度安排。

上市公司实施员工持股计划，应当符合法律、行政法规和《上市公司员工持股计划管理暂行办法》（以下简称《暂行办法》）的规定。中国证券监督管理委员会对上市公司实施员工持股计划及其相关活动进行监督管理。

（一）员工持股计划的一般规定

1. 参与对象

上市公司员工持股计划的参加对象为公司员工，包括管理层人员。

2. 资金来源

每年度用于实施员工持股计划的资金来源于最近 12 个月公司应付员工的工资、奖金等现金薪酬，且数额不得高于其现金薪酬总额的 30%。员工用于参加员工持股计划的资金总额不得高于其家庭金融资产的 1/3。应当如实向公司说明其家庭金融资产情况，公司应当向员工充分揭示风险，并根据员工资产情况核定其应获股份权益的具体数额上限。

3. 持股有效期

员工持股计划长期持续有效，在其存续期间可以约定按照年、季、月的时间间隔定期实施，也可以不定期实施。

每次实施员工持股计划，其所购股票的持股期限不得低于 36 个月，自上市公司公告本次股票购买完成时起算。

4. 持股总数

上市公司全部有效的员工持股计划所持有股票总数累计不得超过股本总额的 10%，单个员工所获股份权益对应的股票总数累计不得超过公司股本总额的 1%。

前款规定的股票总数单独计算，不包括员工在公司首发上市前获得的股份、通过二级市场自行购买的股份及通过股权激励获得的股份。股本总额是最近一次实施员工持股计划前公司的股本总额。

5. 监督机制

参加员工持股计划的员工可以通过员工持股计划持有人会议选出代表或设立相应机构，监督员工持股计划的日常管理，代表员工持股计划持有人行使股东权利或者授权资产管理机构行使股东权利。

（二）员工持股计划应明确的事项

（1）员工持股计划的目的、原则。

（2）参加员工的范围和确定标准。

（3）用于员工持股计划资金的构成、数额或数额确定方式。

（4）员工持股计划拟购买的公司股票数量及占上市公司股本总额的比例。

（5）员工持股计划的存续期限。

（6）员工持股计划实施的程序和具体管理模式。

（7）公司发生控制权变更、合并、分立时，员工持股计划持有股票的处置办法。

（8）参加员工持股计划的员工离职、退休、死亡以及发生不再适合参加持股计划事由等情况时，其所持股份权益的处置办法。

（9）员工持股计划的变更、终止。

（10）员工持股计划期满后员工所持股份权益的处置办法。

（11）员工持股计划持有人代表或机构的选任。

（12）资产管理机构的选任、资产管理协议主要条款、资产管理费用的计提及支付方式。

（13）其他重要事项。

（三）员工持股计划的管理

上市公司应当将员工持股计划委托给下列资产管理机构进行管理：

（1）信托公司。

（2）保险资产管理公司。

（3）证券公司。

（4）基金管理公司。

（5）其他符合条件的资产管理机构。

资产管理机构不得管理本公司及本公司控股的上市公司的员工持股计划，也不得管理其控股股东、实际控制人及与其受同一控制下的公司的员工持股计划。

（四）股东大会应当对员工持股计划中进行表决的内容

（1）员工持股计划拟购入股票的数量。

（2）参加员工的范围和确定标准。

（3）员工持股计划的存续期限。

（4）员工获授股份权益的条件。

（5）员工持股计划的变更、终止需要履行的程序。

（6）授权董事会办理员工持股计划的相关事宜。

（7）资产管理机构的选任及撤换程序。

（8）其他需要股东大会表决的事项。

公司股东大会就持股计划有关事项进行投票表决时，应当在提供现场投票方式的同时，提供网络投票方式；公司股东大会做出决议，应当经出席会议的股东所持表决权的半数以上通过。

（五）法律意见书

上市公司应当聘请律师事务所对员工持股计划出具法律意见书，并在召开关于审议员工持股计划的股东大会前公告法律意见书。法律意见书应当发表如下意见：

（1）员工持股计划是否符合法律、行政法规及《暂行办法》的规定。

（2）员工持股计划的制订和提出是否履行了必要的法定程序。

（3）员工持股计划的范围和条件。

（4）员工持股计划是否损害上市公司及全体股东的利益。

（5）上市公司是否已经履行了充分的信息披露义务。

（6）员工持股计划的资产管理机构是否合格。

（7）资产管理协议是否符合有关规定。

（8）其他应当说明的事项。

（六）惩罚条款

（1）上市公司实施员工持股计划不符合《上市公司员工持股计划管理暂行办法》规定的，中国证监会责令其改正，对公司及相关责任人依法予以处罚。

（2）上市公司未按照《上市公司员工持股计划管理暂行办法》及其他相关规定披露员工持股计划相关信息或者所披露的信息有虚假记载、误导性陈述或者重大遗漏的，中国证监会责令其改正，对公司及相关责任人依法予以处罚。

（3）为上市公司员工持股计划出具专业意见的证券服务机构及从业人员未履行勤勉尽责义务，所发表的意见存在虚假记载、误导性陈述或者重大遗漏的，中国证监会依法予以处罚。

（4）利用员工持股计划进行虚假陈述、操纵证券市场、内幕交易等违法行为的，中国证监会依法予以处罚，并可依法对相关责任人员采取市场禁入等监管措施；涉嫌犯罪的，中国证监会移送司法机关处理。

四、股权激励实施程序和信息披露

（一）股权激励实施程序

1. 董事会审议

上市公司董事会下设的薪酬与考核委员会负责拟订股权激励计划草案。薪酬与考核委员会应当建立完善的议事规则，其拟订的股权激励计划草案应当提交董事会审议。

2. 股东大会审议批准

除非得到股东大会明确授权，上市公司变更股权激励计划中下列事项的，应当提交股东大会审议批准：

（1）股权激励计划所涉及的权益数量、所涉及的标的股票种类、来源和数量。

（2）激励对象的确定依据和范围。

（3）股权激励计划中董事、监事各自被授予的权益数额或权益数额的确定方法；高级管理人员和其他激励对象（各自或按适当分类）被授予的权益数额或权益数额的确定方法。

（4）股权激励计划的有效期、标的股票禁售期。

（5）激励对象获授权益、行权的条件。

（6）限制性股票的授予价格或授予价格的确定方法，股票期权的行权价格或行权价格的确定方法。

（7）股权激励计划涉及的权益数量、标的股票数量、授予价格及行权价格的调整方法和程序。

（8）股权激励计划的变更、终止。

（9）对董事会办理有关股权激励计划相关事宜的授权。

（10）其他需要股东大会表决的事项。

股东大会就上述事项做出决议，必须经出席会议的股东所持表决权的 2/3 以上通过。

3. 独立董事意见

独立董事应当就股权激励计划是否有利于上市公司的持续发展，是否存在明显损害上市公司及全体股东利益发表独立意见。

独立董事应当就股权激励计划向所有的股东征集委托投票权。

4. 法律意见书

上市公司应当聘请律师对股权激励计划出具法律意见书，至少对以下事项发表专业意见：

（1）股权激励计划是否符合《暂行办法》的规定。

（2）股权激励计划是否已经履行了法定程序。

（3）上市公司是否已经履行了信息披露义务。

（4）股权激励计划是否存在明显损害上市公司及全体股东利益和违反有关法律、行政法规的情形。

（5）他应当说明的事项。

5. 独立财务顾问发表专业意见

上市公司董事会下设的薪酬与考核委员会认为必要时，可以要求上市公司聘请独立财务顾问，对股权激励计划的可行性、是否有利于上市公司的持续发展、是否损害上市公司利益以及对股东利益的影响发表专业意见。

独立财务顾问应当出具独立财务顾问报告，至少对以下事项发表专业意见：

（1）股权激励计划是否符合《暂行办法》的规定。

（2）公司实行股权激励计划的可行性。

（3）对激励对象范围和资格的核查意见。

（4）对股权激励计划权益授出额度的核查意见。

（5）公司实施股权激励计划的财务测算。

（6）公司实施股权激励计划对上市公司持续经营能力、股东权益的影响。

（7）对上市公司是否为激励对象提供任何形式的财务资助的核查意见。

（8）股权激励计划是否存在明显损害上市公司及全体股东利益的情形。

（9）上市公司绩效考核体系和考核办法的合理性。

（10）其他应当说明的事项。

6. 股权激励计划备案材料

董事会审议通过股权激励计划后，上市公司应将有关材料报中国证监会备案，同时抄报证券交易所及公司所在地证监局。

上市公司股权激励计划备案材料应当包括以下文件：

（1）董事会决议。

（2）股权激励计划。

（3）法律意见书。

（4）聘请独立财务顾问的，独立财务顾问报告。

（5）上市公司实行股权激励计划依照规定需要取得有关部门批准的，有关批复文件。

（6）中国证监会要求报送的其他文件。

7. 证监会异议

中国证监会自收到完整的股权激励计划备案申请材料之日起20个工作日内未提出异议的，上市公司可以发出召开股东大会的通知，审议并实施股权激励计划。在上述期限内，中国证监会提出异议的，上市公司不得发出召开股东大会的通知审议及实施该计划。

8. 证券登记结算

激励对象的股票期权的行权申请以及限制性股票的锁定和解锁，经董事会或董事会授权的机构确认后，上市公司应当向证券交易所提出行权申请，经证券交易所确认后，由证券登记结算机构办理登记结算事宜。

已行权的股票期权应当及时注销。

9. 股票期权、股票锁定

上市公司应当按照证券登记结算机构的业务规则，在证券登记结算机构开设证券账户，用于股权激励计划的实施。

尚未行权的股票期权，以及不得转让的标的股票，应当予以锁定。

证券登记结算机构应当在其业务规则中明确股权激励计划所涉及的登记结算业务的办理要求。

（二）信息披露

1. 董事会决议

上市公司应当在董事会审议通过股权激励计划草案后的两个交易日内，公告董事会决议、股权激励计划草案摘要、独立董事意见。

2. 股权激励计划草案摘要

股权激励计划草案摘要至少应当包括以下内容：

（1）股权激励计划的目的。

（2）激励对象的确定依据和范围。

（3）股权激励计划拟授予的权益数量、所涉及的标的股票种类、来源、数量及占上市公司股本总额的百分比；若分次实施的，每次拟授予的权益数量、所涉及的标的股票种类、来源、数量及占上市公司股本总额的百分比。

（4）激励对象为董事、监事、高级管理人员的，其各自可获授的权益数量、占股权激励计划拟授予权益总量的百分比；其他激励对象（各自或按适当分类）可获授的权益数量及占股权激励计划拟授予权益总量的百分比。

（5）股权激励计划的有效期、授权日、可行权日、标的股票的禁售期。

（6）限制性股票的授予价格或授予价格的确定方法，股票期权的行权价格或行权价格的确定方法。

（7）激励对象获授权益、行权的条件，如绩效考核体系和考核办法，以绩效考核指标为实施股权激励计划的条件。

（8）股权激励计划所涉及的权益数量、标的股票数量、授予价格或行权价格的调整方法和程序。

（9）股权激励计划的变更、终止。

3. 中介机构报告

上市公司在发出召开股东大会通知时，应当同时公告法律意见书；聘请独立财务顾问的，还应当同时公告独立财务顾问报告。

上市公司应当按照有关规定在财务报告中披露股权激励的会计处理。

4. 股权激励计划的实施情况公告

上市公司应在定期报告中披露报告期内股权激励计划的实施情况，包括：

（1）报告期内激励对象的范围。

（2）报告期内授出、行使和失效的权益总额。

（3）至报告期末累计已授出但尚未行使的权益总额。

（4）报告期内授予价格与行权价格历次调整的情况以及经调整后的最新授予价格与行权价格。

（5）董事、监事、高级管理人员各自的姓名、职务以及在报告期内历次获授和行使权益的情况。

（6）因激励对象行权所引起的股本变动情况。

（7）股权激励的会计处理方法。

（三）员工持股计划信息披露原则

员工因参加员工持股计划，其股份权益发生变动，依据《中华人民共和国证券法》及《上市公司收购管理办法》应履行相关法定义务的，应当按照规定履行报告及披露义务；员工持股计划持有公司股票达到公司已发行股份总数的5%时，应当按照《中华人民共和国证券法》的规定履行报告和信息披露义务。

上市公司应在定期报告中披露报告期内下列员工持股计划实施情况：

（1）报告期内持股员工的范围、人数。

（2）报告期内员工持股计划持有的股票总额及占上市公司股本总额的比例。

（3）因员工持股计划持有人处分权利引起的股份权益变动情况。

（4）资产管理机构的变更情况。

（5）其他应予披露的事项。

证券交易所应当在其业务规则中明确员工持股计划所涉及的信息披露要求。证券登记结算机构应当在其业务规则中明确员工持股计划所涉及的登记结算业务的办理要求。

（四）股权激励违规处罚条款

（1）上市公司的财务会计文件有虚假记载的，负有责任的激励对象自该财务会计文件公告之日起12个月内由股权激励计划所获得的全部利益应当返还给公司。

（2）上市公司不符合《暂行办法》的规定实行股权激励计划的，中国证监会责令其改正，对公司及相关责任人依法予以处罚；在责令改正期间，中国证监会不受理该公司的申请文件。

（3）上市公司未按照《暂行办法》及其他相关规定披露股权激励计划相关信息或者所披露的信息有虚假记载、误导性陈述或者重大遗漏的，中国证监会责令其改正，对公司及相关责任人依法予以处罚。

（4）利用股权激励计划虚构业绩、操纵市场或者进行内幕交易，获取不正当利益的，中国证监会依法没收违法所得，对相关责任人员采取市场禁入等措施；构成犯罪的，移交司法机关依法查处。

（5）为上市公司股权激励计划出具意见的相关专业机构未履行勤勉尽责义务，所发表的专业意见存在虚假记载、误导性陈述或者重大遗漏的，中国证监会对相关专业机构及签字人员采取监管谈话、出具警示函、责令整改等措施，并移交相关专业机构主管部门处理；情节严重的，处以警告、罚款等处罚；构成证券违法行为的，依法追究法律责任。

第五章

企业资本运作与上市操作

企业上市前的资本运作方式有多种，根据特色小镇的运作特点及企业发展趋势，选择对企业适用的操作模式，既保护投资者即股东利益，又不影响企业上市效率，让一个个成熟的特色企业都能进入资本市场寻找到自己的绿色通道。本章重点介绍企业通常采用的资本运作模式及上市操作流程。

第一节　企业上市前的资本运作

企业上市的目的之一便是融资，增强企业资本运作实力。企业资本运作的实质就是盘活存量，用好增量，加快产业升级，实现经济转型、企业财富放大效应。具体表现在把企业内部的存量资产进行整合和优化，与外部资本市场接轨，产生新的资本资源，对企业的资产进行剥离、置换、出售、转让等，通过企业资产证券化、企业改制或者对原有企业实行吸收合并、新设合并等方式，改善企业资本结构或债务结构。融资是企业资本运作的动力源之一，解决企业发展中的支付问题，但不是任何一家企业都会在资本运作中获得圆满成功，因为资本运作不是一种形式、一项慈善，它始终是在市场商业规则下进行的。只有在具备一定条件下，资本运作才可能达到目标，比如：甲方有项目资源，或有闲置存量资产，或有技术、人才等资源，就是缺资金，而乙方正握着资金找投向，恰好可以优势互补，资源优化配置；还有的是，一企业正在增资扩股改制上市，希望有战略投资者入股加盟进行股权重组，而另一企业也正有此意，双方一拍即合。

资本运作的方式是多种多样的，不能一概而论，必须根据企业具体情况趋利避害，选择其相应措施。比如发行股票、发行债券（包括可转换公司债券）、配股、增发新股、转让股权、派送红股、转增股本、股权回购（减少注册资本），企业的合并、托管、收购、兼并、分立以及风险投资等。

一、转增股本

企业上市前如果存有大量未分配利润或未转增的资本公积，为保护企业老股东的合法权益，或扩大公司股本规模，可采取送红股或转增股本的方式消化这部分留存未分配利润和资本公积。

转增股本是指公司将资本公积转化为股本向全体股东转增，扩大公司股本总规模，又不改变股东的权益。资本公积主要来源于：投资者（或股东）实际缴付的出资额超出其资本金的资本溢价和股票溢价；接受捐赠的资产；法定财产重估增值，即资产的评估确认价值或者合同、协议约定价值超过原账面净值的部分；资本汇率折算差额等。因为转增股本部分来自公司资本公积，它可以不受公司本年度可分配利润的多少及时间的限制，只要将公司账面上的资本公积金减少一些、增加相应的注册资本金即可。

（一）转增股本的意义

1. 维护老股东合法权益

股东权益分为实收资本、资本公积、盈余公积及未分配利润4个部分，转增股本是公司将资本公积转化为股本向全体股东转增，维护股东权益。资本公积是由股东投入，但不能构成"股本"或"实收资本"的资金部分，它主要包括股本溢价、接受捐赠实物资产、投入资本汇兑损益、法定财产重估增值以及投资准备金等。

企业在取得年度利润以后，分配当年税后利润时，应当提取利润的10%列入公司法定公积金。根据《公司法》第38条的规定，股东大会有权审议批准公司的利润分配和弥补亏损方案、对公司增加或者减少注册资本做出决议；《公司法》第169条规定，公司的公积金用于弥补公司的亏损，扩大公司生产经营或者转为增加公司资本。股份有限公司经股东大会决议将公积金转为资本时，按照股东持有的股份比例分配。但法定公积金转为资本时，所留存的该项公积金不得少于转增前公司注册资本的25%。

2. 反映企业的股本扩张能力

用资本公积转增股本，不会增加企业负债率，由于转增股本后企业总股本规模扩大，有利于提高公司整体实力。所以，资本公积金在很大程度上反映了公司的股本扩张能力。

（二）转增股本与送红股的异同

1. 送红股与转增股本

送红股是公司将当年的利润留在公司里，发放股票作为红利，从而将利润转为股本。送红股后，公司的资产、负债、股东权益的总额及结构并没有发生改变，但股本总额增大，同时每股净资产降低。

转增股本是指公司将资本公积金转为股本，这并没有改变股东的权益，却增加了股本规模，因而客观结果与送红股相似。

2. 两者异同

相同之处：送红股与转增股本都表现为扩大公司股本规模、股东不需要缴纳认购款项。

不同之处：送红股和转增股本的本质区别在于两者的来源不同，红股来自公司该年度税后利润，因此，只有在公司盈利的情况下，才能向股东送红股；而转增股本来源于资本公积金，它可以不受公司该年度可分配利润的多少及时间的限制，只是将公司账面上的资本公积金减低，并相应增加注册资本。而且，公积金除了来源于历年税后利润分配外，主要包括以超过股票票面金额的发行价格发行股份所得的溢价款，因此从严格意义上来说，转增股本并不是对股东的分红回报。

（三）转增股本或分红股尚需考虑的情况

（1）公司盈亏状况及其盈利前景。公司当年没有盈利或往年存在亏损尚未弥补，则不可能做利润分配。如公司预期以后年度可能出现亏损，基于公积金具有弥补亏损的作用，公司也不会以公积金转增股本。

（2）公司的现金压力。在公司盈利的情况下，如现金压力较小，可能会以现金方式支付股利；如现金压力大，则分配红股既可达到分红的目的又不对公司正常的经营造成重大影响。

（3）公司在资本扩张上的战略。由于采取分配红股或公积金转增股本会造成公司的股本总额增大，相应的每股净资产、每股收益等财务指标也会下降。公司在做战略发展、拟在资本市场进行后续融资时，也会有所考虑。

（4）不论是转增股本还是送红股，都要按照《公司法》及《公司章程》规定履行内部管理及股东大会决议程序，并聘请审计机构办理验资手续出具验资报告，然后持有关文件到工商行政管理部门办理变更登记手续。

二、配股和增发

(一) 向老股东配股

企业上市前给老股东配股其实也是维护股东权益时的一种股本扩张。向原股东配售，股东按配股价格和配股数量缴纳配股款。原股东可以按配股比例掏钱认购新发行的股票，也可以放弃。股东数量没有增加，总股本增加，如果股东全体参与配售，则持股比例没有变动；如果部分股东放弃配售，则放弃配售股东持股比例下降，参与配售的股东持股比例上升。企业上市前所配股是不能上市交易的，等企业上市后即按上市公司规定上市交易。配股分为有偿配股与无偿配股两种：

1. 有偿配股

公司办理现金增资，股东得按持股比例拿钱认购股票。此种配股除权，除的是"新股认购权"。

2. 无偿配股

公司经营好，赚了钱，依股东大会决议分配盈余。盈余分配有配息与配股二法，配息是股东依持股比例无偿领取现金，一般我们称为除息。而配股则是股东依持股比例无偿领取股票。既称无偿，则股东无须拿钱出来认购。此种配股除权，除的是"盈余分配权"。

(二) 增发

上市前企业定向增发是指非公开发行，即向特定投资者（机构）发行新股，实际上就是海外常见的私募。定向增发指向的是特定机构，其目的往往是为了引入该机构的特定能力，如管理、渠道等。定向增发的对象可以是老股东，也可以是新的投资者。总之，定向增发完成之后，公司的股权结构往往会发生较大变化，甚至发生控股权变更的情况。

定向增发是发行方和认购方协商的结果，认购人一般只限于少数有资金的机构或个人。

1. 定向增发的有利方面

（1）定向增发极有可能给上市公司的业绩增长带来立竿见影的效果，比如说鞍钢股份向鞍钢集团定向增发，然后再用募集来的资金反向收购集团公司的优质钢铁资产，可增加每股收益，据资料显示，鞍钢股份在定向增发后的每股收益有望达到1.03元，而2005年年报只不过为0.702元。

（2）定向增发有利于引进战略投资者，为公司的长期发展打下坚实的基础。

（3）企业上市前定向增发类似于"私募"，不是上市公司向全体社会公众发售股票。所以不会像上市公司增发新股一样对二级市场资金需求产生较大影响。

2. 定向增发与配股的关注点

（1）增发与配股都使公司资产增加，有利于公司的发展，但是股本扩大了，要保持每股收益率不变的话，就必须增强公司的盈利能力。增发可以向特定的非股东发行，即引入新的合作伙伴，他将可能改变企业的股权结构甚至控制权，而配股则多指向老股东，一般不会影响企业控制权。

（2）定向增发和配股都属于发行新股，是企业上市前的资本运作，所以，必须按照《公司法》及《公司章程》等相关法规履行审批及表决程序方可实施。

三、缩股、换股

（一）缩股

缩股是股本分割的一种方式。企业上市前为了降低股本泡沫，控股股东以一定价格回购本公司股份然后注销，这样总股本被缩小，每股收益及每股净资产等指标将得到提升，有利于正式发行后股价上行，而且也给企业上市后股本扩张提供了空间。

（二）换股

换股是指企业并购业务中比较简单的一种股权交换方式，它既节省并购目标的现金支出，同时达到借道上市的目的。常见的有以下方式：

1. 换股并购

并购公司将目标公司的股权按一定比例换成本公司的股权，目标公司被终止，或成为并购公司的子公司，视具体情况可分为增资换股、库存股换股、母子公司交叉换股等。换股并购对于目标公司股东而言，可以推迟收益时间，达到合理避税或延迟缴税的目标，亦可分享并购公司价值增值的好处。对并购方而言，即使其负有即付现金的压力，也不会挤占营运资金，比现金支付成本要小许多。

2. 换股与现金回购

以现 A 股公司股票按一定比例置换成拟整体上市的 A 股公司集团公司股票，或者拟上市的 A 股集团公司通过现金回购原 A 股上市公司股票，最后达到注销原 A 股公司股票、集团公司整体上市的目的。典型的案例是百联集团的整体上市。百联集团旗下的子公司（两家 A 股上市公司）第一百货和华联商厦就是通过换股方式退出 A 股市场，取而代之的是百联集团的上市。

已经采取"换股与现金回购"实施整体上市的是上港集团，上港股东以 1 股换 4.5 股上港集团股票或以 16.5 元/股接受上港集团的股票回购，注销 G 上港股票，实现上港集团的整体上市。

但换股并购也存在着不少缺陷，比如"淡化"了原有股东的权益，每股盈余可能发生不利变化，改变了公司的资本结构，稀释了原有股东对公司的控制权等。

换股模式比较适宜中央企业整合下属上市公司，中央企业旗下上市公司数量达 200 多家，因而有可能通过换股进行整合的公司不在少数。

比如：中国铝业与包头铝业进行合并将采用换股吸收合并的方式，中国铝业为吸收方和存续方，包头铝业为被吸收合并方，包头铝业全体股东所持有的包头铝业股份，将全部按照 1：1.48 的换股比例转换为中国铝业股份，即每股包头铝业将换取 1.48 股中国铝业。

此次换股吸收合并同时将向包头铝业的股东提供现金选择权，包头铝业的股东有权以其持有的包头铝业股份，按照 21.67 元/股的价格申报行使现金选择权。

3. 选择换股方式实现整体上市

选择何种路径实现整体上市，是由上市公司及其母公司的具体情况决定的。如果拟上市资产量远远超出上市公司总资产，那么换股的方式比较适用，首先，可以避免支付大量资产，解决以往与母公司之间关联方关系；其次，换股合并方式可以充分利用市场机制进行定价，反映了各参与主体的利益，这将是我国未来资本市场交易定价的基本形式。比较典型的例子如实施换股合并的上港集箱，换股吸收前的总市值为 18.04 亿元，而上港集团的总市值高达 185.69 亿元，是上港集箱的 10 倍以上。但是这一方式也有一些局限性，体现在换股模式要求母公司本身具备上市条件，比如已经完成股份制改造，而且资产状况及公司治理情况都比较好等。

虽然从长期看，无论走哪种途径，整体上市有助于减少关联交易、优化公司治理、产生协同效应，但两种模式形成的盈利机会短期内仍是有重要差别的。在定向增发中，大股东认股价格、注入资产相对于二级市场估值水平的折价率、拟进入资产与上市公司现有资产的比例这三项因素都与每股收益的增加幅度呈正相关的关系，投资者可以从这三方面对定向增发式整体上市进行评估。而对于采用换股吸收合并的方式的整体上市案例，换股比例、存续公司的IPO价格、存续公司的股本规模决定了换股收益情况。

四、兼并

兼并是指通过产权的有偿转让，把其他企业并入本企业或企业集团中，使被兼并的企业失去法人资格或改变法人实体的经济行为。通常是指一家企业以现金、证券或其他形式购买取得其他企业的产权，使其他企业丧失法人资格或改变法人实体，并取得对这些企业决策控制权的经济行为。

兼并是合并的形式之一，符合于我国《公司法》中的吸收合并，指一个公司吸收其他公司而存续，被吸收公司解散。

（一）兼并的类型

兼并主要有三种类型：

（1）横向兼并：两个在同一行业，并在生产经营上处于同一阶段的企业的兼并。例如上海汽车制造公司与南京汽车集团的兼并。

（2）纵向兼并：两个在同一行业，但是在生产经营上处于不同阶段的企业的兼并。例如汽车制造厂商和汽车配件厂商的兼并。

（3）混合兼并：不同行业中两个厂商的兼并。

（二）兼并的原则

兼并交易须遵循的原则有：

（1）合法性原则。在涉及所有权、使用权、经营权、抵押权、质权和其他物权，专利、商标、著作权、发明权、发现权、其他科技成果权等知识产权，以及购销、租赁、承包、借贷、运输、委托、雇佣、技术、保险等各种债权的设立、变更和终止时，毫无疑问的是，只有合法才能得到法律的保护，才能避免无数来自国家的、部门的、地方的、他人的法律风险。

（2）合理性原则。在合理的范畴中首先是合理的目标——效益性。股东利润最大化是所有经营方式包括并购的终极目标。在组合各种资产、人员等要素的过程中，效益始终是第一位的。其次是合理的前提——稳定性。在"稳定是第一位的"这句话后面是对人民文化和心态的深刻了解。只有稳定衔接的基础上才能出效益。再次是合理地操作——诚信原则。只有诚信地履行兼并协议，才能让重新组合的各个股东和雇员对新的环境树立信心，对任何企业来说，"人气"都是十分重要的。最后是结构合理——互补性。注意各个要素的有机组合，达到互补的效果。一句话，做得公平合理，事情才做得好。

（3）可操作性原则。所有的步骤和程序当是在条件下可以操作的，或者操作所需的条件是在一定的时间内可创造的，不存在不可逾越的法律和事实障碍。同时，整合的程序和结果应是便于股东了解、理解并控制的。

（4）全面性原则。要切实处理好我国企业的九大关系——党、政、群、人、财、物、产、供、销，才能不留后遗症。进行兼并整合首先需要的是一个整合班子。其中，兼并财务经营顾问、兼并律师和注册会计师是其中的核心人物。当然，所有的兼并整合策略都应在上述兼并整合的原则下操作。

（5）产业政策导向原则。企业兼并要以产业政策与经济发展战略为指导，以提高经济效益、社会效益为目标。企业兼并行为是否合理，其衡量标准主要看其资产存量是否向需要发展的重点产业、新兴产业和生产短线产品的企业流动，是否提高企业的整体素质和社会经济效益。

（6）自愿互利原则。企业兼并是市场竞争优胜劣汰的结果，应该在双方自愿情况下成交。而这种自愿又是建立在互利基础之上的，买卖行为的确立应当有利于双方利益的实现，即一方寻求出路和生存，一方获得扩张和发展。对于产权出卖者来说，产权出卖后，其资产由实物形态转化为货币形态，不仅可以甩掉原来的亏损"包袱"，减少经营不善带来的损失，还可以存入银行保值，免去种种风险，也可以用于其他投资，使资产在另一种存在形态上获得更大收益。对于产权的购买者或兼并者来说，通过兼并其他企业，可以使生产和资本迅速集中，从而在更大规模上获得收益。

（7）有偿转让原则。企业兼并要通过买卖关系有偿进行。因为在市场经济条件下，企业兼并实际上是将企业作为商品推向市场，其产权在不同的所有者之间发生转移，它们之间完全是一种商品买卖关系，这就要求资产转让具有有偿性。即使兼并发生在国有企业之间，由于属于不同利益的主体，它们之间的兼并也仍然必须支付相应的资产转让费。只有这样，才能较好地处理中央与地方，地方与地方的关系。特别是在"两权分离"后，在同一财政隶属关系的国有企业之间的兼并，也同样存在产权（包括占有权、支配权、使用权）转移的问题。企业之间的产权转让，既可以是全部产权的转让，也可以是部分产权的转让。但无论哪种转让形式，都必须遵循资产有偿转让的原则。这是企业兼并与"关停并转"的重要区别。

（8）市场竞争原则。企业兼并离不开竞争，因为它本身就是一种市场竞争行为。它与行政性合并的本质区别在于，它是"以优吞劣"而不是对等合并。正是这种优胜劣汰的竞争性，使它成为实现社会资源重新优化配置的有效机制。而企业兼并的竞争性又与市场环境分不开。兼并需要市场为其提供各种信息，提供众多的选择机会，提供产权交易的场所。离开了市场环境，兼并可供选择的范围必然十分狭小，其竞争性将受到抑制，重新配置社会资源的合理程度将十分有限。

五、股权投资

股权投资（equity investment），指通过投资取得被投资单位的股份。企业（或者个人）购买其他企业（可以是准备上市、未上市公司）的股权或以货币资金、无形资产和其他实物资产直接投资于其他企业，最终目的是获得较大的经济利益，这种经济利益可以通过分得企业利润或股利获取，也可以通过其他方式取得。

投资方成为被投资方的股东，按所持股份比例享有权益并承担相应责任与风险。

股权投资分为以下 4 种类型：

（1）参股并控股，是指有权决定一个企业的财务和经营政策，并能据以从该企业的经营活动中获取利益。

（2）参股不控股共同拥有，是指按合同约定对某项经济活动所共有的控制。

（3）重大影响，是指对一个企业的财务和经营政策有参与决策的权利，但并不决定这些政策。

（4）少量持股，无控制，无共同控制且无重大影响，表现为合作关系。

有股权投资就必然有股权融资，股权融资是指企业的股东愿意让出部分企业所有权，通过企业增资的方式引进新的股东的融资方式。股权融资所获得的资金，企业无须还本付息，但新股东将与老股东同样分享企业的盈利与增长。

股权融资按融资的渠道来划分，主要有两大类，公开市场发售和私募发售。

股权融资有如下特点：

（1）长期性。股权融资筹措的资金具有永久性，无到期日，不需归还。

（2）不可逆性。企业采用股权融资无须还本，投资人欲收回本金，需借助于流通市场。

（3）无负担性。股权融资没有固定的股利负担，股利的支付与否和支付多少视公司的经营需要而定。

六、吸收股份并购模式

被兼并企业的所有者将被兼并企业的净资产作为股金投入并购方，成为并购方的一个股东。并购后，目标企业的法人主体地位不复存在。

2013年年底，万达集团并购湖北新航线国际旅行社后，共同成立湖北万达新航线国际旅行社有限责任公司，由万达旅业投资公司控股，隶属万达文化产业集团，万达集团计划5年内进入旅行社行业前三名。自2012年以来，文化旅游作为万达集团未来10年发展的重要支柱产业，由董事长王健林亲自带队，在全国范围内开始了轰轰烈烈的"造城"运动。继哈尔滨、南昌万达城相继开工后，又大手笔总投资500亿元的规模注入青岛东方影都影视产业园区，开始投建全球投资规模最大的影视产业项目。

随着万达旅游文化项目在全国范围内的相继落地，需要将各种与文化旅游相关的产业资源整合，未来可以充分利用旅行社掌控的渠道资源，为万达旗下各个文化旅游项目输送客源。目前及未来万达还将通过并购的方式着力打造四大支柱产业：

（1）商业地产：截至2013年9月30日，已在全国开业79座万达广场，持有物业面积规模全球第二。

（2）高级酒店：中国五星级酒店投资规模最大的企业。截至2013年9月30日，已开业45家五星级和超五星级酒店。

（3）文化旅游：涉及电影院线、连锁娱乐、主题公园、影视产业园、舞台演绎、报刊传媒、字画收藏等多个行业。

（4）连锁百货：截至2013年9月30日，万达百货公司在北京、上海、武汉、成都等地开业68家店。

该模式的优点：

（1）并购中，不涉及现金流动，避免了融资问题。

（2）常用于控股母公司将属下资产通过上市子公司"借壳上

市"，规避了现行市场的额度管理。

七、资产置换式重组模式

资产置换将增强企业的造血功能，非上市公司、已上市公司均可运用，常见信息披露的资产置换是指上市公司的控股股东以优质资产或现金置换上市公司的呆滞资产，或以主营业务资产置换非主营业务资产等情况，包括整体资产置换和部分资产置换等形式。资产置换后，公司的产业结构将得以调整，资产状况将得以改善。

资产置换中应注意的问题如下：

（1）双方的公允价值和计税价值。

（2）换出资产的税后处理和换入资产进项税的处理。

（3）换出资产在换前的业务处理（如换出固定资产要先通过清理）。

（4）换入资产的入账价值。

（5）流转税和所得税。

（6）有关部门的文件。

企业根据未来发展战略，用对企业未来发展用处不大的资产来置换企业未来发展所需的资产，从而可能导致企业产权结构的实质性变化。

资产置换的优点有：

（1）并购企业间可以不出现现金流动，并购方无须或只需少量支付现金，大大降低了并购成本。

（2）可以有效地进行存量资产调整，将公司对整体收益效果不大的资产剔掉，将对方的优质资产或与自身产业关联度大的资产注入，可以更为直接地转变企业的经营方向和资产质量，且不涉及企业控制权的改变。

其主要不足在于，信息交流不充分的条件下，难以寻找合适的置换对象。

八、以债权换股权模式

以债权换股权，是解决企业债务问题的一种方法，即并购企业将过去对并购企业负债无力偿还的企业的不良债权作为对该企业的投资转换为股权，如果需要，再进一步追加投资以达到控股目的。

中国首例以债权换股权案是中国信达资产管理公司与北京建材集团共同签订了北京水泥厂债转股协议书。北京水泥厂也由此成为中国首家债转股试点企业。北京水泥厂是日产 2 000 吨水泥的国有大型骨干企业，实施债权转股权是国务院决定的搞活国有大中型企业、实现三年国企脱困的重大举措。

九、合资控股模式

合资控股又称注资入股，即由并购方和目标企业各自出资组建一个新的法人单位。目标企业以资产、土地及人员等出资，并购方以技术、资金、管理等出资，占控股地位。目标企业原有的债务仍由目标企业承担，以新建企业分红偿还。这种方式严格说来属于合资，但实质上出资者收购了目标企业的控股权，应该属于企业并购的一种特殊形式。

其优点如下：

（1）以少量资金控制多量资本，节约了控制成本。

（2）目标公司为国有企业时，让当地的原有股东享有一定的权益，同时合资企业仍向当地企业交纳税收，有助于获得当地政府的支持，从而突破区域限制等不利因素。

（3）将目标企业的经营性资产剥离出来与优势企业合资，规避了目标企业历史债务的积累以及隐性负债、潜亏等财务陷阱。

不足之处在于，此种只收购资产而不收购企业的操作易于招来非议；同时如果目标企业身处异地，资产重组容易受到"条块分割"的阻碍。

十、在中国香港注册后再合资模式

在中国香港注册公司后，可将内地资产并入香港公司，为公司在香港地区或国外上市打下坚实的基础。如果企业目前经营欠佳，需流动资金，或无款更新设备，也难以从国内银行贷款，可以选择在香港地区注册公司，借助在香港的公司作为申请贷款或接款单位，以内地的资产（厂房、设备、楼房、股票、债券等）作为抵押品，向香港地区的银行申请贷款，然后以投资形式注入合资公司，当机会成熟后可以申请境外上市。

该模式优点在于：

（1）合资企业生产的产品，可以较易进入内地或国外市场，较易创造品牌，从而获得较大的市场份额。

（2）香港公司属于全球性经营的公司，经营地点不限，可在国外或内地各地区开展商务，也可在各地设立办事处、商务处及分公司。

（3）香港公司无经营范围的限制，可进行进出口、转口、制造、投资、房地产、电子、化工、管理、经纪、信息、中介、代理、顾问等。

十一、股权拆细

对于高科技企业而言，与其追求可望而不可即的上市集资，还不如通过拆细股权，以股权换资金的方式，获得发展壮大所必需的血液。实际上，西方国家类似的做法也是常见的，即使是美国微软公司，在刚开始的时候走的也是这条路——高科技企业寻找资金合伙人，然后推出产品或技术，取得现实的利润回报，这在成为上市公司之前几乎是必然过程。

十二、杠杆收购

杠杆收购指收购公司利用目标公司资产的经营收入，来支付兼并价金或作为此种支付的担保。换言之，收购公司不必拥有巨额资金（用以支付收购过程中所必需的律师、会计师、资产评估师等费用），加上以目标公司的资产及营运所得作为融资担保、还款资金来源所贷得的金额，即可兼并任何规模的公司，由于此种收购方式在操作原理上类似杠杆，故而得名。杠杆收购20世纪60年代出现于美国，之后迅速发展，80年代已风行于欧美。具体说来，杠杆收购具有如下特征：

（1）收购公司用以收购的自有资金与收购总价金相比微不足道，前者所占的比例通常在10%～15%之间。

（2）绝大部分收购资金系借贷而来，贷款方可能是金融机构、信托基金甚至可能是目标公司的股东（并购交易中的卖方允许买方分期给付并购资金）。

（3）用来偿付贷款的款项来自目标公司营运产生的资金，即从长远来讲，目标公司将支付它自己的售价。

（4）收购公司除投资非常有限的资金外，不负担进一步投资的义务，亦贷出绝大部分并购资金的债权人，只能向目标公司（被收购公司）求偿，无法向真正的贷款方——收购公司求偿。实际上，贷款方往往在被收购公司资产上设有保障，以确保优先受偿地位。

十三、战略联盟模式

战略联盟是指由两个或两个以上有着对等实力的企业，为达到共同拥有市场、共同使用资源等战略目标，通过各种契约而结成的优势相长、风险共担、要素双向或多向流动的松散型网络组织。根据构成联盟的合伙各方面相互学习转移、共同创造知识的程度不同，传统的战略联盟可以分为两种——产品联盟和知识联盟。

（一）产品联盟

在医药行业，我们可以看到产品联盟的典型。制药业务的两端（研究开发和经销）代表了格外高的固定成本，在这一行业，公司一般采取产品联盟的形式，即竞争对手或潜在竞争对手之间相互经销具有竞争特征的产品，以降低成本。在这种合作关系中，短期的经济利益是最大的出发点。产品联盟可以帮助公司抓住时机，保护自身，还可以通过与世界其他伙伴合作，快速、大量地卖掉产品，收回投资。

（二）知识联盟

以学习和创造知识作为联盟的中心目标，它是企业发展核心能力的重要途径；知识联盟有助于一个公司学习另一个公司的专业能力；有助于两个公司的专业能力优势互补，创造新的交叉知识。与产业联盟相比，知识联盟具有以下三个特征：

（1）联盟各方合作更紧密。两个公司要学习、创造和加强专业能力，每个公司的员工必须在一起紧密合作。

（2）知识联盟的参与者的范围更为广泛。企业与经销商、供应商、大学实验室都可以形成知识联盟。

（3）知识联盟可以形成强大的战略潜能。知识联盟可以帮助一个公司扩展和改善它的基本能力，有助于从战略上更新核心能力或创建新的核心能力。

此外，在资本运营的实际操作中，除采用上面阐述的几种形式或其组合外，还可借鉴国外上市公司资产重组的经验，大胆探索各种有效的运作方法，进一步加大资本运营的广度和深度。

十四、投资控股收购重组模式

该模式是指上市公司对被并购公司进行投资，从而将其改组为上市公司子公司的并购行为。这种以现金和资产入股的形式进行相对控股或绝对控股，可以实现以少量资本控制其他企业并为我所有的目的。

第二节　上市设计

企业为何选择上市以及上市动机都包含在其上市设计中，首先，我们从融资动机看，企业上市是筹集发展所需资金的重要方式。我国资本存量大、资本市场流动性强，是上市融资的理想场所。其次，从企业的商业动机看，企业上市是提高企业知名度的有效方式。企业股票公开上市发行，股票交易信息会通过各种媒体和各种方式向社会各界发布，扩大企业的知名度，提高企业的市场地位和影响力，有利于企业树立品牌形象，扩大市场，提高企业的业绩。

董事长是企业上市决策者，董事会秘书是企业上市先行官，是具体工作的执行者。企业经过反复严格的上市论证后，选择了上市，就要立即制定上市规划，聘请券商及财务公司等相关中介机构进场指导帮助进行股份制改组、股权设计等工作。公司治理、规范运作是企业上市前必须重视的，依法建立健全股东大会、董事会、监事会，独立董事制度，企业相关机构及管理人员都能够依法履行其职责。

一、企业上市准备阶段

所谓企业上市准备，一般包括两个方面，即物质化准备与观念意识转变，包括企业产权结构的调整和企业管理层的观念意识及职能变换，而上市心理准备是否成熟往往比上市运作的具体工作更难把握。企业上市，考验的往往是决策者与执行者的信念，具体体现在是否达成共识且保持一致行动的效果。所以，上市准备中选好关键人才是至关重要的。

（一）董事长必须考虑的事情

（1）为什么要上市？分析上市与不上市的利弊，得出结论。

（2）自查企业家底，产权是否明晰、股权结构是否合理、管理团队是否稳定、目标是否一致。

（3）募集资金规模，投向哪些项目，盈利预测，风险控制。

（4）到哪里上市——境内外、主板市场、中小企业板、创业板、国际板、新三板？

（5）预计上市时间，估算上市费用、机会成本。

（6）如何选择中介机构及合作伙伴，企业内部由谁来负责上市全过程的总协调？

（7）哪些是不确定因素以及防范措施？

（8）当前宏观政策是否有利促进企业上市，如何整合上市资源，突出企业上市优势，争取绿色通道，顺利过会核准上市？如果是注册制，重点在信息披露。

（二）扮演好董事会秘书——企业上市先行官

董事会秘书作为企业高管，其定位具有角色的特殊性，董事会秘书的职业操守包括专业素质直接影响着企业上市工作的成功与否。因为董事会秘书是企业融资、企业上市的主要策划人之一，也是具体的执行人。在选择中介机构、企业改制设立、申请及报批、发行上市等上市前的各环节中，始终起到关键作用，所以工作中，常常把董事会秘书定义为企业上市的先行官。现行《公司法》第 124 条规定："上市公司设董事会秘书，负责公司股东大会和董事会会议的筹备、文件保管以及公司股东资料的管理，办理信息披露事务等事宜。"董事会秘书由董事长提名，经董事会聘任或解聘，董事会秘书应对董事会负责。

拟上市企业的董事会秘书在上市运作的整个过程中都应以上市公司董事会秘书的工作标准来要求自己，接受董事会秘书的专业培训，熟悉相关法规政策，理清思路，找准方向，审时度势，为企业拟定上市规划并报企业决策层审议通过后操作实施，同时配合中介机构进场协同作战。

（三）企业上市筹备阶段的工作协调

企业上市一般分为五个阶段，即上市筹备阶段、聘请中介机构、企业股份制改组阶段、上会核准（核准制下）申报材料制作及申报阶段、股票发行上市阶段。

1. 上市筹备阶段

由企业一把手挂帅，CEO 具体负责，财务总监参与，正式成立上市领导小组，全面负责上市工作，由拟选董事会秘书代理执行具体工作。

设立上市筹备组，主要成员单位有：办公室（或者综合办）、财务部、法律部、生产部、市场销售部、科研开发部、后勤部等部门负责人及企业候选的董事会秘书所在的类证券事务筹备部等，各成员之间互相配合协同作战，主要工作有：企业财务部配合会计师及评估师进行公司财务审计、资产评估及盈利预测编制工作；企业分管领导及董事会秘书负责协调企业与省市各有关政府部门、行业主管部门、中国证监会派出机构以及各中介机构之间的关系，并把握整体工作进程；法律部与律师合作，处理上市有关法律事务，包括编写发起人协议、公司章程、承销协议、各种关联交易协议等；生产部、市场销售部、科研开发部负责投资项目的立项报批工作和提供项目可行性研究报告；董事会秘书完成各类董事会决议、申报主管机关批文、上市文件等，并负责对外媒体报道及投资者关系管理。

2. 聘请中介机构

企业股份制改组及上市所涉及的主要中介机构有：具有证券从业资格的会计师事务所、证券公司及保荐人、资产评估机构、土地评估机构、律师事务所等。这些机构主要由董事会秘书及企业高管负责沟通与协调。与中介机构签署合作协议后，企业便在中介机构指导下开始股价制改组及上市准备工作。

3. 企业股份制改组阶段

在该阶段的工作重心就是确定发行人主体资格及公司法理、规范运作、上市前资本运作。

4. 上会核准（核准制下）申报材料制作及申报阶段

这一阶段是在完成股份制改组工作后，发行人与中介机构协同工作，准备上会核准材料呈报中国证监会，等待正式核准上市批文。

5. 股票发行上市阶段

企业首次公开发行股票的申请获得中国证监会核准批文后，便向证券交易所提出股票上市申请。此间的工作内容主要是股票发售与承销，以向特定机构投资者询价的方式确定股票发行价格，并向战略投资者配售股票，董事会秘书应在股票上市前 5 个交易日内到指定媒体披露相关上市文件。

二、企业股份制改组阶段

（一）股份有限公司设立与变更

根据现行《公司法》第 77 条，设立股份有限公司应当具备下列条件：

（1）发起人符合法定人数。

（2）发起人认购和募集的股本达到法定资本最低限额。

（3）股份发行、筹办事项符合法律规定。

（4）发起人制定公司章程，采用募集方式设立的经创立大会通过。

（5）有公司名称，建立符合股份有限公司要求的组织机构。

（6）有公司住所。

发行股份的股款缴足后，必须经依法设立的验资机构验资并出具证明。发起人应当自股款缴足之日起 30 日内主持召开公司创立大会。创立大会由发起人、认股人组成。

股份有限公司创立大会结束后 30 日内，根据现行《公司法》第93 条，董事会应向公司登记机关报送下列文件，申请设立登记变更为股份有限公司：

（1）公司登记申请书。

（2）创立大会的会议记录。

（3）公司章程。

（4）验资证明。

（5）法定代表人、董事、监事的任职文件及其身份证明。

（6）发起人的法人资格证明或者自然人身份证明。

（7）公司住所证明。

以募集方式设立股份有限公司公开发行股票的，还应当向公司登记机关报送国务院证券监督管理机构的核准文件。

（二）发行人的主体资格

根据《首次公开发行股票并上市管理办法》第 8 条、第 9 条规定，首次公开发行股票的发行人应当是依法设立且合法存续的股份有限公司。

经国务院批准，有限责任公司在依法变更为股份有限公司时，可以采取募集设立方式公开发行股票。

发行人自股份有限公司成立后，持续经营时间应当在 3 年以上，但经国务院批准的除外。

有限责任公司按原账面净资产值折股整体变更为股份有限公司的，持续经营时间可以从有限责任公司成立之日起计算。

对发行人主体资格的审查，我们应该重点关注企业股份制变更过程中其业绩是否可以连续算计。如果企业从有限责任公司按原账面净资产值折股整体变更为股份有限公司的，持续经营时间可以从有限责任公司成立之日起计算；如果是非国务院特批者，仅用部分资产参与改组，其业绩不能连续计算，须等股份公司设立3年后才能具备发行人主体资格。

作为上市发行人，企业最近3年内主营业务和董事、高级管理人员没有发生重大变化，实际控制人也没有发生变更，股权清晰，控股股东和受控股股东、实际控制人支配的股东持有的发行人股份不存在重大权属纠纷。这种企业改制其业绩是可以连续计算的。

如果改制后，实际控制人发生变更，其业绩不能连续计算，一般要等3年；如果主营业务变化超过50%，其业绩不能连续计算，要等3年。

（三）发起设立与募集设立

整体改制的企业毕竟是一部分，还有很多企业需要经历股份制改组过程。股份制改组的目的是，建立规范的公司治理结构、筹集资金、确立法人财产权关系等。根据《公司法》第78条规定，股份有限公司的设立，可以采取发起设立或者募集设立两种方式。

1. 发起设立

发起设立，是指由发起人认购公司应发行的全部股份而设立公司。有限责任公司必须采用发起设立方式，只有经国务院批准的有限责任公司在依法变更为股份有限公司时，可以采取募集设立方式公开发行股票。股份有限公司可在发起设立与募集设立之间自行决定。

发起设立一般有以下五个步骤：

第一，确定发起人，签订发起人协议。自然人、法人都可以作为发起人。发起人签订发起人协议，确定设立公司的总体方案，明确各方拟认购的股份数额和应当承担的责任。

第二，申请与报批。发起人签订设立公司协议后，需要先向工商行政管理部门提出企业名称预先核准的申请，然后向国务院授权部门或省级人民政府提出发行股票和设立股份有限公司的申请。

第三，发起人出资。发起人以书面认定公司章程规定发行的股份后，应即缴纳全部股款。以实物、工业产权、非专利技术或土地使用权抵作股款的，应依法办理财产权转移手续。

第四，创立。发起人在缴付全部股款后，应当召开全体发起人大会，选举董事会和监事会成员，通过公司章程草案。

第五，登记。由董事会向公司登记机关报送设立公司的批准文件、公司章程、验资报告等文件，申请设立登记。经批准登记申请后，公司应进行公告。

2. 募集设立

募集设立，是指由发起人认购公司应发行股份的一部分，其余股份向社会公开募集或者向特定对象募集而设立公司。以募集设立方式设立股份有限公司的，发起人认购的股份不得少于公司股份总数的35%；但是，法律、行政法规另有规定的，从其规定。

以募集设立方式设立股份有限公司的程序如下：

（1）发起人签订发起人协议，明确各自在公司设立过程中的权利和义务。

（2）发起人制定公司章程。

（3）发起人认购一定数额的股份。发起人认购的股份不得少于公司股份总数的35%；法律、行政法规另有规定的，从其规定。

（4）发起人公告招股说明书，并制作认股书，向社会公开募集股份。

（5）发起人与依法设立的证券公司签订承销协议，并由证券公司承销。

（6）发起人同银行签订代收股款协议。

（7）发行股份的股款缴足后，经依法设立的验资机构验资并出具证明。

（8）发起人应当自股款缴足之日起30日内主持召开公司创立大会。

（9）董事会于创立大会结束后30日内，申请设立登记。

3. 设立方式的选择

什么条件下选择其不同的改制方式要具体情况具体分析，不能一概而论，一般有以下几种方式：

（1）推倒重来，发起设立。如果企业历史沿革复杂，产权结构不明晰，公司治理及规范成本高，可选用发起设立。

（2）整体变更设立。如果企业历史简单、产权结构清楚，无重大隐患，企业的业绩能连续计算，可选用整体发起设立或募集设立。

（3）发起设立，部分上市，实行多元化企业经营模式。如果企业希望自主空间大，除了考虑整体上市外还可选择部分上市，对于民企，保留部分自主空间，拿出部分上市，实行多元化企业经营模式也是一种可操作的选择。

（四）改制过程中应完全进入股份公司的资产

股份制改组中，与主营业务相对应的资产应完全进入股份公司，其中包括：

（1）相关在建工程。

（2）商标等无形资产的原始处置权、处理和移交，原则上，商标应随资产无偿进入。

（3）补贴收入等也要有明确的进入方向。

（4）以债权、债务出资，债权人同意以挂账的研发费用等待摊费用作为出资。

（5）股东以在其他企业的股权投资出资。

（6）发起人以不具产权的资产出资（如仍在海关监管期的）。

（7）发起人以集体企业的产权出资。

（8）发起人出资，如同股不同价的要进行合理计算。

（五）改制过程中相关行为的规范性

（1）发行人资格的鉴定（根据《首次公开发行股票并上市管理办法》规定执行）。

（2）发行人对外投资限制（根据《公司法》、《公司章程》相关规定执行）。

（3）设立后原企业的注销问题。

（4）改制时的中介机构选择。

（5）改制时的资产评估（根据新《企业会计准则》、《审计准则》执行）。

（6）股改时的折股比例和国有股权管理方案。

（7）同业竞争及关联交易。

以上具体事项可请企业选聘的中介机构参与顾问，处理好细节。

（六）企业改制后基本要求

企业改制后作为拟申请上市公司，应该达到以下基本要求：

（1）突出的公司主营业务，形成核心竞争力和持续发展的能力。

（2）按照《上市公司治理准则》要求独立经营，运作规范。

（3）有效避免同业竞争，减少和规范关联交易。

三、民营企业 IPO 需要关注的问题

（一）担保行为要规范

对外担保事项，必须经董事会审议通过后，方可提交股东大会

审批。须经股东大会审批的对外担保，包括但不限于下列情形：

（1）上市公司及其控股子公司的对外担保总额，超过最近一期经审计净资产50%以后提供的任何担保。

（2）为资产负债率超过70%的担保对象提供的担保。

（3）单笔担保额超过最近一期经审计净资产10%的担保。

（4）按照担保金额连续12个月内累计计算原则，超过公司最近一期经审计总资产30%的担保。

对于董事会权限范围内的担保事项，除应当经全体董事的过半数通过外，还应当经出席董事会会议的2/3以上董事同意；前款第4项担保，应当经出席会议的股东所持表决权的2/3以上通过。

（5）对股东、实际控制人及其关联方提供的担保。

股东大会在审议为股东、实际控制人及其关联方提供的担保议案时，该股东或受该实际控制人支配的股东，不得参与该项表决，该项表决由出席股东大会的其他股东所持表决权的半数以上通过。

应由董事会审批的对外担保，必须经出席董事会的2/3以上董事审议同意并做出决议。

上市公司发生"提供担保"交易事项，应当提交董事会或者股东大会进行审议，并及时披露。

（二）借贷行为要规范

主要是指由上市公司提供担保的贷款行为而导致的贷款风险，拟上市企业借以参考。

（1）及时将贷款、担保信息登录征信管理系统，以便贷款方监控。依据《中华人民共和国担保法》、《中华人民共和国公司法》、《最高人民法院关于适用〈中华人民共和国担保法〉若干问题的解释》等相关法律法规进行贷款申请的审查。

（2）依据《中华人民共和国担保法》、《中华人民共和国公司法》、《上市公司章程指引（2006年修订）》及其他有关规定，提供贷款的金融机构对担保方审核以下事项：

①由上市公司提供担保的贷款申请的材料齐备性及合法合规性。

②上市公司对外担保履行董事会或股东大会审批程序的情况。

③上市公司对外担保履行信息披露义务的情况。

④上市公司的担保能力。

⑤贷款人的资信、偿还能力等其他事项。根据《商业银行授信工作尽职指引》等规定完善内部控制制度，控制贷款风险。对由上市公司控股子公司提供担保的贷款申请，比照规定执行。

（三）是否做到诚信经营

上市公司诚信评价、银行诚信评价、申请文件的信息披露是否属实。

（四）关于资产负债率的控制

《关于拟公开发行股票公司资产负债率等有关问题的通知》（〔2002〕122 号）规定（注：如有新的文件规定应按新规定执行）："发行前一年末，资产负债率高于 70% 的公司申请公开发行股票，应满足以下条件：第一，发行前每股净资产不得低于 1 元人民币；第二，发行后资产负债率原则上不高于 70%，但银行、保险、证券、航空运输等特殊行业的公司不受此限。"

（五）募集资金投向是否规范的问题

根据《证券法》第 15 条规定，公司对公开发行股票所募集资金，必须按照招股说明书所列资金用途使用。改变招股说明书所列资金用途，必须经股东大会做出决议。擅自改变用途而未做纠正的，或者未经股东大会认可的，不得公开发行新股，上市公司也不得非公开发行新股。

《公司法》第 87 条规定，招股说明书应当载明募集资金的用途。

《上市公司章程指引（2006年修订）》第40条规定，股东大会审议批准变更募集资金用途事项。

一般来说，关注募集资金投向，有以下几方面：

（1）研发项目投资与补充流动资金的比例。发行人原固定资产投资和研发支出很少、募集资金后将大规模增加固定资产投资或研发支出的，我们主要看发行人固定资产变化与产能变动的匹配关系，新增固定资产折旧、研发支出对未来经营成果的影响。

（2）募集资金拟用于收购资产的，应获得拟收购资产的财务报告、审计报告、资产评估报告及相关资料，调查拟收购资产的评估、定价情况，拟收购资产与发行人主营业务的关系。若收购的资产为在建工程的，还应取得工程资料，了解已投资情况、还需投资的金额、负债情况、建设进度、计划完成时间等。

（3）发行人董事会关于建立募集资金专项存储制度的文件，应核查发行人是否已在银行开立了募集资金专项账户。

（六）募集资金投向产生的关联交易

发行人募集资金投向涉及与关联方合资或与关联方发生交易的，应取得相关项目或交易对象的详细资料，并判断其对发行人的影响。涉及评估、审计的，应取得相关资料并予以核查；涉及项目合作或设立合资公司的，应取得公司设立或批准文件等，调查发行人对该项目或公司是否具备控制能力和经营能力以及有关协议、合同的订立情况及已履约情况和审批手续；涉及收购资产或购买股权的，应调查交易的定价依据是否充分、公允，判断收购资产是否为发行人必需的经营性资产。对关联交易一般关注以下几方面：

（1）审批备案。

（2）交易规模不得超过上会核准前一年净资产的2倍。

（3）交易前尽可能预算准确，稳健操作。

（4）交易收益尽可能保守，可能会影响到再融资。

（5）资金投向与还贷方式，可先投资建设，抽取部分资金还贷。

（6）收购大股东资产，如果要解决同业竞争问题可以操作，一般不宜收购大股东资产。

（七）纳税和补贴收入的问题

1. 所得税的优惠问题

如福利企业的审批权限以及相应的税收优惠问题可以向当地政府申请，如注册地和经营地不同在国家级高新技术园区的税收优惠，企业主动与主管机关协调解决。

2. 营改增后的财务处理

软件开发企业，销售自行开发的计算机软件产品，可按17%的税率征收后，对实际税负超过3%的部分实行即征即退，所退税款用于研究开发软件产品和扩大再生产。

3. 合资企业免税问题

新税法实施后，我国不同性质、不同类别的企业，包括国有企业、集体企业、民营企业、合资企业和外资企业均适用同一个税法。

4. 补贴收入是否真实的问题

财政补贴应有相关政府机关的正式文件作为支持。

（八）财务问题

财务问题包括以下方面：

（1）销售收入的真实性。

（2）纳税的规范性。

（3）经营性现金流量的准确性。

（4）毛利率是否在正常值范围。

（5）行业性波动对利润的影响。

四、股份有限公司运行及上市申请

根据《公司法》第77条设立股份有限公司，召开创立大会，选董事会和监事会，到工商行政管理机关办理变更股份公司营业执照。股份公司规范运行一段时间后，根据《首次公开发行股票并上市管理办法》规定，已具备发行人条件的，可在中介机构的配合下制作上市申报文件，聘请主承销商汇总并出具推荐函，最后由主承销商完成内核后将申报文件报送中国证监会审核。同时，会计师事务所的审计报告、评估机构的资产评估报告、律师出具的法律意见书将为招股说明书有关内容提供法律及专业依据。

发行人所具备的条件及上市申报的工作要求如下详述：

（一）发行人应当符合的具体条件

（1）最近3个会计年度净利润均为正数且累计超过人民币3 000万元，净利润以扣除非经常性损益前后较低者为计算依据。

（2）最近3个会计年度经营活动产生的现金流量净额累计超过人民币5 000万元，或者最近3个会计年度营业收入累计超过人民币3亿元。

（3）发行前股本总额不少于人民币3 000万元。

（4）最近一期末无形资产（扣除土地使用权、水面养殖权和采矿权等后）占净资产的比例不高于20%。

（5）最近一期末不存在未弥补亏损。

（6）发行人依法纳税，各项税收优惠符合相关法律法规的规定。发行人的经营成果对税收优惠不存在严重依赖。

（7）发行人不存在重大偿债风险，不存在影响持续经营的担保、诉讼以及仲裁等重大或有事项。

（二）发行人申报文件中不得有的情形

（1）故意遗漏或虚构交易、事项或者其他重要信息。

（2）滥用会计政策或者会计估计。

（3）操纵、伪造或篡改编制财务报表所依据的会计记录或者相关凭证。

（三）发行人不得有的影响持续盈利能力的情形

（1）发行人的经营模式、产品或服务的品种结构已经或者将发生重大变化，并对发行人的持续盈利能力构成重大不利影响。

（2）发行人的行业地位或发行人所处行业的经营环境已经或者将发生重大变化，并对发行人的持续盈利能力构成重大不利影响。

（3）发行人最近 1 个会计年度的营业收入或净利润对关联方或者存在重大不确定性的客户存在重大依赖。

（4）发行人最近 1 个会计年度的净利润主要来自合并财务报表范围以外的投资收益。

（5）发行人在用的商标、专利、专有技术以及特许经营权等重要资产或技术的取得或者使用存在重大不利变化的风险。

（6）其他可能对发行人持续盈利能力构成重大不利影响的情形。

（四）募集资金运用

（1）募集资金应当有明确的使用方向，原则上应当用于主营业务。

除金融类企业外，募集资金使用项目不得为持有交易性金融资产和可供出售的金融资产、借予他人、委托理财等财务性投资，不得直接或者间接投资于以买卖有价证券为主要业务的公司。

（2）募集资金数额和投资项目应当与发行人现有生产经营规模、财务状况、技术水平和管理能力等相适应。

（3）募集资金投资项目应当符合国家产业政策、投资管理、环境保护、土地管理以及其他法律、法规和规章的规定。

（4）发行人董事会应当对募集资金投资项目的可行性进行认真分析，确信投资项目具有较好的市场前景和盈利能力，有效防范投资风险，提高募集资金使用效益。

（5）募集资金投资项目实施后，不会产生同业竞争或者对发行人的独立性产生不利影响。

（6）发行人应当建立募集资金专项存储制度，募集资金应当存放于董事会决定的专项账户。

（五）发行程序

（1）发行人董事会应当依法就本次股票发行的具体方案、本次募集资金使用的可行性及其他必须明确的事项做出决议，并提请股东大会批准。

（2）发行人股东大会就本次发行股票做出的决议，至少应当包括下列事项：

①本次发行股票的种类和数量。

②发行对象。

③价格区间或者定价方式。

④募集资金用途。

⑤发行前滚存利润的分配方案。

⑥决议的有效期。

⑦对董事会办理本次发行具体事宜的授权。

⑧其他必须明确的事项。

（3）发行人应当按照中国证监会的有关规定制作申请文件，由保荐人保荐并向中国证监会申报。特定行业的发行人应当提供管理部门的相关意见。

（六）发行申请文件报中国证监会核审

（1）中国证监会收到申请文件后，在5个工作日内做出是否受理的决定。

（2）中国证监会受理申请文件后，由相关职能部门对发行人的申请文件进行初审，并由发行审核委员会审核。

（3）中国证监会在初审过程中，将征求发行人注册地省级人民政府是否同意发行人发行股票的意见，并就发行人的募集资金投资项目是否符合国家产业政策和投资管理的规定征求国家发展和改革委员会的意见。

（4）中国证监会依照法定条件对发行人的发行申请做出予以核准或者不予核准的决定，并出具相关文件。

（5）自中国证监会核准发行之日起，发行人应在6个月内发行股票；超过6个月未发行的，核准文件失效，须重新经中国证监会核准后方可发行。

（6）发行申请核准后、股票发行结束前，发行人发生重大事项的，应当暂缓或者暂停发行，并及时报告中国证监会，同时履行信息披露义务。影响发行条件的，应当重新履行核准程序。

（7）股票发行申请未获核准的，自中国证监会做出不予核准决定之日起6个月后，发行人可再次提出股票发行申请。

（七）股票发行及上市阶段

（1）股票发行申请经发行审核委员会核准后，取得中国证监会同意发行的批文。

（2）刊登招股说明书，通过媒体巡回进行路演，按照发行方案发行股票。

（3）刊登上市公告书，在交易所安排下完成挂牌上市交易。

第三节 上市地选择与上市标准

对于特色小镇的实体企业上市操作中选择的上市地没有优劣之分，可以在境内外、主板、中小板、创业板、新三板上市和挂牌交易，而决定去哪个上市地的关键取决于拟上市企业自身的条件，适合在哪里上市主要看上市效率、资金充足度、投资者认可度以及监管层政策引导等。

一、主板与创业板

主板与创业板上市条件比较，见表 5 - 1 所示。

表 5 - 1 主板与创业板上市条件比较

条件	A 股主板	创业板 IPO 办法
主体资格	依法设立且合法存续的股份有限公司	依法设立且持续经营 3 年以上的股份有限公司
盈利要求	（1）最近 3 个会计年度净利润均为正数且累计超过人民币 3 000 万元，净利润以扣除非经常性损益前后较低者为计算依据	最近两年连续盈利，最近两年净利润累计不少于 1 000 万元，且持续增长；或者最近一年盈利，且净利润不少于 500 万元，最近一年营业收入不少于 5 000 万元，最近两年营业收入增长率均不低于 30%
	（2）最近 3 个会计年度经营活动产生的现金流量净额累计超过人民币 5 000 万元；或者最近 3 个会计年度营业收入累计超过人民币 3 亿元	净利润以扣除非经常性损益前后孰低者为计算依据
	（3）最近一期不存在未弥补亏损	（注：上述要求为选择性标准，符合其中一条即可）

（续表）

条件	A股主板	创业板 IPO 办法
资产要求	最近一期末无形资产（扣除土地使用权、水面养殖权和采矿权等后）占净资产的比例不高于20%	最近一期末净资产不少于2 000万元
股本要求	发行前股本总额不少于3 000万元	企业发行后的股本总额不少于3 000万元
主营业务要求	最近3年内主营业务没有发生重大变化	发行人应当主营业务突出。同时，要求募集资金只能用于发展主营业务
董事及管理层	最近3年内没有发生重大变化	最近两年内未发生重大变化
实际控制人	最近3年内实际控制人未发生变更	最近两年内实际控制人未发生变更
同业竞争	发行人的业务与控股股东、实际控制人及其控制的其他企业间不得有同业竞争	发行人与控股股东、实际控制人及其控制的其他企业间不存在同业竞争
发审委	设主板发行审核委员会，25人	设创业板发行审核委员会，专家委员35人，委员与主板发审委委员不互相兼任
初审征求意见	征求省级人民政府、国家发改委意见	无

二、新三板

（一）新三板挂牌企业工作事项

依据相关法律、法规及规范性文件的规定，非上市公司申请新三板挂牌转让的流程如下：

（1）公司董事会、股东大会决议。

（2）申请股份报价转让试点企业资格。

（3）签订推荐挂牌协议。非上市公司申请股份在代办系统挂牌，须委托一家主办券商作为其推荐主办券商，向中国证券业协会（以下简称协会）进行推荐。申请股份挂牌的非上市公司应与推荐主办券商签订推荐挂牌协议。

（4）配合主办报价券商尽职调查。

（5）主办报价券商向协会报送推荐挂牌备案文件。

（6）协会备案确认。协会对推荐挂牌备案文件无异议的，自受理之日起50个工作日内向推荐主办券商出具备案确认函。

（7）股份集中登记。

（8）披露股份报价转让说明书。

（9）挂牌交易。

审批时间短、挂牌程序便捷是新三板挂牌转让的优势。其中，企业申请非上市公司股份报价转让试点资格确认函的审批时间为5日；推荐主办券商向协会报送推荐挂牌备案文件，协会对推荐挂牌备案文件无异议的，出具备案确认函的时间为50个工作日内。除此之外，企业申请新三板挂牌转让的时间周期还依赖于企业确定相关中介机构、相关中介机构进行尽职调查以及获得协会确认函后的后续事宜安排。

新三板上市的时间大概在3~6个月，具体何时上市要根据券商和代理的办理速度。3年的资质要求已经改为两年资质。

（二）新三板挂牌分层①

企业在新三板挂牌，分创新层与基础层，其分层标准如下：

---

① 节选自《全国中小企业股份转让系统挂牌公司分层管理办法（试行）》。

217

1.［第六条］满足以下条件之一的挂牌公司可以进入创新层

（1）最近两年连续盈利，且年平均净利润不少于 2 000 万元（以扣除非经常性损益前后孰低者为计算依据）；最近两年加权平均净资产收益率平均不低于 10%（以扣除非经常性损益前后孰低者为计算依据）。

（2）最近两年营业收入连续增长，且年均复合增长率不低于 50%；最近两年营业收入平均不低于 4 000 万元；股本不少于 2 000 万股。

（3）最近有成交的 60 个做市转让日的平均市值不少于 6 亿元；最近一年年末股东权益不少于 5 000 万元；做市商家数不少于 6 家；合格投资者不少于 50 人。

2. 根据第六条的规定进入创新层的挂牌公司，还应当满足以下条件

（1）最近 12 个月完成过股票发行融资（包括申请挂牌同时发行股票），且融资额累计不低于 1 000 万元；或者最近 60 个可转让日实际成交天数占比不低于 50%。

（2）公司治理健全，股东大会、董事会和监事会制度、对外投资管理制度、对外担保管理制度、关联交易管理制度、投资者关系管理制度、利润分配管理制度和承诺管理制度完备；公司设立董事会秘书并作为公司高级管理人员，董事会秘书取得全国股转系统董事会秘书资格证书。

（3）最近 12 个月不存在以下情形：

①挂牌公司或其控股股东、实际控制人，现任董事、监事和高级管理人员因信息披露违规、公司治理违规、交易违规等行为被全国股转公司采取出具警示函、责令改正、限制证券账户交易等自律监管措施合计 3 次以上的，或者被全国股转公司等自律监管机构采取了纪律处分措施。

②挂牌公司或其控股股东、实际控制人，现任董事、监事和高级管理人员因信息披露违规、公司治理违规、交易违规等行为被中

国证监会及其派出机构采取行政监管措施或者被采取行政处罚，或者正在接受立案调查，尚未有明确结论意见。

③挂牌公司或其控股股东、实际控制人，现任董事、监事和高级管理人员受到刑事处罚，或者正在接受司法机关的立案侦查，尚未有明确结论意见。

（4）按照全国股转公司的要求，在会计年度结束之日起4个月内编制并披露年度报告；最近两个会计年度的财务会计报告被会计师事务所出具标准无保留意见的审计报告；按照第六条第二项规定进入创新层的挂牌公司，最近3个会计年度的财务会计报告被会计师事务所出具标准无保留意见的审计报告。

（5）全国股转公司规定的其他条件。

3. ［第八条］申请挂牌公司满足以下条件之一的，可以挂牌时直接进入创新层

（1）最近两年连续盈利，且年平均净利润不少于2 000万元（以扣除非经常性损益前后孰低者为计算依据）；最近两年加权平均净资产收益率平均不低于10%（以扣除非经常性损益前后孰低者为计算依据）；申请挂牌同时发行股票，且融资额不低于1 000万元。

（2）最近两年营业收入连续增长，且年均复合增长率不低于50%；最近两年营业收入平均不低于4 000万元；挂牌时股本不少于2 000万股。

（3）做市商家数不少于6家；申请挂牌同时发行股票，发行对象中包括不少于6家做市商，按发行价格计算的公司市值不少于6亿元，且融资额不低于1 000万元；最近一期期末股东权益不少于5 000万元。

4. 根据第八条的规定进入创新层的申请挂牌公司，还应当满足以下条件

（1）申请挂牌即采用做市转让方式。

（2）公司治理健全，股东大会、董事会和监事会制度、对外投

资管理制度、对外担保管理制度、关联交易管理制度、投资者关系
管理制度、利润分配管理制度和承诺管理制度完备；公司设立董事
会秘书并作为公司高级管理人员，董事会秘书取得全国股转系统董
事会秘书资格证书。

（3）最近 12 个月不存在以下情形：申请挂牌公司或其控股股
东、实际控制人，现任董事、监事和高级管理人员被中国证监会及
其派出机构采取行政监管措施或者被采取行政处罚，或者正在接受
立案调查，尚未有明确结论意见。

（4）最近两年及一期的财务会计报告被会计师事务所出具标准
无保留意见的审计报告；按照第八条第二项规定进入创新层的申请
挂牌公司，最近 3 个会计年度的财务会计报告被会计师事务所出具
标准无保留意见的审计报告。

（5）全国股转公司规定的其他条件。

［第十条］未进入创新层的挂牌公司进入基础层。

5. ［第十条］进入创新层的挂牌公司应当满足以下维持条件之一

（1）最近两年连续盈利，且年平均净利润不少于 1 200 万元
（以扣除非经常性损益前后孰低者为计算依据）；最近两年加权平均
净资产收益率平均不低于 6%（以扣除非经常性损益前后孰低者为
计算依据）。

（2）最近两年营业收入连续增长，且年均复合增长率不低于
30%；最近两年营业收入平均不低于 4 000 万元；股本不少于 2 000
万股。

（3）最近有成交的 60 个做市转让日的平均市值不少于 3.6 亿
元；最近一年年末股东权益不少于 5 000 万元；做市商家数不少于
6 家。

**6. ［第十二条］进入创新层的挂牌公司除满足第十一条规定的
维持条件外，还应当满足以下条件**

（1）合格投资者不少于 50 人。

（2）最近 60 个可转让日实际成交天数占比不低于 50%。

（3）公司治理符合《全国中小企业股份转让系统挂牌公司分层管理办法（试行）》第七条第二项的要求，且最近 12 个月不存在以下情形：

①挂牌公司或其控股股东、实际控制人，现任董事、监事和高级管理人员因信息披露违规、公司治理违规、交易违规等行为被全国股转公司采取出具警示函、责令改正、限制证券账户交易等自律监管措施合计 3 次以上的，或者被全国股转公司等自律监管机构采取了纪律处分措施。

②挂牌公司或其控股股东、实际控制人，现任董事、监事和高级管理人员因信息披露违规、公司治理违规、交易违规等行为被中国证监会及其派出机构采取行政监管措施或者被采取行政处罚，或者正在接受立案调查，尚未有明确结论意见。

③挂牌公司或其控股股东、实际控制人，现任董事、监事和高级管理人员受到刑事处罚，或者正在接受司法机关的立案侦查，尚未有明确结论意见。

（4）按照全国股转公司的要求，在会计年度结束之日起 4 个月内编制并披露年度报告；最近 3 个会计年度的财务会计报告被会计师事务所出具标准无保留意见的审计报告。

（5）全国股转公司规定的其他条件。

7. 层级划分和调整条例

（1）全国股转公司根据分层标准及维持标准，于每年 5 月最后一个交易周的首个转让日调整挂牌公司所属层级（进入创新层不满 6 个月的挂牌公司不进行层级调整）。基础层的挂牌公司，符合创新层条件的，调整进入创新层；不符合创新层维持条件的挂牌公司，调整进入基础层。

全国股转公司可以根据分层管理的需要，适当提高或降低挂牌公司层级调整的频率。

（2）全国股转公司正式调整挂牌公司层级前，在全国股转系统官网公示进入基础层和创新层的挂牌公司名单。挂牌公司对分层结果有异议或者自愿放弃进入创新层的，应当在 3 个转让日内提出。全国股转公司可视异议核实情况调整分层结果。

层级调整期间，挂牌公司出现《全国中小企业股份转让系统挂牌公司分层管理办法（试行）》第七条第三项或者第十五条规定情形的，不得调整进入创新层。

（3）创新层挂牌公司出现以下情形之一的，自该情形认定之日起 20 个转让日内直接调整至基础层：

①挂牌公司因更正年报数据导致财务指标不符合创新层标准的。

②挂牌公司被认定存在财务造假或者市场操纵等情形，导致挂牌公司不符合创新层标准的。

③挂牌公司不符合创新层公司治理要求且持续时间达到 3 个月以上的。

④全国股转公司认定的其他情形。

全国股转公司在现行挂牌条件的基础上，对私募基金管理机构（以下简称私募机构）新增 8 个方面的挂牌条件：

（1）管理费收入与业绩报酬之和须占收入来源的 80% 以上。

（2）私募机构持续运营 5 年以上，且至少存在一只管理基金已实现退出。

（3）私募机构作为基金管理人在其管理基金中的出资额不得高于 20%。

（4）私募机构及其股东、董事、监事、高级管理人员最近 3 年不存在重大违法违规行为，不属于中国证券基金业协会"黑名单"成员，不存在"诚信类公示"列示情形。

（5）创业投资类私募机构最近 3 年年均实缴资产管理规模在 20 亿元以上，私募股权类私募机构最近 3 年年均实缴资产管理规模在 50 亿元以上。

（6）已在中国证券基金业协会登记为私募基金管理机构，并合规运作、信息填报和更新及时准确。

（7）挂牌之前不存在以基金份额认购私募机构发行的股份或股票的情形；募集资金不存在投资沪深交易所二级市场上市公司股票及相关私募证券类基金的情形，但因投资对象上市被动持有的股票除外。

（8）全国股转公司要求的其他条件。

以上规定对于在审的私募机构，须按新增挂牌条件审查，因暂停审查而致财务报表过期的，应在本通知发布之日起1年内按新增挂牌条件补充材料和审计报告，如符合新增挂牌条件的，继续审查。对于已挂牌的私募机构，应当对是否符合本通知新增挂牌条件的（1）、（4）、（5）、（6）、（8）项进行自查，并经主办券商核查后，披露自查整改报告和主办券商核查报告。不符合新增挂牌条件的（1）、（4）、（5）、（6）、（8）项的，应当在本通知发布之日起1年内进行整改，未按期整改的或整改后仍不符合要求的，将予以摘牌。已挂牌的私募机构发行股票（包括发行对象以其所持有该挂牌私募机构所管理的私募基金份额认购的情形），发行对象已完成认购的，可以完成股票发行备案并办理新增股份登记手续。

第六章

多元化的特色小镇实例

一、文化抗战名镇——中国李庄①

李庄镇镇政府根据李庄古镇的经济社会发展水平、区位特点、资源禀赋和环境基础，把李庄定位为"中国·李庄特色文化展示区"和"国际生态山水园林城市核心展示区"，先后编制了一系列规划，包括《宜宾市李庄镇总体规划》（2016年）、《宜宾市环长江旅游景观带规划设计》（2013年）、《四川李庄历史文化名镇保护规划》（2013年）、《李庄组团一期城市设计及控制性详细规划》（2011年）等，因地制宜地制定李庄镇城镇化战略，引导城镇的合理布局和协调发展，促进资源保护开发和生态环境的协调发展。

---

① 资料来源：由李庄镇镇政府罗勇提供，作者整理。

（一）小镇特色定位

李庄是个有故事的地方。它历史悠久，战国时期已有僰人（古代中原人对西南诸民族的泛称）聚居此地。自梁代大同六年设六同郡起，至今已有 1 470 余年的建置历史。

李庄地理位置独特。它位于宜宾市城区东长江下游水路 19 公里的南岸，公路里程 25 公里，下至南溪县城 24 公里。东南与翠屏区宋家乡接壤，西南与翠屏区南广镇接壤，镇北与南溪县罗龙镇、石鼓乡、翠屏区沙坪镇部分境域隔江相望，为宜宾市翠屏区郊区的第一大镇。李庄自古为川南通往滇、黔的驿道，素有"万里长江第一古镇"的美誉。

李庄人民富足。全镇面积 71.52 平方公里，辖 21 个村，两个社区，总人口 4.87 万人（其中场镇常住人口 1.5 万余人）；城镇建成区 2.5 平方公里，古镇核心保护区 1 平方公里。2016 年 GDP（国内生产总值）5.3 亿元，农民人均纯收入 15 538 元。同时，2016 年李庄古镇接待游客 300 万余人次，旅游收入 8 亿元。

李庄定位准确。近年来，宜宾市和翠屏区党委、政府高度重视李庄的发展，把"中国·李庄特色文化展示区"定位为"国际生态山水园林城市核心展示区"，重点培育李庄文化旅游品牌。依托对李庄古镇抗战文化、红色文化、民俗文化、饮食文化等文化的深入挖掘，重点培育发展旅游、文创、会展、影视、康体等第三产业；依托李庄紧邻长江工业园和临港经济开发区的地埋优势，重点培育发展企业总部经济。

（二）独特的规划设计视角

李庄的规划设计视角突出三大理念：

第一，全域规划、五态合一。秉承"生态、文态、业态、形态、神态"五态合一的发展理念，使李庄成为有景、有文化、有村落、有多元业态的长江上游第一镇。把城镇全域范围内的山水生态景观资源一并纳入城镇乡村的空间发展，建立景城一体的美丽李庄。

第二，传承历史、突出特色。注重保护李庄古镇的历史遗存，尊重和弘扬地方文化，强调地域文化特质，把现代元素和现代服务产业与传统文化、自然历史文化等有机结合起来，突出和发扬李庄的特色。严格保护李庄古镇核心区，将周边区域纳入风貌控制范围，与新区划定300米的控制界限。

第三，城乡统筹、村镇一体。统筹区域发展，构建全域一体新李庄。注重与李庄周边城市功能组团及周边乡镇的统筹协调，综合考虑区域之间在空间布局、产业互补、设施共享等方面的协调，达到整体效益最优化。

（三）小镇特色产业

构建以李庄文化为基础的"一个中心，三类基地，五大产业"的现代新兴服务业体系。一个中心是构筑"万里长江第一镇"生态人文旅游中心，三类基地是文化教育基地、旅游度假基地、生态宜居基地，五大产业是旅游度假产业、文化创意产业、康体教育产业、商务服务产业、休闲观光农业产业。

1. 现代服务业

以成为引领宜宾市现代服务业发展转型升级的突破口为目标，李庄镇重点发展战略新兴现代服务业。以支撑宜宾城市国际化生态山水文化名城为目标，李庄镇重点发展生态文化及延伸配套产业。以优化长江产业园区高端产业配套为目标，李庄镇重点发展长江产业园区配套商务办公及居住服务等相关产业。

2. 丰富的文化资源形成独特的文化产业

围绕李庄镇源远流长的历史文化资源，可以重点培育发展文创、会展、影视等产业。

文创方面，《十月》杂志把李庄作为永久颁奖基地、《十月》杂志作家居住地，四川省作家协会把李庄作为作家创作基地，四川社科院李庄文化研究所正式成立，宜宾十大文化展示区已确定落户李庄；会展方面，抗战胜利70周年纪念会、四川省文旅节（李庄分会场）、"同根同源两岸情、文化抗战李庄行"、"李庄抗战文化与文化人的抗战"论坛、"巴蜀文化研讨会"、"长江环境论坛"等大型会议多次在李庄成功举办；影视方面，央视七套《美丽乡村快乐行》栏目走进李庄录制节目，北京电影学院影视城落户李庄签署合作协议，大型神话电视连续剧《创神》将在李庄开机拍摄，《李庄往事》已经拍摄完成；科技方面，同济大学环保科技研究院、环保科技园、环保产业园已确定落户李庄。

3. 拓展康体产业发展

中国科学院院士、国家最高科学技术奖获得者、"中国肝胆外科之父"吴孟超受聘为李庄同济医院终身名誉院长；中国工程院院士、"中国造血干细胞移植之父"陆道培创办的陆道培医疗集团正式与翠屏区政府签署了血液病肿瘤中心项目合作协议书；中华医学会疼痛学分会主任委员刘延青与翠屏区政府达成协议，在李庄打造中美疼痛病学中心、全国疼痛病学培训中心、全国疼痛病学远程会诊中心等全国疼痛病诊疗示范基地。李庄还建成了四川最美自行车赛道，并成为四川自行车联赛永久首站地，已成功举办两届四川自行车联赛的首站赛。

（四）小镇的制度建设

为推进李庄建设，镇政府向区政府申请在翠屏区工业园区管委会下设李庄产业园区管委会，镇政府书记和镇长进入管委会领导班子，并从区级各部门抽调配备专职人员，统筹李庄古镇产业发展和城镇建设。李庄园区管委会的成立，进一步提升了李庄镇的管理和发展平台：一是为李庄增加了人力、物力，二是为李庄增加了专业人才，三是区政府更加重视李庄园区的发展和产业发展。

同时还成立了李庄古镇景区管理局，领导班子由镇政府书记、镇长及分管领导组成，配备12个编制，解决了李庄古镇景区管理人力不足的问题。景区有独立的单位和专职的人员负责管理，使得景点建设和景区管理能够上一个大台阶：一是在镇政府设立李庄镇规建办，配置工作人员6名，负责对镇区居民房屋建设的管理及村镇规划手续的办理；二是在李庄产业园区管委会下组建规划建设处，从区住建局和区规划局抽调专业人员12人，负责对李庄规控区内项目建设的规划管理和项目质量监管等事项。

将景区管理模式逐步过渡为公司化运营，由区力锐投资公司统一对景区景点、停车场、景点设施维护、景区绿化等日常事务实施精细化管理和服务。成立李庄文化旅游公司，负责景区文化开发、推广和宣传。以PPP（政府和社会资本合作）模式引入岭南园林公司对镇区绿化进行管护，改变了过去完全由政府包办基础设施投资、建设、管理等的传统做法，极大节约了政府的人力、物力投入，有效降低了行政运行成本，提高了管理服务质量。

（五）商业模式

商业模式的核心就是生态人文旅游，包括文化教育、旅游度假、生态宜居、康体休闲、观光农业产业，详见图6－1。

（六）投融资模式及金融工具

李庄镇目前已经成功通过BT模式（政府利用非政府资金来进行非经营性基础设施建设项目的一种融资模式）融资2.6亿元，建设了李庄同济医院。又通过PPP模式融资4亿元实施李庄组团园林绿化改造，一期1.2亿元项目已于2015年完工。2016年还成功以PPP模式融资3亿元启动建设安下路项目。

李庄特色小镇建设计划实施三类19个项目，总投资约83.7亿元。投资模式有政府投资、企业投资、政企合作及招商等。政府投

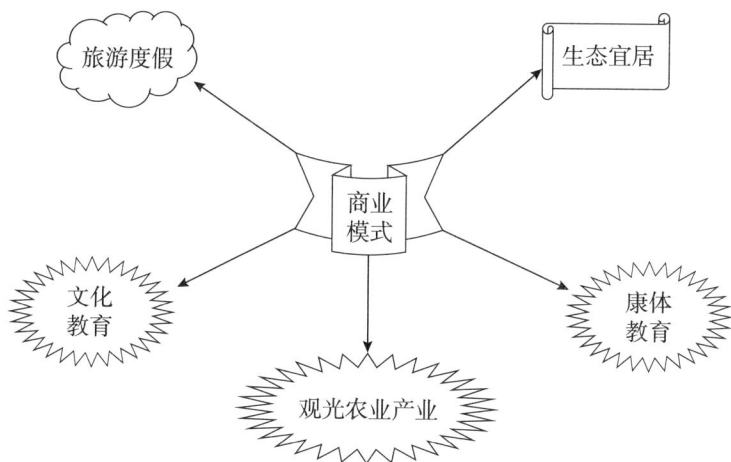

图 6-1 李庄镇商业模式架构

资资金筹措方式主要通过争取上级财政补助资金和开放性金融贷款的方式来解决，企业投资项目通过招商引资吸引有实力的企业来解决，政企合作项目主要通过投贷结合的融资模式来解决。

根据李庄镇目前及未来的发展趋势，可以归纳出以下几种融资模式架构：

1. BT 融资模式

李庄镇 BT 融资模式如图 6-2 所示。

（1）BT 项目名称：翠屏区人民医院（李庄同济医院一期）建设项目。

（2）建设地点：宜宾市翠屏区李庄组团 E2-2/01 地块。

（3）资金来源：工程建设资金由投资建设人筹集，竣工验收后项目业主按投资合作协议约定回购。

（4）建设规模：该工程总用地面积 28 571 平方米，建筑面积 65 687平方米，主要内容是 15 层的病房楼、11 层的科研楼、5 层的门诊医技楼内外装饰及设备安装等（不含门诊医技楼主体工程），包含：基坑围护、建筑结构工程、绿化景观、室内精装修工程、设备安装工程、室外工程、沼气池等。

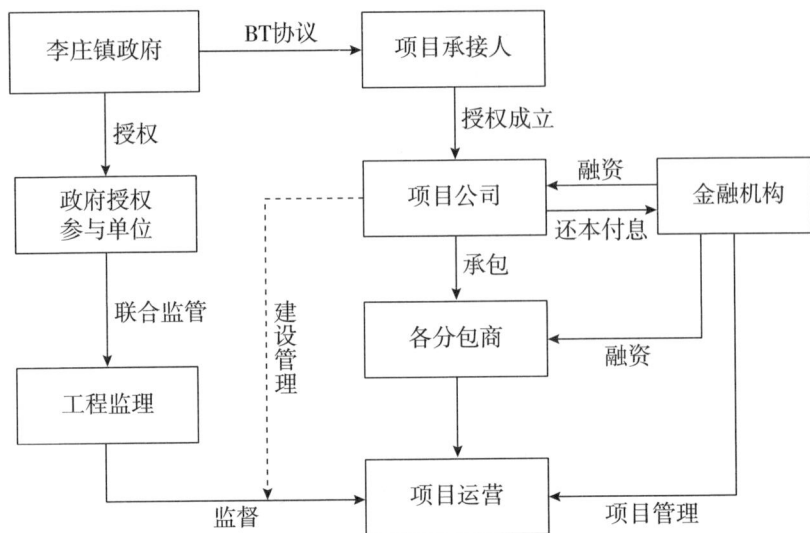

图6-2 李庄镇BT融资模式

（5）建设工期：24个月。

（6）招标范围：已审定的施工图及工程量清单所示的全部内容和尚未审定的绿化景观、室内精装修工程、设备安装工程、室外工程、沼气池等的施工图及工程量清单的全部内容，施工图及工程量以业主和财政评审审定为准。

（7）项目总投资：约26 000万元，工程投资约26 000万元（最终以审计为准）。

（8）项目合作方式、回购方式、投资回报（略）。

（9）该项目的勘察设计和监理单位由项目业主自行依法确定。

（10）投资建设人负责工程建设期间的资金筹措、施工组织及竣工验收合格后的移交等，建设期间应接受项目业主的监督。

（11）回购年限：自工程竣工验收合格之日起两年内。

（12）回购方式：回购按4∶3∶3的比例支付。

（13）年投资回报率不高于18%（按百分比报价，保留到小数点后一位），具体以招标竞标结果为准，投资合同执行期内投资回报率不做调整。

（14）中标人确定：项目业主选择承诺年投资回报率最低的合法竞标人作为中标候选人，公示 3 日后无举报情况即发放中标通知书。发放中标通知书后，中标人在 10 个工作日内缴纳中标价的 10% 到项目业主与中标人共同确认的账户，作为项目启动及建设资金，并同时缴纳中标金额 10% 的履约保证金（其中 5% 为现金，5% 为保函），方可签订投资建设项目协议书，否则视为自动放弃。投资建设人在接到项目业主发出开工令 5 日内进场施工。

（15）投标人资格要求：

①具有中华人民共和国境内独立法人资格的经济实体，注册资金不低于6 000万元人民币。

具备房屋建筑工程施工总承包一级以上资质，近 3 年（2010 ～ 2012 年）已完成不少于 1 个类似业绩，类似业绩为 2 亿元及以上的已完工房建建设项目的业绩。

②企业注册地不在四川省行政区域内的外地企业，须提供《四川省省外企业入川从事建筑活动备案证》。

企业具备《安全生产许可证》。该次招标不接受联合体投标。投标时投标人开户银行基本账户上有不低于所投标段总控制价 30% 的存款余额，以投标人开户银行出具的资金证明为准。

2. PPP 融资模式

李庄镇 PPP 融资模式如图 6 - 3 所示。

（1）项目名称：李庄组团园林绿化景观工程融资建设项目。

（2）建设地点：宜宾市翠屏区李庄组团。

（3）资金来源：工程建设资金由投资建设人筹集，竣工验收后项目业主按投资合作协议约定回购。

（4）建设规模：李庄古镇及李庄组团约 6 平方公里范围内政府投入及主导的园林绿化景观工程建设。

（5）建设工期：建设工期约 48 个月，其中一期 18 个月，其余

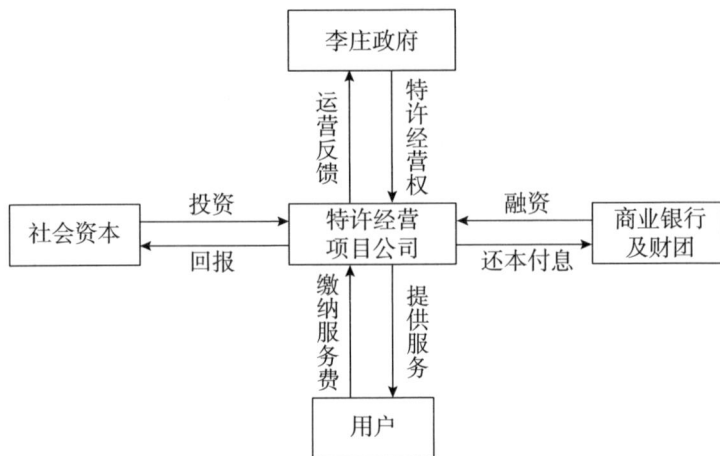

图 6-3 李庄镇 PPP 融资模式

工程工期满足业主要求。

（6）招标范围：该项目红线范围内需政府投资及主导的园林绿化景观工程勘察、景观规划设计方案、施工图设计以及审定的施工图及工程量清单所示的全部建设内容等（施工图及工程量以业主和财政评审审定为准）。

（7）项目总投资：约 40 000 万元，其中一期约 12 000 万元（最终以审计为准）。

（8）项目合作方式、回购方式、投资回报（略）。

（9）该项目的监理单位由项目业主自行依法确定。

（10）投资建设人负责工程建设期间的资金筹措、工程勘察、方案设计、施工图设计、施工组织及竣工验收合格后的移交等，景观规划设计方案、施工图须经业主及相关部门审定，建设期间应接受项目业主及相关部门监督。

（11）回购年限：自工程竣工验收合格之日起两年内。

（12）回购方式：回购按 4∶3∶3 的比例支付。

（13）年投资回报率不高于 12%（按百分比报价，保留到小数点后一位），具体以招标竞标结果为准，投资合同执行期内投资回报率不做调整。

（14）投标人资格要求：

①具有中华人民共和国境内独立法人资格的经济实体，注册资金不低于8 000万元人民币。

②具备城市园林绿化工程施工一级及风景园林工程设计专项甲级资质，近3年（2011～2013年）已完成不少于1个类似业绩（设计、施工各1个），类似业绩为1亿元及以上的已完工市政园林绿化项目业绩（设计、施工各1个，施工业绩须提供竣工验收报告）。

③该次招标接受联合体投标，联合体牵头单位须具备城市园林绿化工程施工一级资质。

④其他要求：企业注册地不在四川省行政区域内的外地企业，须提供《四川省省外企业入川从事建筑活动备案证》。

⑤企业具备《安全生产许可证》。

⑥投标时投标人开户银行账户上有不低于所投标段总控制价的30%的存款余额，本项目为人民币1.2亿元，以投标人开户银行出具的招标公告发布当日银行存款余额证明为准。

⑦投标保证金：人民币800万元。

⑧人员要求：项目经理资格为市政专业一级建造师，具有安全生产考核合格证，所提供的证件必须注册在本单位，且参加本项目投标时没有在其他未完工项目担任任何职务，中标后至完工前也不得在其他项目担任任何职务；技术负责人资格为具有园林专业高级及以上职称；设计负责人资格为具有园林专业高级及以上职称。

3. 李庄镇特色产业股权融资模式

李庄所构建的是以文化为基础的"一个中心，三类基地，五大产业"的现代新兴服务业体系。根据其特色产业发展趋势，会衍生出大量的文化创意及文化旅游产业实体，这些企业一旦孵化成熟，都可以独立进入资本市场直接融资，得到天使、VC（风险投资）、PE（私募股权投资）、并购、Pre－IPO（在企业首次公开发行上市前进行投资）的支持，也可以通过新三板/主板挂牌上市融资，如图6-4所示。

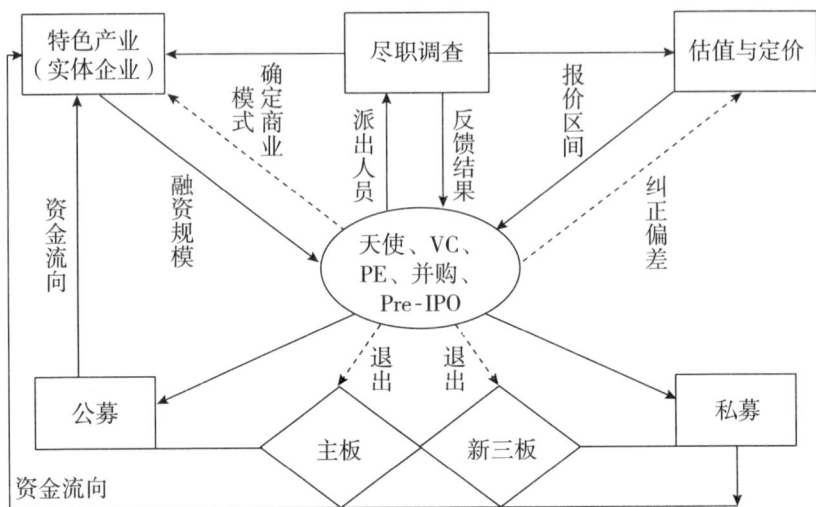

图6-4 李庄镇特色产业股权融资架构

二、设计产业型特色小镇——余杭区良渚梦栖①

梦栖小镇是中国首个工业设计小镇，将引领工业设计回归中国。北宋时期，创新设计的鼻祖沈括诞生于此，为后世贡献了记载着大量制造知识的《梦溪笔谈》，成为世界上最早的工业设计教科书。千年之后的今天，在苕溪之滨，人们重建了梦溪园。取"梦溪"之音，2015年10月，浙江省特色小镇梦栖小镇应运而生，5 000年的文化设计基因镌刻在了城市的脉络中。

余杭区良渚梦栖小镇被列入浙江省第二批特色小镇名单中，将被打造成为继梦想小镇之后余杭区的又一个以"工业设计"为特色的小镇，争做余杭第二、设计界第一的特色小镇。

---

① 资料来源：由杭州市发改委曾东城提供，作者整理。

（一）小镇发展战略目标

以多元、包容、开放、跨界为引领，通过创意、创新、创造，大力发展服务于高端装备制造前端的设计产业，将其打造成国际级的"设计奥斯卡"小镇，成为设计创新的先导区、设计创客的朝圣地、设计经济的新蓝海。

小镇的 3 年总体目标为：3 年内集聚引进创业人员 3 000 名，引进设计产业项目 200 个。到 2017 年完成投资 56.5 亿元，实现营业收入 50 亿元，税收 5 亿元，旅游人数 50 万人，详见表 6-1。

表 6-1　良渚梦栖小镇 2015～2017 年发展目标

年度		2015 年	2016 年	2017 年
设计产业项目	累计引进设计产业项目（个）	30	100	200
	累计引进设计人才（名）	500	1 500	3 000

（二）小镇总体规划与设计

（1）规划范围。东至网周路，南至古墩路，西至美丽洲路、风情大道，北至 104 国道、莫干山路，规划范围约 2.96 平方公里。

（2）编制进度。良渚梦栖小镇总面积约 2.96 平方公里，2014 年 10 月委托浙大安地建筑规划设计研究院做前期研究，2015 年 4 月委托中国美院做概念规划以及重要节点的工程实施方案。下一步将在控规层面落实。

（3）实施步骤。小镇一期占地约 700 亩，建筑面积约 1 500 亩，按照"逐步整合、逐步投用"的思路，计划于 2017 年全部完成，适时启动小镇二期建设。

（4）用地指标。良渚梦栖小镇范围需新增建设用地空间指标约 700 亩，需外移基本农田约 200 亩，需落实农转用指标约 700 亩，详见表 6-2。

表6-2 良渚梦栖小镇2015~2017年用地指标情况表

年度	新增建设用地	其中外移基本农田	落实农转用
总数	700	200	700
2015	200	—	200
2016	200	80	200
2017	300	120	300

（三）内涵建设

1. 提升制造业能级和优势

以推进创意设计服务与制造业融合发展为主要任务，以"互联网＋制造"为重点，充分发挥创意设计服务引领制造业转型升级的作用，加强工业设计相关新材料、新技术、新工艺等的研究和应用，提升产品设计创新能力和技术水平，推动"传统制造"向"智能制造"高端方向发展。

2. 提高设计领域产业化水平

以创建全国著名的设计小镇为主要任务，以"互联网＋"为手段，大力发展工业设计、智能设计、商业设计，基本形成与服务经济相适应的设计产业形态、合理的设计人才结构和功能特色鲜明的设计产业基地。

（四）产业园区分类

良渚梦栖小镇将依托毛家漾、邱家坞、玉鸟流苏等人文自然景观，打造"一街一山一河"的设计产业布局，力求实现生产、生态、生活的"三生融合"：沿玉鸟路打造各类设计中心、设计产业园等设计产业集聚区；环邱家坞打造设计创新研究院、国际设计学院、工业设计博物馆等设计创客创意区；沿毛家漾打造创客街区、居住休闲等设计人才生活区，基本形成产业功能集聚，推动资源有效整合。

1. 设计产业集聚区

（1）浙江工业设计城：总投资 20 亿元，建设用地 99 亩，依托"浙江大学计算机辅助产品创新设计教育部工程中心和日本千叶大学"，建设内容包括国际工业设计外包基地、国际工业设计孵化基地、国际工业设计人才服务基地，同时将引进 G－MARK 设计奖中国总部、G－MARK 设计博物馆等，建成后将成为国内工业设计产业集聚地。

（2）中青（杭州）文化广场：总投资约 10.5 亿元，建设用地 123 亩，规划建设中青大剧院、良渚文化情景式主题体验街、中青创意园、裸眼 3D 梦幻广场等，打造集历史人文、文化创意、影视互动、旅游休闲于一体的一站式高端文化产业服务平台，以促进和推动文化产业的持续滚动发展。

（3）新华金融中心：总投资约 10 亿元，建设用地 76.5 亩，集聚新华大众公司及旗下金融产业的关联企业，同时引进金融、交易、基金等产业链合作企业，打造以高端金融、投资交易为主的金融中心，为打造良渚梦栖小镇提供有力的金融支撑。

（4）意大利时尚设计产业园：总投资约 5 亿元，建设用地 78 亩，由意大利西北工商企业家联合协会作为运营主体，集聚文化艺术交流中心、意大利设计中心、意大利创意商城、意大利原材料生产交易中心、商务配套服务中心等要素平台，建成后将作为良渚梦栖小镇走向世界的一个重要窗口。

（5）德国工业 4.0 设计中心：总投资约 2 亿元，建设用地 30.15 亩，建设德国工业 4.0 设计总部，设计涵盖智能工厂、智能生产、智能物流三大核心要素。通过工业 4.0 战略的实施，新一代工业生产技术将提升制造业发展的全球竞争力，德国工业 4.0 设计中心也将成为良渚梦栖小镇的标杆力作。

2. 设计创客创意区

（1）玉鸟流苏创投街区（已建成）：现已入驻翻翻文化、马丁生活设计等 17 家设计企业，下一步将重点引进设计知识产权等中介服务机构，基金风投等金融服务机构，开展产业信息发布、设计对接、网络交易等服务，做大做强优质公共服务平台，为入驻良渚梦栖小镇的创业项目提供有力的要素配套。

（2）设计会展中心（已建成）：由著名建筑大师安藤忠雄设计，涵盖艺术、教育、会展三大功能，将作为良渚梦栖小镇一期的精神堡垒，重点招引展览展示设计等项目入驻。

（3）工业设计博物馆（已建成）：由浙江大学现代工业设计研究所所长孙守迁教授牵头，打造工业设计历史回顾展览展示博物馆。

（4）国际设计学院：总投资约 5 亿元，建设用地 302.1 亩，依托与意大利"金圆规"奖项目合作的有利契机，打造以设计知识产权、金圆规国际奖、人才培训、设计咨询与服务等为一体的国际设计院校。

（5）创新设计研究院：总投资约 1 亿元，建设用地 52.8 亩，立足于"中国制造"向"中国创造"转型，致力于研究并集成先进工业设计方法，培育工程技术与商业思维兼具的国际化学科交叉人才，建立一个面向产业及经济的转型与升级、支撑国家与企业创新的国际设计平台。

（6）玉文化产业园（已建成）：11 幢庭院式风格建筑，以腾笼换鸟为抓手，整合现有玉石文化、珠宝设计等时尚设计产业，引进中国美院、浙江工艺美术协会等团队，重点发展商业设计产业，同时引进各类优质设计产业项目，打破企业间、各主体间的边界，推动资源整合，让各行业间的设计精英在此碰撞思想，迸发火花，集聚人气。

（7）设计创客街区：总投资约 3 亿元，建设用地 144 亩，为在梦栖小镇工作生活的创客们提供实现创意和交流创意思路、创新和交友相结合的社区平台。

3. 设计人才生活区

在梦栖小镇内，除了规划拥有设计产业集聚区、设计创客创意区外，还为创客们提供了成熟的生活配套：坐拥良渚博物院美丽洲公园4A级景区以及万科良渚文化村的居住配套，可以说将来在这里能够真正实现"三生融合"。

（五）核心产业定位

良渚梦栖小镇以推进设计服务与实体经济融合发展为目标，以"科技＋设计＋人才"为重点，紧盯高端装备制造前端的工业设计，兼顾智能设计、商业设计等各类设计产业，加快推进创新设计产业集聚、创新和升级。

（六）商业模式

良渚梦栖小镇商业模式架构如图6-5所示。

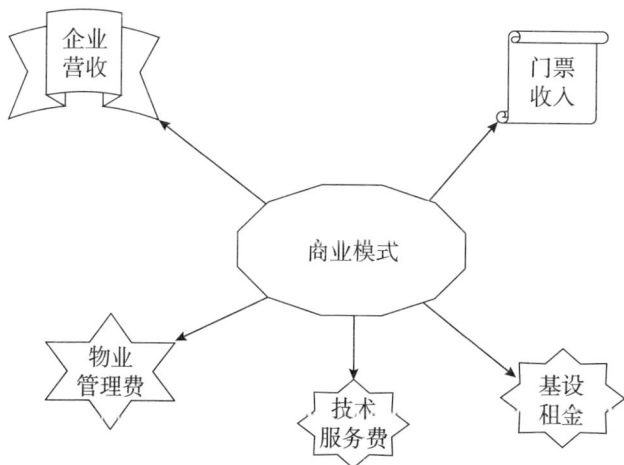

图6-5 良渚梦栖小镇商业模式架构

（七）效益测算

以目前入驻的良渚设计的企业为基数，参考前阶段平均增幅及 2017～2018 年两年招引项目的相关数据，预计到 2017 年良渚梦栖小镇企业营业收入将达到 50 亿元、实现税收 5 亿元、旅游人数 50 万人，年预测数据详见表 6－3。

表 6－3 良渚梦栖小镇 2015～2017 年预计成效

年份	营业收入（亿元）	税收（亿元）	旅游人数（万人）
2015	10	1	25
2016	25	2.5	35
2017	50	5	50

（八）投资规模及资金来源

1. 投资计划

良渚梦栖小镇 2015～2017 年 3 年共投资 56.5 亿元，其中 2015 年投资 10 亿元，2016 年投资 20 亿元，2017 年投资 26.5 亿元。

2. 投资主体

良渚梦栖小镇建设坚持政府引导、企业主体的发展模式，依托国有投资公司——杭州良渚组团投资有限公司，主要负责良渚梦栖小镇的基础设施建设和管理工作，为拓展市场和增强影响力，引入亿脑创新工场、猪八戒网、中国设计原创奖、金圆规亚洲行动计划等平台资源，签订战略合作协议，负责良渚梦栖小镇区块的招商及合作业务。

3. 融资模式

（1）良渚梦栖小镇投融资架构，详见图 6－6。

（2）良渚梦栖小镇 ABS 融资模式（以项目所属的资产为支持的证券化融资方式），详见图 6－7。

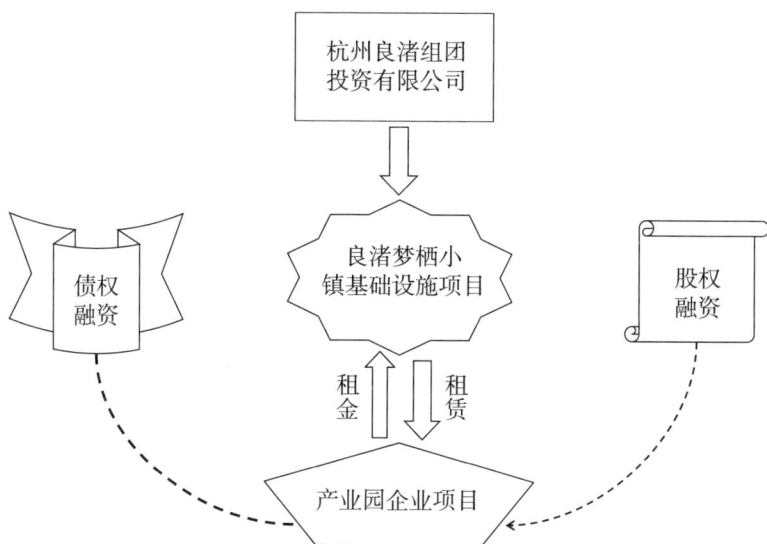

图6-6 良渚梦栖小镇投融资架构

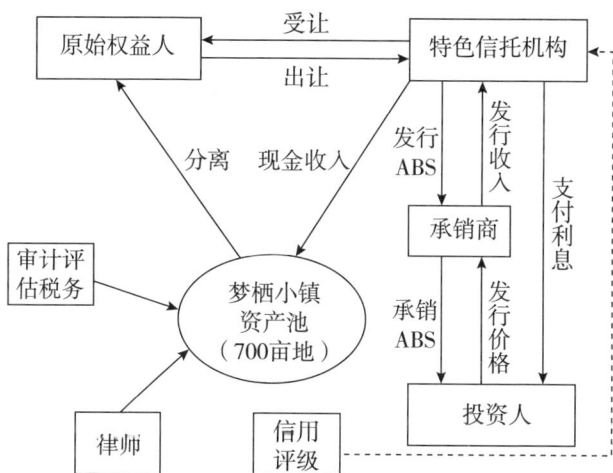

图6-7 良渚梦栖小镇 ABS 融资模式

（3）良渚梦栖小镇 REITs 结构，详见图6-8。

（4）股权投资者退出机制。投资者以创业板、新三板为主要退出机制。图6-9为创业板 IPO（首次公开募股）流程，图6-10为新三板挂牌流程。

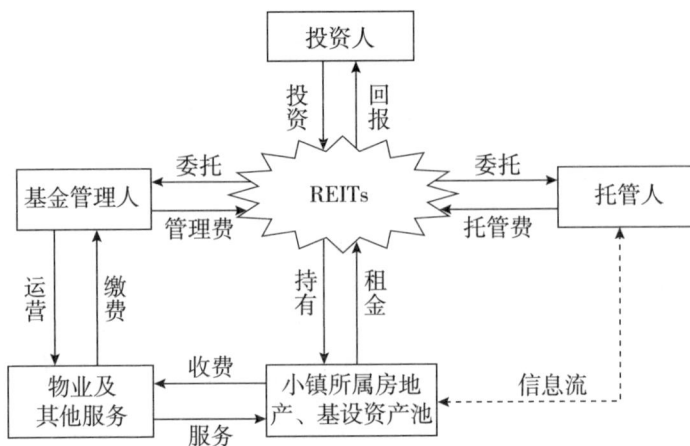

图6-8　良渚梦栖小镇 REITs 结构

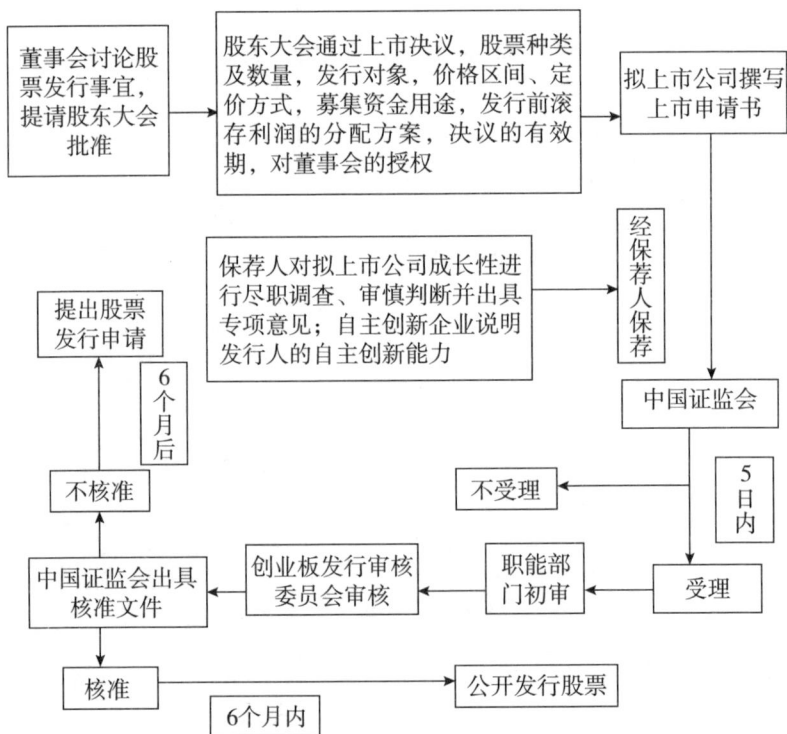

图6-9　创业板 IPO 流程图

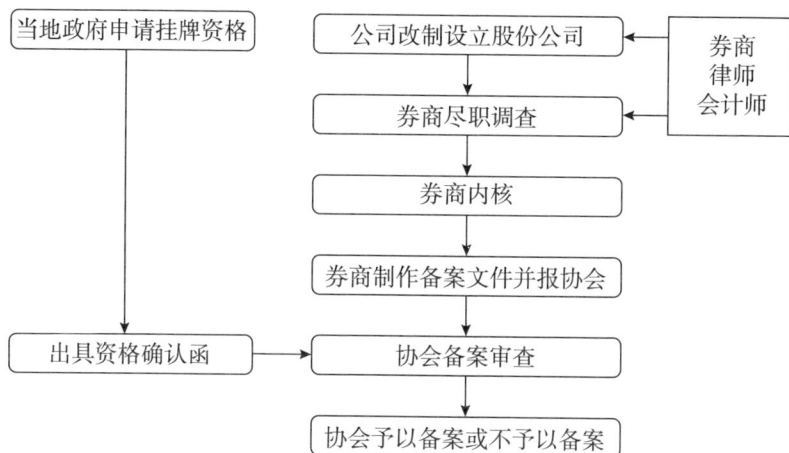

图 6 – 10   新三板挂牌流程

三、中德合作典范——五金小镇寿安镇①

（一）小镇自然环境

寿安镇位于成都市蒲江县东大门、成都平原西南边缘，全镇面积 87.76 平方公里，辖 28 个村（社区），总人口 5.7 万。城镇建成区面积 4 平方公里，人口达 4.2 万人，城镇化率达 69.5%，属全县第二大镇，也是蒲江县经济发展的副中心。

（二）小镇规划设计

寿安镇始终坚持用"产城一体"的绿色低碳发展理念制定规划，有效破解了"城镇怎样建"的难题。寿安镇全面对接"全域成都"发展规划和蒲江县"三基地一新城"发展战略，确定打造西部千亿级"五金小镇"的发展目标。同时，寿安镇同步推进新型工业化、新型城镇化和农业现代化，以"三化互动，产城一体"为发展理念，

---

① 资料来源：由四川省住房城乡建设厅罗显正提供，作者整理。

制定了全域寿安发展的总体规划。

(三) 创新多元化融资模式

1. 五全小镇 PPP 模式/BT 模式——"政企合作、市场化运作"

2010 年，成都置信集团、蒲江县政府、旭龙投资公司共同出资成立青蒲建设发展有限公司，由置信集团派驻团队，依托蒲江县寿安镇天然的生态资源，以其产业优势与多年成功推进城市化运营的经验，投资 45 亿元建设寿安新城，项目位于成都市蒲江县寿安镇，总占地面积约 6 000 亩。青蒲建设发展有限公司通过创新合作模式，着力建设打造蒲江绿色生态产业印务基地，主要包含寿安工业新城区、田园新城区、人文风貌区三大板块。2011 年 3 月 28 日，寿安新城招商服务中心顺利落成并正式启用，标志着这个特创成都"产城一体"发展模式的新城镇正式投入运营。如今，工业招商已取得重大突破，世界 500 强企业之一的德国博世集团已正式入驻青蒲发展"寿安新城"产业园区。蒲江县充分借鉴青羊区工业总部基地的成功经验，引入市场主体"以资源换取资本，以资本激活资源"，组建的青蒲建设发展有限公司，作为寿安新城的"城市运营商"，按照统一规划、统一建设、统一投资、统一开发、统一招商、统一管理的"六统一"原则，统筹推进寿安新城的建设与发展，成功利用 1 200 万元的政府资金，撬动了 40 亿余元的社会资本，解决了寿安新城建设与发展"钱从哪里来"的难题。

(1) 五金小镇 PPP 融资模式，详见图 6 – 11。

(2) 五金小镇 BT 融资模式，详见图 6 – 12。

2. 五金小镇 ABS 融资模式

积极引进市场主体盘活土地资源，有效破解"地从哪里来"的难题。寿安镇通过引进企业 15 家实施农用地整理和集体建设用地增减挂钩试点项目，新增耕地 9 124 亩，节约建设用地指标 1 600 余亩，建成集中居住小区 8 个，解决了城镇建设、工业发展"地从哪

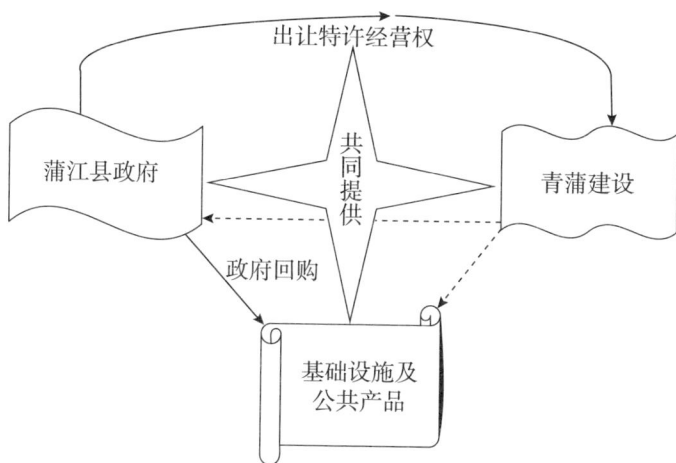

图 6-11　五金小镇 PPP 融资模式

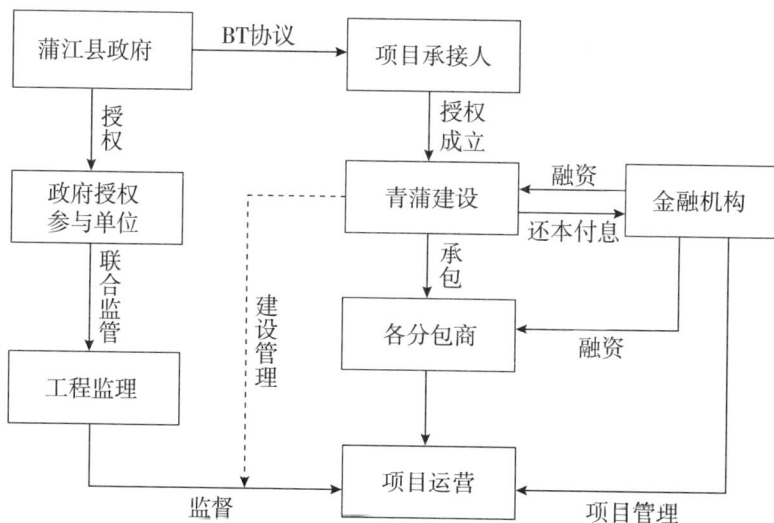

图 6-12　五金小镇 BT 融资模式

里来"和农村群众生产生活条件改善"钱从哪里来"的问题。详见图 6-13。

3. 五金小镇 PE/VC 股权融资模式

坚持"三产联动"做强城镇产业支撑，有效破解"人往哪里去"的难题。寿安镇通过大力发展现代生态工业、都市现代农业、

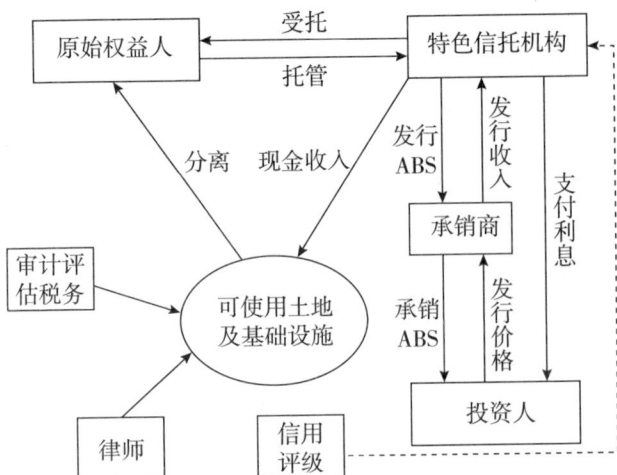

图 6 - 13　五金小镇 ABS 融资模式

现代服务业，工业园区 48 家企业入住后初步形成产业集群，"成新蒲"示范带 10 余个都市现代农业项目相继落地，场镇服务业实现快速发展，为城乡群众就地就近就业创业创造了条件，原外出务工的近 3 000 人陆续返乡就业，近 2 500 名农村富余劳动力也成为产业工人。详见图 6 - 14。

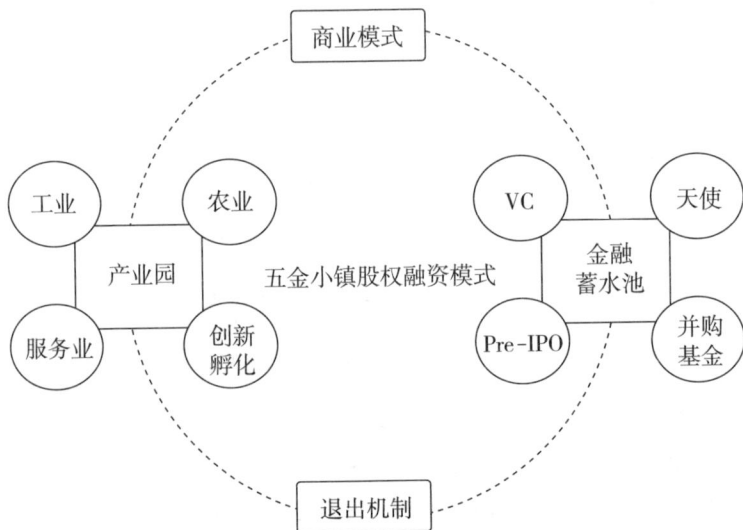

图 6 - 14　五金小镇股权融资模式

（四）产业发展与人员安置

坚持基础配套优先提高城镇综合承载能力，有效破解"民生怎么办"的难题。坚持产业发展与城镇建设同步推进、产业项目与民生项目同步提升、项目促建与环境提升同步实施，建成了 5.6 万平方米的安置房、15 万平方米的配套住宅和商业用房、60 万平方米高标准招商厂房；完成了 10 公里的市政道路、1.4 万平方米的综合服务中心、1 万平方米的滨河酒店、13 万平方米的市民公园、2.4 公里的河道治理以及全民健身广场和图书馆等公共服务配套，同时解决了产业承载能力和居住承载能力。

（五）建立小镇管理机制，规范管理制度

积极鼓励市场主体参与提供公共产品和服务，有效破解城镇"建成怎么管"的难题。寿安镇针对城镇市政设施维护过去政府"管不了"、"管不好"的状况，舍弃"大包大揽"，全面探索实行市场化运作，通过购买公共服务的形式，把城镇管理交由企业运营，实现了管理成本节约，管理效益提高，政府资金和人员压力减轻。

（六）积极培育持续发展能力

2015 年寿安镇实现地区生产总值 25.84 亿元，较"百镇建设行动"之初的 2012 年增长了 49.54%；城镇居民人均可支配收入达到 27 221 元，较 2012 年增长了 50.74%。产业的培育为城乡群众创造了 5 000 余个就业岗位。

寿安镇先后被确定为"成都市优先发展重点镇"、"四川省百镇建设试点镇"、"全国重点镇"，成都市建设中德（四川成都）产业创新平台的合作载体区域（即"中小企业聚集区"）；工业园区成功创建"四川省新型工业化重点培育基地"、"中国包装印刷产业基地"，成功挂牌全国第二个、西部首个"中德（蒲江）中小企业合

作园",已成为成都融入"一带一路"战略的重要平台和载体。目前,工业园区已成功引进德国博世集团、美国丝涟床具等国内外知名企业48家,总投资约135亿元,年产值达33亿元。

根据五金小镇特色及产业发展趋势,建设特色产业园,对接金融蓄水池,打造相匹配的商业模式是实现寿安镇持续发展的基本保证。

四、夜郎文化特色小镇——郎岱[①]

这是一个极具传奇色彩的小镇。郎岱因牂牁江的狼山(即老王山)和城中的岱山而得名,秦至西汉时期属夜郎国。现在属于贵州省六盘水市六枝特区,1913年改郎岱厅为郎岱县,1982年恢复建镇,是省级历史文化名镇。2012年贵州省启动了100个示范小城镇建设,将郎岱镇纳入第一批省级示范小城镇名单中并重点培育。

小镇的牂牁文明、夜郎文化源远流长。据查,古时郎岱境内先后出过7名进士、43个举人。明清古庙宇多达16座。现居住的少数民族有苗族、布依族、仡佬族、彝族等,且在婚嫁、祭祀、劳动、饮食、居住、服饰、头饰等方面都有其独特的夜郎文化特色。

(1)自然属性:总面积98.42平方公里,总人口4万余人。郎岱镇区位优势突出,距离省会贵阳140公里,距离国家级风景名胜区黄果树大瀑布景区30公里、牂牁江风景区20公里,距离六盘水市区92公里。郎岱镇是贵州省西线旅游的黄金节点重镇,六枝特区南部乡镇的商贸服务文化中心。

(2)交通设施:郎岱交通便利,外部有晴新线、郎洒线、郎中线、郎关线和水黄高等级公路穿境而过,拟建设的六枝至晴隆高速公路也途径郎岱镇;内部城镇道路交通体系完善,已实现村村通公

---

① 资料来源:由正和恒基生态环境治理规划设计院设计三所所长李杰提供,作者整理。

路，是六枝特区南部的"交通枢纽"。

（3）社会经济发展情况：2015 年，全镇生产总值为 8.2 亿元，增长 16%；固定资产投资为 17.3 亿元，增长 40%；农村居民人均可支配收入达 7 578 元，增长 11.1%。

郎岱镇地理条件良好，拥有耕地约 40 000 亩，建成高标准基本农田约 20 000 亩，并依托悠久神秘的夜郎文化，为发展现代山地特色高效农业、实施农业与旅游一体化发展创造了条件。

（4）小城镇建设情况：依托贵州省小城镇建设"8 + X"项目库，以基础设施和公共服务设施建设为重点，3 年累计完成项目投资 34.86 亿元，建成路网、污水处理设施、医院、寄宿制学校等项目 29 个，城镇设施逐步完善，城镇风貌焕然一新。

郎岱镇以郎岱现代农业产业园区建设为核心，大力发展现代山地高效农业，建成猕猴桃产业基地 10 000 余亩，九层山茶叶基地 2 000 余亩和宜枝魔芋种植基地 3 000 亩，并配套发展魔芋加工和农业体验旅游等延伸产业。

最近几年里，郎岱镇大力实施"1 + N"镇村联动发展，以小城镇为中心辐射带动周边 3 个片区 21 个村（居）联动发展。以花脚村为中心，辐射带动青菜塘、石糯尾、阿乐等村，抱团发展猕猴桃产业，培育农业产业村。

依托古镇文化，将木城社区、后营村等城中村打造成郎岱城中花园村；依托少数民族民风民俗，将中寨、跳花坡、洒志等 9 个少数民族村打造成民族风情浓郁的民族村寨。

为做好示范小城镇相关建设工作，特区党委、政府印发了《六枝特区人民政府办公室关于印发六枝特区示范小城镇保障性安居工程实施方案的通知》、《六枝特区人民政府办公室关于做好特色示范小城镇建设工作的通知》、《六枝特区人民政府办公室关于印发示范小城镇供水设施建设实施方案的通知》、《关于印发六枝特区小城镇建设发展"整区推进"实施方案的通知》《六枝特区人民政府办公室关于印发六枝特区加快示范小城镇建设的实施意见的通知》等系列文件，规范结构设置和编制配备，扩大经济社会管理权限，完善工作运行机制，增加了小城镇建设资金投入，确保郎岱镇小城镇建设得以快速推进。

规划院将从以下几方面对小镇进行规划设计：

（一）特色产业

1. 产业定位：高效农业+文化旅游双核发展

以现代农业为主导的产业特色。郎岱镇依托良好的地理条件，按照国家战略性新兴产业要求，以全省农业产业示范园区为载体，推动现代山地特色高效农业的发展。

深度发掘夜郎文化，整合牂牁江旅游区、郎岱古镇等旅游景点，形成辐射全镇的旅游模式。

2. 产业环境

六盘水市人民政府出台了农业特色发展"3155"工程实施意见，按照"三变"理念（资产变资金、资金变股金、农民变股东），将3 000万元的财政扶持资金作为农户股份入股企业，使资金变股金，转变了农民的生产观念和产业的发展模式。同时还整合了农业示范园区建设项目资金和"特惠贷"等惠农政策。

3. 产业贡献

以"三变"改革为依托的产业带动。通过全面实施"三变"改革，采取"合作社+农户"、"企业+农户"等模式，引导农民通过技术、资源、资金等方式入股，进一步盘活农村存量资源，发展猕猴桃规模化产业，提升产业效益，带动农民收益。

延伸农业体验旅游和农产品加工产业，形成了辐射四个村15公里长的产业带，全镇共有12 178家农户有了股权，带动周边乡镇和村庄1.5万余人就业，农产品深加工转化率达45%，产业企业税收增加了16%，实现了4 986人脱贫。

（二）规划设计

总体规划为：按照以人为本、产城结合的理念，依山就势、顺势而为布局城镇空间，营造具有本地特色的城镇整体空间格局。

郎岱镇是六枝特区的次中心，六枝特区西南部的中心，历史文化旅游新城镇，农业现代化示范镇，牂牁江风景名胜区旅游服务镇，是以发展特色农副产品加工及商贸、物流为主的宜居、宜游的生态文明镇。

按照"一镇一貌，各具特色"的理念，深入提炼夜郎文化元素，依托传统民居特色，实施棚户区综合整治项目，全面提升 1 500 户居民的住房环境，彰显小镇特色文化内涵。

镇区新建建筑体量适中，形式与传统建筑风貌相协调，能较好地表现本地区的建筑文化特色。镇区沿街建筑立面的体量、色彩、细部协调统一，店铺布局管控有序，标识、广告牌等统一协调。

绿地格局为：城镇绿化覆盖面积达 32 万平方米，镇区绿化覆盖率达到 32%。镇区建成了总占地面积约 15 万平方米的百草园，种植山茶、杜仲等 126 种中草药物，打造综合性中草药文化博览园。并配套建设了文峰广场、东山公园等一批山体公园和生态广场，满足了城镇居民的绿地服务需要。

（三）文化传承

郎岱镇深入挖掘夜郎历史文化，组织收集编写夜郎文化故事传说，出版了《郎岱古镇》等系列丛书，开发了郎岱凉粉、宜枝魔芋等一批特色美食和商品，举办了抢状元、东山对歌等一系列文化节庆活动，群众参与度高。同时还建设土司庄园，修复古城墙，强化挂牌历史建筑。

另外，郎岱镇建设了文化活动中心、图书馆、体育馆等场所，还打造了一座具有地方特色的文化博物馆。借助广播、电视、报纸、微信等媒介，组织开展各类文化活动，通过文艺采风、体育赛事等方式，在全市、全省展示郎岱历史文化符号，进一步传播郎岱镇"郎山岱水·夜郎古镇"的文化特质。

(四) 创新机制

郎岱镇按照建设"小城镇群"的理念发展，以郎岱镇为中心，辐射带动周边乡镇和村庄，以市场为主导，在产业上形成优势互补，在业态上以郎岱镇为核心不断完善城镇功能，集聚人流、物流、财流，形成小城镇群组团式发展。

郎岱镇积极创新社会管理机制，成立小城镇综合执法队，建设镇级政务服务中心，整合人社、建设、农林、水利等部门进驻。六枝特区采取委托办理的形式，下放192项县级经济社会管理权限到郎岱镇，使其成为审批、服务、咨询为一体的"政务超市"，实现"一站式"便民服务。

根据《加快贵州省100个示范小城镇改革发展的十条意见》，加快郎岱镇改革发展步伐。六枝特区对规划建设区域内的新建企业、政府性项目建设等缴纳的地方税收收入，按区镇3:7的比例补助给郎岱镇，专项用于小城镇项目建设和管理支出。还将小城镇垃圾处理系统纳入政府购买服务项目，降低管理成本，提升管理效率。郎岱镇强化人才引进支持，对在郎岱镇工作的无住房人员，一律纳入城镇住房保障体系，具有中级以上职称或研究生学历的人才予以优先考虑，相关费用纳入地方财政。

(五) 面临的问题

(1) 功能划分不完善。从郎岱镇的经济发展和目前集镇的辐射能力来分析，集镇的各区域功能规划还有待进一步修改完善。

(2) 基础设施配套不足。由于受地方财政投入和区域经济影响，在基础设施配套等方面有待完善，如绿化、亮化、居民休闲活动场所等设施需提升档次。

（3）小镇管理机制不健全。随着城区不断扩展，人口不断聚集，在小城镇管理上难度不断增大，城镇管理体制尚未完全理顺。

（六）发展目标

总体目标为：优化小城镇产业布局、完善小城镇功能，打造六枝特区副中心城镇。具体分解如下：

（1）大力培育特色产业，依托郎岱镇夯实的产业基础，结合六盘水市"3155工程""三变"改革等政策，持续加大花果山、万亩猕猴桃产业培育力度，培育一批农业观光和山地农业产业。

（2）拓展旅游业发展，以"云上牂牁·郎山岱水"大旅游为背景，统筹抓好一、二、三产业协调发展。

（3）加大村镇环境整治，依托100个示范小城镇建设政策优势，以示范镇域环境改善为引领、推动城镇生态环境一体化发展，全面改善镇区综合环境整治。有效整合"1＋N"镇村联动平台和"四在农家·美丽乡村"六项行动计划资源，实现"美丽乡村"环境日新月异。

（4）强化特色文化传承，依托古夜郎文化，加快推进文化广场、文化馆等文化服务设施建设完善，深入开发丰富多彩的群众性文化活动，积极发展现代文化产业，持续培育全镇底蕴深厚的特色产业文化链。

（5）完善基础设施建设，依托现有的水黄高等级公路和拟建的纳晴高速公路交通优势，着力于城镇基础设施建设，通过整合各种政策资源，全面完善道路、住房、商业市场等建设，对主干道和镇中心区民居房屋进行改造，改造景观河道，进一步完善城镇功能。

深化体制改革，深入开展"三变"改革，探索集体建设用地使用权抵押和作价入股等多种方式，激发农村资源活力，带动农业产业加速发展。

（七）实施计划

2016年，郎岱镇加快完善城镇配套基础设施和服务功能设施，完成城区东部的整体提升改造，进一步优化产业布局。

2017 年，加快推进城镇西部的整体提升改造，延伸旅游产业链，确保实现固定资产投资较 2015 年翻一翻的经济发展目标。

2018 年，城区整体提升改造全部完成，镇村联动覆盖率达 60%，完善农产品种植、加工、销售一体化功能，力争城镇人口规模突破 3 万人。

2019 年，基础设施基本覆盖农村，产业带动覆盖全镇，大交通基本形成，城镇载体设施不断完善，产业发展基础不断夯实。

2020 年，实现郎岱镇"十三五"总体发展目标，GDP 总值较 2015 年翻一翻，城镇化水平达 56.25%，城镇人口突破 5 万人。

(八) 商业模式

郎岱镇夜郎国文化旅游商业模式如图 6－15 所示。

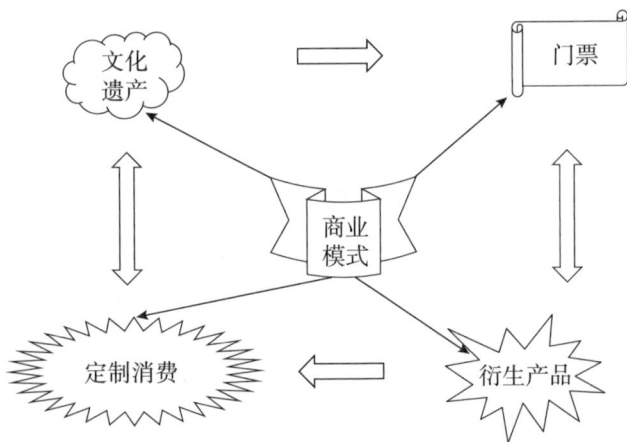

图 6－15　郎岱镇夜郎国文化旅游商业模式架构

(九) 投资规模

郎岱镇特色小镇打造总投资约 37 亿元。

六盘水市建立了小城镇建设专项资金，并下达六枝特区第五届贵州省小城镇建设发展大会承办地补助资金，3 年来累计支持六枝特区小城镇建设 2 460 万元。同时，六枝特区加强财政支持，每年安排 6 000 万元财政资金作为小城镇建设专项资金，截至目前已累计拨付财政资金约 1.8 亿元。

六枝特区积极引入社会资本参与小城镇建设，2015 年以来，与中国农发重点建设基金有限公司、中国建筑第四工程局有限公司、贵州省贵民投资有限责任公司等融资机构和央企、国企等大型企业签订 10 余份合作协议，投资约 33 亿元建设小城镇，为其提供了坚实的保障。2015 年，六枝特区被列为贵州省农村土地承包经营权确权登记颁证"整县推进"试点县。2016 年，又成为贵州省首家获批农发行农村人居环境整治项目贷款 7.9 亿元，并积极组织申报农村人居环境整治"整县推进"试点县。

（十）融资模式

1. 郎岱镇夜郎国 PPP 融资模式

郎岱镇夜郎国 PPP 融资模式如图 6 – 16 所示。

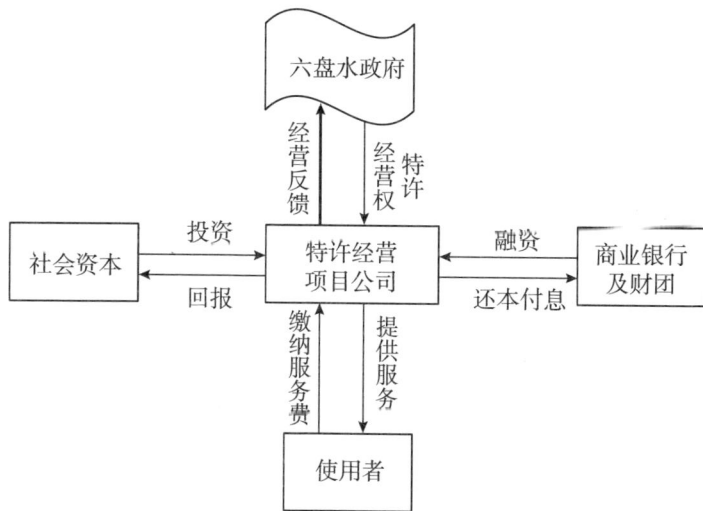

图 6 – 16　郎岱镇夜郎国 PPP 融资模式

2. 郎岱镇夜郎国 TBT 融资模式

郎岱镇夜郎国 TBT 融资模式如图 6 – 17 所示。

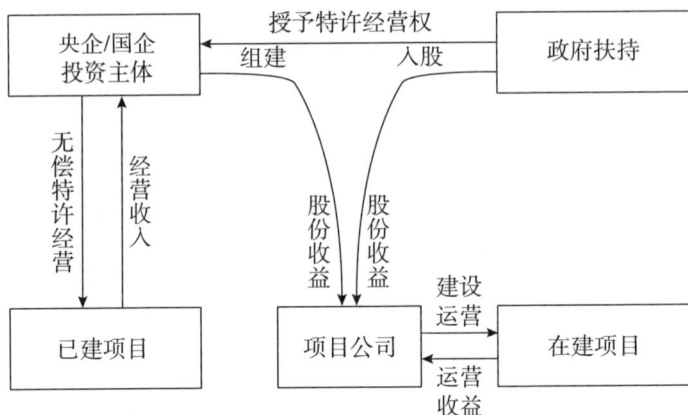

图 6 – 17　郎岱镇夜郎国 TBT 融资模式

五、杭州跨贸小镇[①]

(一) 比邻杭州

杭州跨贸小镇总体规划范围面积 2.9 平方公里，规划北至石祥路、兴业街、长城街一线，西至东新东路，南至沈家路，东至重工路、秋石高架一线。杭州跨贸小镇基本情况如表 6 – 4 所示。

良好的政策机遇。跨贸小镇依托中国（杭州）跨境电子商务综合试验区国家战略平台，对接国家、省、市跨境电子商务一系列创新举措和政策资源。

先发的产业基础。跨贸小镇建设所依托的综试区下城园区于 2013 年 7 月开园，是全国第一个跨境电子商务产业园，是国家级跨

---

① 资料来源：由杭州市发改委曾东城提供，作者整理。

表6-4 跨贸小镇基本情况表

小镇名称	杭州跨贸小镇	小镇地址		杭州市下城区
产业定位	信息经济	与城市和乡镇建成区的距离（公里）		位于杭州市下城区内，距武林广场直线距离6公里
规划空间	四至范围：北至石祥路、兴业街、长城街一线，西至东新东路，南至沈家路，东至重工路、秋石高架一线 是否符合城乡规划：是 是否符合环境功能区规划：是 规划面积（平方公里）：2.9平方公里（其中建设用地符合土地利用总体规划面积：1.23平方公里） 建设用地面积（亩）：1 850亩			
主要特色建设成效	2013年7月8日，中国（杭州）跨境电子商务产业园正式开园，它是国家跨境电子商务产业试点园区，也是杭州唯一具备进出口双向业务的跨境电子商务产业园。并获得多个全国"首个"：全国首个解决通关难、结汇难、退税难的园区，全国首个进入实单运作的跨境电商园，全国首个探索成功跨境小包出口模式的园区，全国首个获得国务院海关总署、商务部认可并作为范本推广的园区。园区成立以来，出口方面在海关、商检、国税、外管等部门的支持下，园区首创的"清单核放、汇总申报"通关模式在全国率先破解跨境电商出口面临的难以快速通关、无法规范结汇、不能顺利退税三大难题，整个"分送集报"模式受到了商务部、海关总署和国务院的充分肯定，为全国跨境电商出口积累了经验。同时，园区的直邮进口业务全面开启，首创了"一次申报、一次查验、一次放行"的"三个一"模式，大幅提升通关、通检效率。园区已有点库通、孤品等跨境出口电商，洋乐西、鲜LIFE等进口电商企业以及浙江电子口岸（浙江省大通关服务企业和杭州综试区单一窗口平台企业）、融易通等"单一窗口"平台和数据服务平台，邮政、中外运、EMS（邮政特快专递）、顺丰、DHL（敦豪航空货运）等60余家企业进驻。2014年，园区出口的包裹数为256.5万个、金额1.2亿元人民币；2015年1~6月，园区出口的包裹数达到2 383.03万个、金额10.7亿元人民币，业务已经遍布全球180多个国家和地区。2015年1~6月进口个人包			

（续表）

主要特色 建设成效	裹 64.75 万个，价值 9 457.09 万人民币。中国（杭州）跨境电子商务产业园已基本形成集大数据通关服务平台、一站式服务平台、外贸综合服务平台、跨境智能物流平台、跨境电商孵化平台、快捷转关通关服务平台等各功能平台于一体的跨境电商服务生态链 创新创业新天地，建筑面积 180 万平方米，集商业、商务办公、SOHO/LOFT 商住区、文化创意休闲、总部经济于一体，是杭州市次级商业商务中心。下城区与杭实集团共同合作打造跨贸小镇新天地区域，集聚商务功能区、商业功能区和人才居住楼，招引跨境电商总部企业、龙头企业和"跨贸"小镇服务中心（包括产业孵化平台、金融服务、外贸综合服务、产业培训等企业和相关公共配套）；同时，将世嘉新座底商作为"跨贸"小镇的特色街区，布局跨境电商 O2O，DIG（进口产品直销）旗舰店等商业。创新创业新天地将为跨境电商 O2O、跨境电商总部、跨贸公共服务、跨贸小镇配套服务等功能的导入以及"产城融合"发展提供相应的物业载体和现实的发展条件 此外，跨贸小镇规划范围内已集聚了若干个以创意设计、创新创业为主题的特色园区，形成各类创意设计企业、创新创业团队的初步集聚，这为跨境电商产业提升、更好的服务省内制造业集群嫁接跨境电商奠定了有利基础 1. 特色定位："四城"联动的新型跨贸产业功能区 跨贸小镇依托中国（杭州）跨境电子商务综合试验区国家战略平台，以综试区下城园区、新天地项目等重大平台项目为核心载体，将跨境电商创新发展、跨境贸易能级提升、现代城市功能建设紧密结合起来，集聚跨境电商商务服务资源、创新创业资源、文化创意资源、信息数据资源、旅游服务资源、跨境物流资源，将跨贸小镇建设成为全国乃至全球跨境贸易创新引领区、浙江乃至全国传统产业嫁接跨境电商的产业枢纽区、杭州跨境电商综试区的商务集聚区、杭州北部地区产城融合实践示范区，并最终将跨贸小镇打造成为集 CID（创业创新城）、CBD（跨贸产业城）、TBD（旅游购物城）、NLD（新贵生活城）于一体，具有全国乃至全球影响力和辐射力的新型跨贸产业功能区

（续表）

主要特色建设成效	2. 愿景使命：推进"四个转变、四个创新、四个升级" 通过推进"四个转变、四个创新、四个升级"，将跨贸小镇打造成为以跨境电商为特色的我国开放经济的重要战略高地、杭州建设"网上丝绸之路"始发地的重要战略支撑、传统制造业嫁接跨境电商促进传统外贸转型的重要产业枢纽 一是重点依托单一窗口平台、数据服务平台、跨境电商进出口模式探索与业务开展等基础，推进跨境电商通路建设向跨境电商通路效率提高、跨贸产业生态体系建设转变，加强制度创新、完善制度供给、优化营商环境、加快标准规范制定，促进跨贸产业发展质量和水平升级 二是重点依托跨境电商进出口企业、跨境电商平台企业、跨境电商服务型企业的集聚规模和发展基础，引导各类跨境电商从业企业向具备创意设计、品牌运营、网络分销、订单发包、数据处理、海外物流等强大跨境供应链整合服务能力的新型跨贸经营主体转变，加强跨贸模式创新、鼓励创新创业、完善孵化培育机制、加快与跨贸业务经营相适应的国际化网络化物流与金融等服务要素配置，促进跨贸企业类型、结构、业务形态、企业能级的全面升级 三是重点依托服务"银泰西选"的实操基础以及新天地国际O2O体验街区等物业条件，推进国际商品O2O商业业态由单一的展示、销售，向"国别、文化、品牌、商品"立体的展示、商旅文创联动、智能情境互动体验、消费大数据应用、产品发布中心、零售商电子采购、品质休闲购物等多元化复合型业态转变，加强跨贸小镇服务创新、打造适应跨贸产业与跨境商品O2O业态创新发展的新型服务平台，为新业态、新企业、新团队孕育和发展创造良好的环境与基础，促进跨贸小镇商业业态升级 四是重点依托中国（杭州）跨境电子商务产业园下城园区、新天地项目等已初步建成的重大项目基础，立足特色小镇建设要求和跨贸小镇发展需要，推进单一园区管理、重管理轻运营向"特色小镇"产城融合新型功能区管理、管理和运营并重转变，加强跨贸小镇管理模式和方式方法创新、深化"清单管理"、进一步简政放权、探索跨贸小镇运营模式，促进跨贸小镇功能体系升级

（续表）

主要特色 建设成效	3. 功能特色：重点发展五大功能 一是总部商务功能：跨贸总部中心不仅是跨贸小镇的总部功能，更是综试区"一区三园/一区五园"的总部中心，重点吸引从事跨境电商、跨贸业务的平台企业总部、贸易企业总部（商品贸易和服务贸易）、服务企业总部、中小企业总部以及运营总部、业务总部、电商总部、数据总部、物流总部等职能总部以及相关行业管理机构在跨贸小镇集聚，培育一批具有较强跨境供应链整合服务能力的新型跨贸企业 二是创业创新功能：打造适合跨境电商、跨境贸易创业创新的软硬件环境和营商氛围建设，建立集租金减免、税费缓征、公共服务供给、要素资源配套、商业资源对接、创业基金支持等于一体的创业创新政策体系，完善全过程孵化体系建设，力争成为浙江规模最大、全国知名的跨境电商、跨境贸易创业创新高地。重视对在校创业团队、个人的引导和扶持，挖掘创业创新的新兴力量。探索基于线上平台的相关制度设计创新，为杭州建设"网上丝绸之路"始发地提供先行先试和制度输出 三是贸易采购功能：依托下城园区跨境电商进出口物流服务体系，特别是在国际邮包、小包物流方面的优势，集聚发展跨境商品贸易，汇聚跨境电商贸易主体和商品资源，培育发展跨境服务贸易，创新跨境服务贸易线上线下集成、境内境外一体化发展模式。探索建设面向境内外市场的电子采购公共平台，探索促进跨贸电子采购新型贸易方式的政策设计与制度创新 四是商旅文创功能：加强商旅融合发展，推进跨贸小镇景区化建设，大力发展以休闲购物、城市休憩、消费和服务体验等为特色的城市型旅游功能，构建面向境内外游客，涵盖商业综合体、步行街区、线上平台等多种商业载体，开展零售购物、服务体验、商品采购直邮配送、服务采购境外消费等多种消费模式，成为国内最大的复合型跨境消费休闲旅游购物中心。引导和鼓励文化创意设计企业加强与跨境贸易企业、跨境电商产品供应商的合作，促进提升产品创意设计水平，为跨境贸易消费新市场挖掘创造条件、积累后劲。培育一批订单发包、供应链整合能力强的新型创意设计企业，使跨贸小镇成为引领跨境消费新风尚的新品首发地

（续表）

主要特色 建设成效	五是生态生活功能：根据跨贸小镇发展促成跨境电商、跨境贸易从业者、创业者等新贵群体集聚的特点，加强创业咖啡吧、主题交流吧、休闲娱乐健身场所、公共绿地、公共空间、特色餐饮、便利购物等社交化生活配套功能和场所在跨贸小镇的布局，切实保障生态设施、公共绿地和公共空间的建设规模，打造跨贸小镇生态品质生活圈，积极鼓励智慧技术、新兴技术在生活服务领域的应用，增强跨贸小镇的科技生活体验，为新贵群体营造良好的品质生活环境

境电子商务产业试点园区，是杭州唯一具备进出口双向业务的跨境电子商务产业园，也是全国首个解决通关难、结汇难、退税难的园区，全国首个进入实单运作的跨境电商园，全国首个探索成功跨境小包出口模式的园区，全国首个获得国务院海关总署、商务部认可，并作为范本推广的园区，产业先发优势十分明显。2014 年，园区出口的包裹数为 256.5 万个、价值 1.2 亿元人民币，2015 年 1 ~ 6 月，园区出口的包裹数达到 2 383.03 万个、价值 10.7 亿元人民币，同比分别增长了近 300 倍和 100 倍，上半年业务量接近上一年全年的 10 倍，业务范围已经遍布全球 180 多个国家和地区。2015 年 1 ~ 6 月进口个人包裹 64.75 万个，价值 9 457.09 万元人民币，产业先发优势正加速转化成为产业发展的实际成效。

优越的区位条件。跨贸小镇位于杭州市下城区北部，地处杭州核心城区，小镇规划范围内设有地铁 3、4 号线同台换乘站，周边拥有 20 余条公交线路，距离武林商圈 15 分钟车程，距离铁路杭州东站直线距离不到 3 公里，距离杭州萧山国际机场直线距离约 25 公里，是综试区一区三园（扩容后形成"一区五园"）中唯一一个在核心城区的项目。跨贸小镇独特的区位优势，为无缝隙对接城市公共服务资源，融入城市综合交通网络，推进"产城融合"发展，打造兼具产业发展、生态友好、品质居住特色的城市型产业功能区创

造了独一无二的现实基础和便利条件。同时，也为企业总部、产业
服务、旅游购物、文化创意、创业创新等商务、商业、旅游、文化、
创业要素资源布局提供了最有利的环境支撑。此外，跨贸小镇紧邻
秋石高架和石大快速路，位于杭州市东西向快速交通干道和南北向
快速交通干道的交汇枢纽，有利于利用快速交通路网实现物流便捷
集散。

复合型业态基础。跨贸小镇整合了下城园区、新天地项目以及
其他多个园区项目，初步形成了跨贸产业、商务商住、旅游商业、
文化创意等复合型业态结构的发展基础，为跨贸小镇产业、文化、
旅游"三位一体"，生产、生活、生态融合发展奠定了坚实基础。
目前，下城园区已基本形成集大数据通关服务平台、一站式服务
平台、外贸综合服务平台、跨境智能物流平台、跨境电商孵化平
台、快捷转关通关服务平台等于一体的跨境电商服务生态链。新
天地项目是集商务办公、旅游商业、SOHO（家居办公）/LOFT
（高大而敞开的空间户型）商住区、文化创意休闲、总部经济于一
体的杭州市次级商业商务中心，能够为跨境电商O2O（线上到线
下，指将线下的商机与互联网结合）、跨境电商总部、跨贸产业服
务、跨贸小镇配套服务等功能的导入以及"产城融合"发展提供相
应的物业载体和现实的发展条件。同时，跨贸小镇规划范围内已集
聚了若干个以创意设计、创新创业为主题的特色园区，形成各类文
化创意设计企业、创新创业团队的初步集聚，这为跨境电商产业提
升、更好的服务省内乃至全国制造业集群嫁接跨境电商奠定了有利
基础。

多样性载体基础。跨贸小镇规划范围内有综试区下城园区、创
新创业新天地以及多个已建成的园区、空余的仓库和地块资源，不
同类型物业设施的集成为跨贸小镇不同业态的导入和不同功能的布
局提供了坚实的载体支撑。

天然的生态条件。跨贸小镇规划范围内拥有多条自然河道，初

步形成覆盖跨贸小镇整个区域、连接跨贸小镇主要载体的水系网络，为跨贸小镇生态环境提升、品质生活环境营造奠定了良好基础。同时，跨贸小镇规划范围内还拥有一定规模的市政用地，主要载体项目的规划设计均充分结合的生态发展的思路，并留有一定体量的公共空间，这都为跨贸小镇多样化生态环境建设和提升创造了有利条件。

（二）政府扶持举措

1. 规划保障

加强与省、市、区"十三五"发展规划、电子商务发展规划、商贸业发展规划及其他相关专项规划和国家层面相关重大规划的对接，在上层规划中充分体现跨贸小镇的地位和发展导向，为跨贸小镇实际建设运营提供充分的上层规划依据和支撑。加快推进跨贸小镇服务体系、空间、形象等相关专项规划设计工作，为跨贸小镇相关工作的全面开展提供指导和依据。

2. 资金保障

由下城区、跨贸小镇管委会两级设立跨贸小镇建设发展基金，积极争取国家、省、市三级政府财政配套基金，由跨贸小镇建设发展有限公司负责具体经营，对于跨贸小镇重大基建项目、信息系统和数据中心建设项目、创业创新扶持项目以及其他必要项目的投资，鼓励和引导社会资本参与上述项目的共同投资。支持跨贸小镇建设发展有限公司独资或合资成立跨贸小镇天使投资基金，用于对跨境电商和跨贸产业创新创业团队、个人、项目的天使投资，允许将跨贸小镇建设发展基金的部分（不高于20%）用于跨贸小镇天使投资基金的资本金注入。

3. 组织保障

尽快推进适应跨贸小镇建设发展的一系列组织机构建立工作，协调处理综试区下城园区组织机构与将成立的跨贸小镇组织机构之间的关系，有序推动组织机构的顺利过渡。按照既充分体现跨贸小

镇各个项目主体意志，又能有利于跨贸小镇工作的全面快速展开的
原则，构建跨贸小镇平台公司，从组织机构层面保障跨贸小镇工作
步入正轨。

4. 政策保障

由下城区、跨贸小镇管委会层面联合出台跨贸小镇专项政策，
积极争取综试区和市级层面专项政策支持。同时，按照"试点一个、
成熟一个、出台一个"的原则，有序推进跨境电商和跨贸产业领域
的一些改革创新，根据跨境电商、跨贸市场制度需求反馈情况，协
同市、省、国家相关部门，加强相应的制度和政策供给。

5. 人才保障

加强跨贸小镇人才队伍建设，完善跨贸小镇复合型培训体系，
针对技术型人才、创业型人才、投资型人才、企业管理型人才、政
府管理型人才的成长需要，提供包括跨境电商技术、现代流通战略、
电子商务及现代物流与供应链理念、国际贸易、企业管理、政府管
理等多个方面、类型的培训体系，加强与相应领域的高等院校、研
究机构、培训机构的人才培训合作，促进跨贸小镇人才素质的全面
提升。

6. 社会保障

按照产城融合、社区化发展的总体思路，加强社区化、城市化
基础设施和服务功能的建设，特别是在社保、医保、教育、落户等
方面给予市民优惠待遇和服务便利。

（三）功能布局

杭州跨贸小镇总体形成"一廊、六区"的功能分区与布局体系。

1. 一廊：慢活生态绿廊系统

慢活生态绿廊系统是沿自然水系建设的城市绿道系统。在空间
上，绿廊贯穿跨贸小镇主要功能区，使跨贸小镇相对分散的项目资
源形成有机整体，有利于各板块功能的互联融合；在功能上，城市

绿道系统集成了生态走廊、城市水系、步行道、骑行道以及绿岛型公共空间等多个功能，是跨贸小镇产城融合、生态发展、营造品质生活和新贵生活环境的重要体现和保障；在形象上，城市绿道系统是提升跨贸小镇整体品牌形象的重要手段，是跨贸小镇的标志性景观和重要宣传名片。

2. 六区：六大功能分区

（1）跨贸总部商务区：以新天地项目内北部和东部的相关楼宇、新华创意产业园，以及跨贸小镇范围内其他楼宇等物业资源为载体，吸引跨境电商平台企业、跨境商品贸易企业总部、跨境服务贸易企业总部、跨境电商供应链企业、跨贸中小企业总部以及各种类型的跨境电商运营机构、跨贸专业服务商等进驻跨贸小镇，形成跨贸总部集聚发展态势。

（2）跨境商品贸易区：跨境商品贸易区是在秋石高架东侧，由下城园区及杨家308创意园、长城机电市场、杨家村仓库、杨家村留用地等载体构成，以从事跨境商品贸易为核心，是跨贸小镇内有实体物流发生的跨境商品贸易与服务主体集中进驻的区域，最大程度减轻了实体物流作业对跨贸小镇整体交通和硬件环境的影响。

（3）众创空间服务区：众创空间孵化区以新天地项目内南部的部分楼宇、星火科技园为载体，吸引跨境电商、跨境贸易领域的创业团队、创业个人、创业创新项目等进驻，并为其提供全过程孵化的新型孵化器。众创空间孵化区是跨贸小镇创业创新高地，通过完善的服务功能和要素资源配置，孵化培育了一批跨境电商、跨境贸易新型企业主体、新模式、新服务、新项目，使跨贸小镇成为引领全国跨境电商发展的产业新高地。

（4）跨贸综合服务区：跨贸公共服务区是为跨贸小镇提供公共服务的部门、机构以及相应服务设施的进驻区域，也是跨贸小镇门户形象的集中展示窗口。跨贸公共服务区以新天地项目内西部的部分楼宇为主要载体，其中，数据中心、人才公寓等部分公共服务功能则在其他适宜的功能区和物业设施布局。

（5）商旅文创联动区：商旅文创联动区位于新天地项目内的中部和南部，主要依托新天地项目临街店铺、商业综合体、厂房改造商业资源、室内外空间及相关楼宇等物业资源，打造集跨境电商O2O、休闲旅游购物、文化体验展示、特色演出演艺、创意设计、产品发布、娱乐餐饮等功能于一体、商旅文创联动发展的特色功能区，成为以国际商品O2O为特点的城市旅游购物特色街区和城市型旅游目的地景区。

（6）品质生态生活区：品质生态生活区主要以跨贸小镇内成熟的社区、公寓等载体为核心，通过完善和提升品质生活服务设施与生态环境而形成的生活服务区，为在跨贸小镇办公经营的各类人员、创业创新团队和个人等提供完善的生活配套与服务。

（四）产业定位

杭州跨贸小镇依托中国（杭州）跨境电子商务综合试验区国家战略平台，以综试区下城园区、新天地项目等重大平台项目为核心载体，将跨境电商创新发展、跨境贸易能级提升、现代城市功能建设紧密结合起来，集聚跨境电商商务服务资源、创新创业资源、文化创意资源、信息数据资源、旅游服务资源、跨境物流资源，将跨贸小镇建设成为全国乃至全球跨境贸易创新引领区、浙江乃至全国传统产业嫁接跨境电商的产业枢纽区、杭州跨境电商综试区的商务集聚区、杭州北部地区产城融合实践示范区，并最终将跨贸小镇打造成为集CID（创业创新城）、CBD（跨贸产业城）、TBD（旅游购物城）、NLD（新贵生活城）于一体，具有全国乃至全球影响力和辐射力的新型跨贸产业功能区。

1. 全国乃至全球跨境贸易创新引领区

依托综试区国家战略平台，围绕"打造跨境电商升级版、推进跨境贸易转型升级"这一战略导向，不断推进跨贸小镇管理模式、服务模式创新，主动探索、率先试点跨境电商、跨贸产业制度创新，着力营造"互联网＋外贸"创新创业氛围，探索与孵化电子商务与互联网时代的跨境贸易新模式、新业态、新方式，积极培育多类型跨境贸易主体，大力引进跨贸创新创业团队，加快构建各类跨贸主体、创新创业团队全程孵化体系，以商品贸易为核心、以服务贸易为补充，全方位、多层次推进跨境贸易领域一系列改革创新，不断发挥先行先试、引领示范作用。

2. 浙江乃至全国传统产业嫁接跨境电商的产业枢纽区

根据传统制造业对跨境电商服务需求由"跨境电商物流"向"供应链集成服务"转变的发展趋势，以进一步做强综试区下城园区跨境电商物流为基础，以跨境电商、跨贸产业服务要素资源集聚为重点，以跨贸产业链全程服务为延伸，坚持"引进来、产业集聚"和"走出去、服务输出"并举，着力抢占跨贸产业服务链、价值链的制高点。一是重点围绕跨境商品贸易，吸引创意设计、品牌服务、跨境供应链、跨境网络分销等关键要素和服务资源集聚，培育和集聚一批品牌运营、创意设计、订单发包、跨境分销、物流供应链能力强的新型跨境贸易主体，集成跨境贸易数据链、服务链、供应链，带动和整合浙江各个制造业集群以及全国优势制造业集群资源，不断提升浙江乃至我国在跨境贸易价值链中的话语权和竞争力，着力推进内外贸一体化发展。二是重点围绕跨境服务贸易，优先鼓励旅游、医疗、康复、养身、禅修、运动、保险、软件、培训、咨询、人力资源等跨境服务贸易业态的发展，探索创新跨境电商与服务贸易融合发展模式，不断开拓综试区跨境服务贸易发展新局面。

3. 杭州跨境电商综试区的商务集聚区

立足跨贸小镇位于主城区的独特区位优势和发展条件，坚持综试区"一区三园"优势互补、分工合作、差异化发展的基本原则，重点吸引总部、数据、品牌、技术、展示、会议、金融、会计、法律、咨询、培训、物流、供应链、网络分销、创意设计、专业服务、O2O新型商业等商务服务资源进驻，依托入驻综试区下城园区的综试区跨境电商"单一窗口"平台，大力建设综试区跨境电子商务大数据中心，积极承接综试区"一区三园"商务服务功能转移，积极吸引各类跨境电商和跨境贸易商务服务资源集聚，打造跨境电子商务服务高地，构建良好的跨境电子商务营商环境，为跨贸小镇、综试区、浙江乃至全国跨境电商和跨境贸易发展提供专业的商务服务支撑。

4. 杭州北部地区产城融合实践示范区

确立"产城融合"发展理念，把跨贸小镇建设作为杭州北部地区现代城市功能建设和城市形态提升的重要抓手，以跨境电商O2O业态发展为切入点，以商旅联动发展为核心，重点围绕时尚快消品、健康生活品、家居家饰品、智能用品等各类与时尚生活、品质生活紧密关联的商品，通过集聚发展分区域、分国别的跨境电商进口商品馆、跨境贸易企业展示中心、跨境电商O2O体验中心、跨境服务贸易综合服务中心、跨境商品定制服务中心等不同类型的业态和功能，吸引杭州日常购物消费客流、省内周末购物旅游客流、外地旅游购物客流、国际旅游客流，促进跨贸小镇全域景区化，打造以跨境商品消费、休闲、体验、互动为主题的城市型旅游购物景区。通过发展跨境电商O2O业态、城市旅游购物功能、跨境贸易商务服务功能，不断提升杭州北部地区城市能级；通过跨贸小镇重大项目建设、改造以及公共服务资源配置，不断提升杭州北部地区城市形象、完善杭州北部地区的城市服务资源，促进实现跨贸小镇建设、跨境贸易发展和杭州北部地区城市发展的共赢局面。

（五）主要项目

跨贸小镇主要建设计划表（基于2015年数据），详见表6-5。

（1）综试区单一窗口平台及大数据中心。建设主体是杭州跨境贸易综合试验区办公室，重点完善综试区单一窗口平台、推进大数据中心基础设施建设、建立大数据中心应用服务体系。

（2）跨境电商智能物流中心。建设主体是杭州财富盛典投资有限公司，重点完善下城园区跨境电商物流设施建设、推进监管仓等新增跨境电商物流基础设施项目建设。

（3）跨境电子商务产业园。建设主体是杭州财富盛典投资有限公司，重点推进长城机电市场改造建设项目，为跨境电商企业提供办公场所。

（4）跨境电商总部基地。建设主体是杭州新天地集团，重点推进综合楼宇、独栋楼宇等特色楼宇建设，为各类跨境电商总部提供办公场所。

（5）跨境电商商务中心。建设主体是杭州新天地集团，重点推进商务楼宇建设，为各类跨境电商服务性企业进驻以及酒店等设施配套提供物业场所。

（6）跨境电商进口O2O休闲购物街区。建设主体是杭州新天地集团，重点建设特色街区建设、临街门面改造等项目，为跨境电商进口O2O业态集聚发展提供物业空间。

（7）异域风情文化旅游特色街。建设主体是杭州新天地集团，重点推进旧厂房改建等项目建设，为文化、演艺、餐吧等特色项目引进提供经营场所。

（8）跨境贸易商品展示发布中心。建设主体是杭州新天地集团，重点推进中小型展厅项目建设，为各类展示、发布、会议、论坛等活动举行提供物业场所。

（9）新华文创产业园。建设主体是杭州财富盛典投资有限公司，重点推进园区改造建设项目，为文创类企业集聚、新型跨境电商企业主体孵化提供物业场所。

（10）跨境电商创业创新基地。建设主体是杭州财富盛典投资有限公司，重点推进园区改造建设项目，为各类创业创新企业、团队、个人进驻以及全程孵化体系建设提供物业空间。

表6-5 跨贸小镇建设计划表（基于2015年数据）　　　　　　　　　　（单位：亿元）

项目类型	项目名称	主要建设内容	用地（亩）	投资主体	总投资	2015年全年预计完成投资	2016年计划投资	2017年计划投资	2018年计划投资	2019年计划投资	目前进度
在建项目	综试区单一窗口平台及大数据中心	完善综试区单一窗口平台，推进大数据中心基础设施建设，建立大数据中心应用服务体系	0	杭州跨境贸易综合试验区办公室	1	0.5	0.3	0.2	—	—	已上线使用中
在建项目	跨境电子商务产业园	推进长城机电市场改造建设项目，为跨境电商企业提供办公场所	180	杭州财富盛典投资有限公司	4	1.5	2	0.5	—	—	一期已交付使用中
在建项目	跨境电商总部基地	推进综合楼宇、独栋楼宇等特色楼宇建设，为各类跨境电商总部提供办公场所	320	杭州新天地集团	16	5	6	5	—	—	一期即将交付

（续表）

项目类型	项目名称	主要建设内容	用地（亩）	投资主体	总投资	2015年全年预计完成投资	2016年计划投资	2017年计划投资	2018年计划投资	2019年计划投资	目前进度
在建项目	跨境电商商务中心	推进商务楼宇建设，为各类跨境电商服务性企业进驻以及酒店等设施配套提供物业场所	180	杭州新天地集团	9	3	2.5	3.5	—	—	一期即将交付
在建项目	跨境电商进口O2O休闲购物街区	推进特色街区建设，临街厂面改造等项目，为跨境电商进口O2O业态集聚发展提供购物空间	150	杭州新天地集团	6	1	3	2	—	—	一期景观设计及装修
在建项目	异域风情文化旅游特色街	推进旧厂房改造等项目建设，为文化、演艺、餐吧等特色项目引进提供经营场所	150	杭州新天地集团	4	1.5	1.5	1	—	—	

（续表）

项目类型	项目名称	主要建设内容	用地（亩）	投资主体	总投资	2015年全年预计完成投资	2016年计划投资	2017年计划投资	2018年计划投资	2019年计划投资	目前进度
前期报批项目	跨境电商智能物流中心	完善下城园区跨境电商物流设施建设、推进监管仓等新增跨境电商物流基础设施项目建设	150	杭州财富盛典投资有限公司	3	1	1.5	0.5	—	—	
前期报批项目	跨境贸易商品展示发布中心	推进中小型展厅项目建设，为各类展示、发布、会议、论坛等活动的举行提供物业场所	120	杭州新天地集团	4	1	2	1	—	—	
洽谈项目	新华文创产业园	推进园区改造建设项目，为文创类企业集聚、新型跨境电商企业主体孵化提供物业场所	300	杭州财富盛典投资有限公司	3	0.5	2	0.5	—	—	

（续表）

项目类型	项目名称	主要建设内容	用地（亩）	投资主体	总投资	2015 年全年预计完成投资	2016 年计划投资	2017 年计划投资	2018 年计划投资	2019 年计划投资	目前进度
洽谈项目	跨境电商创业创新基地	推进园区改造建设项目，为各类创业创新企业、团队、个人进驻以及全程孵化体系建设提供物业空间	300	杭州财富盛典投资有限公司	2	0.5	1	0.5	—	—	

（六）发展目标

以创新发展、引领发展、生态发展、融合发展为主线，以跨境电商产业发展为切入点，以跨贸产业、旅游购物、文化创意、生态居住的集聚、集成、协同为特色，着力推进与我国开放型经济体系建设相适应的跨境电商、跨境贸易领域一系列改革探索与创新，通过大力推进"四个转变、四个创新、四个升级"，将跨贸小镇打造成为以跨境电商为特色的我国开放经济的重要战略高地、杭州建设"网上丝绸之路"始发地的重要战略支撑、传统制造业嫁接跨境电商促进传统外贸转型的重要产业枢纽。一是重点依托单一窗口平台、数据服务平台、跨境电商进出口模式探索与业务开展等基础，推进跨境电商通路建设向跨境电商通路效率提高、跨贸产业生态体系建设转变，加强制度创新、完善制度供给、优化营商环境、加快标准规范制定，促进跨贸产业发展质量和水平升级。二是重点依托跨境电商进出口企业、跨境电商平台企业、跨境电商服务型企业的集聚规模和发展基础，引导各类跨境电商从业企业向具备创意设计、品牌运营、网络分销、订单发包、数据处理、海外物流等强大跨境供应链整合服务能力的新型跨贸经营主体转变，加强跨贸模式创新、鼓励创新创业、完善孵化培育机制、加快与跨贸业务经营相适应的国际化、网络化物流与金融等服务要素配置，促进跨贸企业类型、结构、业务形态、企业能级的全面升级。三是重点依托服务"银泰西选"的实操基础以及新天地国际O2O体验街区等物业条件，推进国际商品O2O商业业态由单一的展示、销售，向"国别、文化、品牌、商品"立体展示、商旅文创联动、智能情境互动体验、消费大数据应用、产品发布中心、零售商电子采购、品质休闲购物等多元化复合型业态转变，加强跨贸小镇服务创新、打造适应跨贸产业与跨境商品O2O业态创新发展的新型服务平台，为新业态、新企业、新团队孕育和发展创造良好环境与基础，促进跨贸小镇商业业态升级。四是重点依托中国（杭州）跨境电子商务产业园下城园区、新天地项目等已初步建成的重大项目基础，立足特色小镇建设要求和跨贸小镇发展需要，推进单一园区管理、重管理轻运营向"特色小镇"产城融合新型功能区管理、管理和运营并重转变，加强跨贸小镇管理模式和方式方法创新、深化"清单管理"、进一步简政放权、探索跨贸小镇运营模式，促进跨贸小镇功能体系升级。

（七）收益预测

预计至 2020 年，跨贸小镇实现进出口贸易额达到 200 亿元，带动传统制造业集群及相关产业链总值超过 1 000 亿元；年旅游人次突破 30 万人，实现旅游收入超过 2 亿元；创造直接、间接就业岗位分别达到 1.5 万个和 4.5 万个。

（八）商业模式

跨贸小镇商业模式架构如图 6-18 所示。

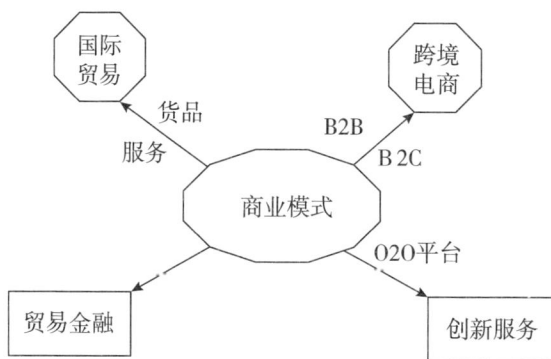

图 6-18　跨贸小镇商业模式架构

（九）投资主体

投资主体一：杭州财富盛典投资有限公司。该公司 2010 年 5

月成立，是下城区人民政府批准设立的国有资产投资公司，注册资金1亿元。公司主要职能有：负责国有资产的经营管理，服务招商引资、产业引导、安商稳商，实现保值增值；负责做好有关工业企业"退二进三"和有关地块的前期整理开发工作；负责国有投资项目的开发建设及承担区政府交办的公建配套项目的建设任务；负责城市智慧经济和智慧应用平台的运营；负责搭建融资平台，为重大项目提供资金支持；负责创投基金管理，打造创业平台，吸引优质创业企业及资本集聚下城；承担区政府交办的其他工作任务。

投资主体二：杭州新天地集团。它是属于杭州市实业投资集团有限公司旗下的全资国有企业，是杭州市委市政府为再造杭城商业新中心而成立的复合型地产运营集团，注册资金5亿元。旗下杭州新天地项目是根据市委市政府对杭实集团实现"资产经营"和"做地做房"两轮驱动战略要求，"高起点、高标准"打造"宜居、宜商、宜文、宜游"的杭州新商业商务中心，以"保留工业遗存、传承工业文脉"为核心的"杭州市十大创意产业区"之一，同时也是杭州市"十大工程"重点项目之一。作为复合型地产道路的实践者，除了杭州新天地这个巨大商业综合体项目之外，集团公司还涉及住宅、旅游地产项目，包括城东新城600亩的住宅项目"天城府"，杭州玉皇山下的"南宋将台山"，临安、千岛湖的"风情小镇"、"文渊狮城"等项目，目前均已进入合作和开发阶段。

（十）融资模式

1. 跨贸小镇 TBT 融资模式

跨贸小镇 TBT 融资模式如图 6 – 19 所示。

2. 跨贸小镇 ABS 融资模式

跨贸小镇 ABS 融资模式如图 6 – 20 所示。

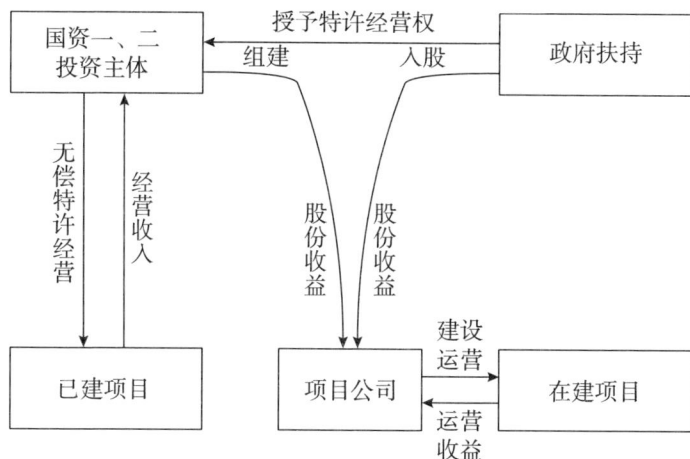

图 6 – 19　跨贸小镇 TBT 融资模式

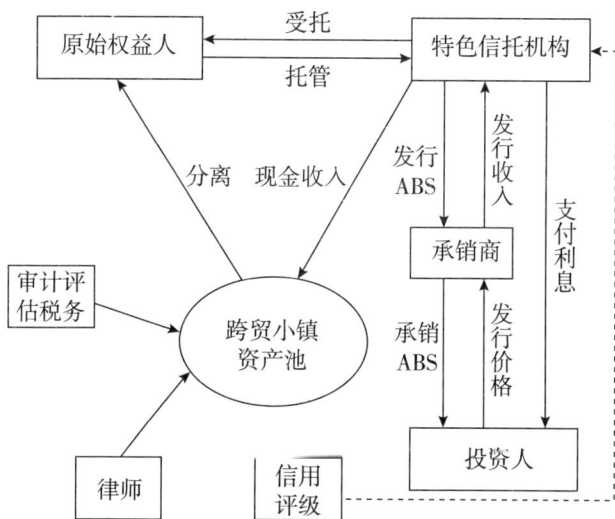

图 6 – 20　跨贸小镇 ABS 融资模式

3. 跨贸小镇贸易融资

跨贸小镇贸易融资如图 6 – 21 所示。

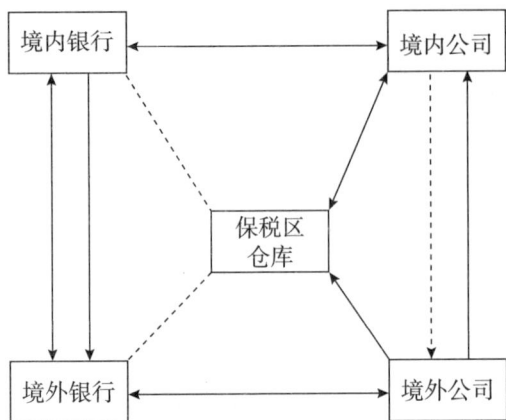

图 6-21　跨贸小镇贸易融资

六、完全产业链的富阳医养小镇①

（一）小镇特色：重点聚焦生物医药、康健疗养等大健康完全产业链

富阳医养小镇特色定位为：立足富阳的医药产业和生态资源优势，重点在胥口部署发展生物医药、康健疗养等大健康产业，打造集研发孵化、生产制造、会议展览、健康服务于一体的健康全产业链特色小镇。富阳医养小镇选址于杭州市富阳区胥口镇，规划范围为：西南两侧以葛溪为界，东起火烧岭水库，北靠虎山。规划用地面积 3.62 平方公里，总建设用地面积约 2.35 平方公里，新增建设用地约 0.9 平方公里，符合城市总体规划。其优势主要体现如下：

1. 区位交通便利

富阳医养小镇位于杭州市富阳区胥口镇，距杭州 75 公里，距富

---

① 资料来源：摘自《杭州科技》（2016 年第 2 期），现浙江《青年时报》政府事业部蒋岳峻，作者整理。

注：该案例数据基数为 2015 年数据。

阳区中心38公里，区位优势明显。毗邻杭新景高速、杭黄高铁、320国道、富春江—渌渚江航道等重大交通干线，05省道（杭淳线）与胥高线纵贯全境，距杭州绕城公路西复线（规划建设中）10分钟车程，交通便捷。

2. 生态环境优美

富阳医养小镇属低丘缓坡地貌，地势由东北向西南的葛溪河谷倾斜，最大的溪流葛溪发源于龙羊山区，经岩石岭水库流经境内，注入富春江。境内群山环抱，毗邻富春桃源国家4A级旅游风景区，森林覆盖率63.5%，生态环境良好。境内空气质量持续保持在优良水平。

3. 产业特色鲜明

富阳医养小镇集聚海正药业、海正辉瑞制药、瑞海医药、导明医药科技、昭华生物医药司、海正宣泰医药等多家生物医药研发制造企业，形成了包括高端生物技术药物、注射和口服制剂及出口原料药这三大主要业务的生物医药产业园，被认定为市级高新技术产业园、杭州生物医药产业国家高技术产业基地拓展区，医药产业初具规模。

4. 龙头企业带动

经十余年的建设发展，海正药业先后与美国辉瑞、法国赛诺菲等国际制药企业合资，累计投入54亿元，2014年销售产值达56亿元，利税7.7亿元，成为富阳第一纳税大户，是全区重要的经济增长点。海正药业先后被认定为国家火炬计划重点高新技术企业、浙江省外商投资新兴产业示范基地。

5. 公共配套齐全

富阳医养小镇的公共服务设施已纳入富阳国家级经济技术开发区新登新区统筹规划建设体系中。目前，整个新区范围内拥有23省道、05省道、富阳区第二人民医院、春城碧湖山庄二星级酒店、污水处理厂、胥口小学和新登中学等基础设施，公共配套较为齐全。

（二）政府扶持举措

1. 加强组织领导

富阳区成立富阳医养小镇建设工作领导小组，由分管区领导任组长，成员由区委宣传部、区发改、经信、科技、财政、国土、规划、商务、统计、环保、税务、文广新局、农办、金融办、运休办等区级有关部门，和胥口镇政府、海正药业等单位组成。领导小组下设办公室，办公室设在区发改局，具体负责小镇建设的组织实施。区发改局制定小镇建设工作任务分解表，明确责任主体、分工和项目实施进度，确保各项要求落实到位。详见表6－6。

表6－6　富阳医养小镇建设工作领导小组职责分工

成员单位	职责分工
区委宣传部	负责特色小镇的宣传
区发改局	负责小镇的规划布局，协调指导特色小镇列入省市重点建设项目，承担联席会议办公室的日常工作
区经信局	负责指导特色小镇的产业升级工作，整合本部门资源，支持特色小镇加快产业发展
区科技局	负责指导特色小镇的科技创新工作，整合本部门资源，支持特色小镇加快科技创新
区财政局	负责做好享受财政扶持政策特色小镇的审核和兑现工作
区国土局	负责做好享受用地扶持政策特色小镇的审核和兑现工作，强化特色小镇用地保障，创新节约集约用地机制
区商务局	负责指导特色小镇招商引资工作
区规划局	负责指导特色小镇的建设规划和功能完善
区统计局	负责建立特色小镇创建工作的数据平台，收集汇总相关数据，研究提出季度通报、年度考核指标体系
区环保局	负责指导特色小镇污染防治和生态环境建设

（续表）

成员单位	职责分工
区运动休闲办	负责指导特色小镇3A～5A级景区创建工作，整合本部门资源，支持特色小镇强化旅游功能
区文广新局	负责特色小镇文化内涵的挖掘
区农办	负责整合本部门资源，支持特色小镇发展
区金融办	负责创新全市特色小镇的投融资机制
胥口镇政府	负责特色小镇的具体创建工作
海正药业	负责产业项目的组织实施

2. 激励龙头企业推动产业发展

富阳区坚持企业主导、政府引导、市场运作的原则，积极发挥投资主体在开发建设富阳医养小镇上的积极作用。海正药业重点发挥在生物医药研发孵化、生产制造、会议展览及康复疗养等领域项目的实施，杭州梦想田园农业开发有限公司突出在休闲养老等领域项目的实施，富阳区及胥口镇突出在基础设施建设、生活配套等方面的积极作用。

3. 加强产业链协同发展

富阳区以构建健康全产业链为目标，充分发挥大企业、大集团的龙头作用，大力推进以商招商、富商回归，围绕研发孵化、生产制造、会展、健康服务等重点领域进行有针对性的招商，构建"主业＋配套"的发展模式，不断壮大完善产业链条，推动产业集群、集聚、集约发展，形成产业链协同发展优势。

4. 深化国际国内合作

依托海正药业的海外资源优势，深化与国际医药行业企业的科技合作，联合开展技术研发，联合设立康复治疗中心。学习借鉴达沃斯举办一年一度的世界经济论坛的经验，富阳区组织举办医药行业的国际性学术交流会议、论坛或展会，邀请国内外医药高校、科研院所、企业专家参与，通过建立永久性会址，不断扩大品牌影响力。

5. 加大政策扶持力度

富阳区政府研究制定了《富阳区特色小镇建设实施意见》，充分利用省市特色小镇的扶持政策，对于列入市级以上特色小镇创建名单的，对承担小镇创建的投资主体给予一定额度的贷款贴息，原则上不超过省市税收返还比例；在基础设施、用地占补平衡等方面给予优先支持；支持企业通过银行信贷、资本市场等多种渠道投融资。

6. 建立跟踪评估机制

富阳区建立健全省、市、区三级联动的推进机制，确保富阳医养小镇的高效协同推进。加强与省级、市级有关部门的沟通和衔接，积极争取省级和市级政策支持。建立季度监测评估和考核评价制度，及时跟踪富阳医养小镇建设进展，统筹安排推进项目建设，确保建设有序推进。

7. 强化品牌营销推广

富阳区加强对富阳医养小镇的品牌宣传推广，提升区块的知名度。充分利用广播、电视、报纸等传统传播渠道，以及微博、微信等新媒体，加大宣传，提高富阳医养小镇的知名度和美誉度，吸引国内外企业来小镇创新创业，吸引国内外游客来小镇康复疗养、养生养老。

（三）功能布局

根据富阳医养小镇现有产业基础、资源要素条件以及发展定位，突出以"医研、医造、医展和医疗"为主题，规划建设研发孵化区、生产制造区、会议展览区、康健疗养区和综合配套区这五大功能区。

1. 研发孵化区

研发孵化区主要包括海正生物医药产业园二期区块。以创新创业为引领，通过与国内外医药企业、国内外高校、科研院所的科技合作，加快构建覆盖医药研发全过程的高端平台，打造全球医药科研高端基地，加快医药科技成果孵化和产业化。规划建设海正中央研究院、二期生物工程项目、扩建制剂四期口服制剂连续化生产线及干粉吸入剂生产线、新型抗真菌类项目、医疗装备项目等。

2. 生产制造区

生产制造区主要包括海正生物医药产业园一期区块。按照"资源互补、链式发展"的思路，坚持集中、集约、集群发展的原则，依托现有生物医药产业基础，加强与国际制药巨头合作，重点打造原料药、注射和口服制剂、生物技术药物这三大具有全球竞争能力的产业基地。规划建设大容量抗肿瘤无菌制剂生产线扩建项目、高端制剂中试基地项目、注射剂生产线项目以及海正与赛诺菲合资的生物技术药物项目。

3. 会议展览区

会议展览区主要指毗邻富春桃源景区和岩石岭水库的区域。按照"以研引会、以会带展、以展促销、以销助研"的循环发展模式，打造集医药科技交流、医药科研成果展示、新型药品交易等为一体的展览交易综合体，联手法国赛诺菲探索糖尿病治疗，将世界最新医药科技成果第一时间应用于临床，实现医药与医疗的完美结合。规划建设国际生物医学和制药科学会议中心、糖尿病研究医疗中心等项目。

4. 康健疗养区

康健疗养区主要包括上练村、下练村核心区块。功能建成实现疗养、康健、康居相结合，舒适型药物治疗、非药物治疗与健康管理相结合，中医药理论与现代健康管理理念相结合，独具特色生态环境一流的疗养康健中心，为国内外高端人群提供非药物治疗、治疗性疗养、健康旅游、健康管理等专业康健服务。规划建设葛溪养生田园、环镇绿道、水上运动等项目。

5. 综合配套区

综合配套区主要包括胥口村核心区块。着力提升富阳医养小镇宜业、宜居、宜商、宜游功能，努力实现产镇融合，促成金融、商业、贸易、信息及中介服务机构聚集，满足投资者、创业者、技术人员等各类人群的商务交流、投资兴业、居家旅游需求，凸显小镇的亲和力和包容性，是展示小镇形象、反映小镇特征的重要区域。规划建设主题度假酒店、九年一贯制国际学校、公共休闲广场等项目。

（四）核心产业定位

富阳医养小镇重点聚焦生物医药、康健疗养等大健康产业。重点发展生物医药、医疗装备产品的研发制造业，培育发展康复疗养、休闲养老等健康服务业，大力发展生物医学工程与制药科学等行业会展业，打造集生物医药研发孵化、生产制造、会议展览、健康服务等于一体的健康全产业链特色小镇。它具有以下特色：

1. 研发孵化业

（1）研究开发。依托海正药业（杭州）研究院，加强在制剂、生物技术、化学合成、微生物发酵、自然提取、分析等生物医药领域的研究开发。加强与产业链上下游的企业技术合作，大力发展医药研发外包行业。

（2）创业孵化。加强与辉瑞、赛诺菲等国内外医药大企业的技术合作，通过科技项目的联合攻关，合作共建一批控股子公司。借鉴贝壳社的运作模式，引进集聚医药研发外包的创新创业人才，孵化培育一批科技型中小企业。

2. 生产制造业

（1）生物医药。重点加强高端生物技术药物、注射和口服制剂及出口原料药这三类产品的生产制造。支持生产抗肿瘤、免疫抑制剂、抗感染、心血管、肌肉和骨骼系统、中枢神经系统等制剂产品，支持生产抗肿瘤、抗感染、心血管、中枢神经系统、兽药等原料药产品，支持生产兽药等动物保健产品。

（2）医疗装备。重点引进医用机器人等高性能医疗器械和运动健身等康复器材企业。大力开发可穿戴、远程诊疗等移动医疗产品。大力支持保健按摩、运动医疗康复仪器、体质健康测试分析测量仪器等保健康复器材的生产制造。

3. 医药会展业

（1）会议论坛。通过组织承办年度性的生物医学工程与制药科学等国际会议，邀请国内外行业专家参与学术研讨交流，通过建设永久性会议场所，不断扩大宣传度和影响力，带动参观、旅游等业态发展。

（2）展览体验。通过组织举办国际医药展览会，建立医养体验馆，吸引国内外医疗机构、知名企业和高校院所参展，集中展示国际国内生物医药新产品、体验医疗器械和康复器材，提高公众的参与度。

4. 健康服务业

（1）康复疗养。通过引进第三方运营机构，建立以糖尿病为主的康复疗养中心，依托海正与赛诺菲的医疗资源和富春桃源的生态资源条件，以治疗康复为主，娱乐观光为辅，加快发展康复疗养业。

（2）休闲养老。依托葛溪、上练村、下练村等生态资源，重点发展农耕体验、运动休闲、民宿经济、养生养老等产业。大力开发游步道、自行车道、野外游泳等项目相结合的运动体验。利用农业资源，大力发展农耕体验和养老民宿。

（五）发展目标

1. 发展愿景

依托海正药业的医药资源优势和富春桃源的生态环境资源优势，以"医研、医造、医展、医疗"为主题，富阳医养小镇着力构建生物医药研发孵化、生产制造、会议展览、健康服务于一体的健康全产业链，全面打造全国具有影响力的"生物研创园"、"生态健康谷"、"医药达沃斯"。

2. 经济目标

总目标为：力争通过 3 年的努力，通过龙头企业带动、完善产业链条、提升设施配套，将富阳医养小镇打造为杭州西部的健康产业集聚区。到 2017 年，富阳医养小镇年产值达 100 亿元，3 年总投资达到 50 亿元，年旅游人数超 30 万人次。

2017 年目标为：重点推进生物技术药物、注射剂生产线、国际生物医学和制药科学会议中心、运动康体器械生产基地、葛溪养生田园等项目建设，年产值达到 100 亿元以上，投资 16.26 亿元，税收达到 4 亿元，旅游人数 30 万人次。

各分年目标详见表 6-7。

表 6-7　富阳医养小镇分年目标（于 2015 年确立）

序号	指标	单位	2015 年	2016 年	2017 年
1	总投资	亿元	15.26	20.12	16.26
2	开发用地	亩	452	486	—
3	年产值	亿元	60	80	100
4	税收收入	亿元	3	3.5	4
5	旅游总人次	万人次	10	20	30

（六）主要项目及资金使用计划、预期效益

1. 医研类项目

（1）扩建海正企业研究院项目。该项目属于新建项目，用地属于二期生物工程项目用地 452 亩范围内。总投资 45 000 万元，总建筑面积39 311.61平方米，已完成投资 8 000 万元，所需资金均由海正药业（杭州）有限公司自筹解决，当时计划 2015 年完成投资

18 000万元，2016完成投资19 000万元。

（2）新型抗真菌类项目。该项目属于技术改造提升类项目，不涉及新增用地，位于二期生物工程项目用地452亩范围内。总投资15 000万元，当时计划2015年完成投资5 000万元，2016年完成投资7 000万元，2017年完成投资3 000万元，所需资金均由海正药业（杭州）有限公司自筹解决。

（3）发酵生物制药固废综合利用技改项目。该项目属于新建项目，用地属于二期生物工程项目用地452亩范围内。总投资4 375万元，总建筑面积4 987平方米，当时计划2015年完成2 600万元，2016年完成1 775万元，所需资金均由海正药业（杭州）有限公司自筹解决。

（4）新建高端制剂中试基地项目。该项目总投资15 000万元，总建筑面积10 400平方米（利用原有厂房改建），属于改扩建项目，无须新增用地，位于一期工程用地范围内。当时计划2015年完成投资13 000万元，2016年完成投资2 000万元，所需资金均由海正药业（杭州）有限公司自筹解决。

2. 医造类项目

（1）海正药业（杭州）有限公司二期生物工程项目。该项目总投资151 700万元，用地452亩，位于胥口镇下练村海正药业（杭州）有限公司规划用地内（塘边坞地块），属于在建项目，总建筑面积151 201.7平方米，所需资金均由海正药业（杭州）有限公司自筹解决。已累计完成投资45 700万元，当时计划2015年完成投资58 000万元，2016年完成投资40 000万元，2017年完成投资8 000万元。

（2）二期生物工程配套扩建项目。该项目属于新改扩建项目，用地属于二期生物工程项目用地452亩范围内，总投资8 000万，建设规模含在二期工程总建筑面积中。当时计划2015年完成投资2 000万元，2016年年底全部完成，所需资金均由海正药业（杭州）有限公司自筹解决。

（3）扩建制剂四期口服制剂连续化生产线及干粉吸入剂生产线项目。该项目建筑面积88 017.9平方米，属于在建项目，用地属于二期生物工程项目用地452亩范围内。总投资117 000万元，已累计完成投资42 000万元，当时计划2015年完成投资32 000万元，2016年完成投资31 000万元，2017年完成剩余投资12 000万元，所需资金均由海正药业（杭州）有限公司自筹解决。

（4）扩建大容量抗肿瘤无菌制剂生产线项目。该项目总投资25 000万元，总建筑面积5 994万元（利用原有厂房扩建），属于改扩建项目，用地属于一期工程用地范围内。所需资金均由海正药业（杭州）有限公司自筹解决，当时计划2015年完成投资18 000万元，剩余的于2016年年底全部完成。

（5）生物技术药物项目。该项目总投资50 000万元，建设用地约65亩，属于新建项目，拟建于下练村用地范围内（属于海正药业发展预留地）。所需资金均由海正药业（杭州）有限公司及赛诺菲共同筹措解决，当时计划2016年完成投资22 000万元，2017年完投资成20 000万元，2018年完成投资8 000万元。

（6）新建注射剂生产线项目。该项目总投资45 000万元，建设用地46亩，属于新建项目，拟建于下练村用地范围内（属于海正药业发展预留地）。所需资金均由海正辉瑞制药有限公司自筹解决，当时计划2016年完成投资8 000万元，2017年完成投资17 000万元，2018年完成投资20 000万元。

（7）医疗装备生产基地项目。该项目总投资约20 000万元，需新增用地80亩，属于新建项目，拟建于下练村用地范围内（属于海正药业发展预留地）。拟引入国内知名康体运动器械生产厂家入驻，所需建设资金由入驻厂家筹措解决，当时计划2016年完成投资3 000万元，2017年完成投资12 000万元，2018年完成投资5 000万元。

3. 医展类项目

国际生物医学和制药科学会议中心项目。该项目总投资约 35 000 万元，总建筑面积约 55 000 平方米，需新增用地约 50 亩，属于新建项目，拟建于岩岭湖东侧（规划的商务会展功能区）。所需资金均由海正药业（杭州）有限公司自筹解决，当时计划 2016 年完成投资 5 000 万元，2017 年完成投资 18 600 万元，2018～2019 年完成投资 11 400 万元。

4. 医疗类项目

糖尿病研究医疗中心项目。该项目总投资约 15 000 万元，总建筑面积约 20 000 平方米，需新增用地约 30 亩，属于新建项目，拟建于岩岭湖东侧（规划的商务会展功能区）。所需资金均由海正药业（杭州）有限公司自筹解决，当时计划 2016 年完成投资 800 万元，2017 年完成投资 8 000 万元，2018 年完成投资 6 200 万元。

5. 医闲类项目

（1）葛溪养生田园项目。该项目总投资约 20 000 万元，项目范围包含上练村、下练村及葛溪沿线的农房修缮改造、新建房屋面积约 6 000 平方米，属于修缮整治项目，基本不涉及新征土地。当时计划 2016 年完成投资 1 000 万元，2017 年完成投资 12 000 万元，2018 年完成投资 7 000 万元，所需资金由梦想田园公司自筹解决。

（2）环镇绿道项目。该项目总投资约 10 000 万元，总长度约 9 公里，项目包含葛溪沿岸的绿道（含游步道、自行车道等）、休闲休憩驿站、亲水平台、城市家具等内容，属于新建项目。所需资金建议采用 PPP 模式引入社会资本解决，当时计划 2016 年完成投资 800 万元，2017 年完成投资 5 000 万元，2018 年完成投资 4 200 万元。

（3）水上运动项目。该项目总投资约 6 000 万元，项目包括水体净化、水上运动器具购置及水上安全设施建设等内容，位于葛溪（下练村范围）内，属于新建配套项目。所需资金建议采用 PPP 模式引入社会资本解决，当时计划 2016 年完成投资 800 万元，2017 年完成投资 3 000 万元，2018 年完成全部投资。

6. 配套类项目

（1）胥口公用热电厂项目。该项目总投资 25 000 万元，需新增用地 100 亩，属于新建项目，拟建于下练村用地范围内（属于海正药业发展预留地），涉及用地性质审批（建议用拟建地块内现有工业用地置换解决）。所需资金均由海正药业（杭州）有限公司自筹解决，当时计划 2015 年完成投资 1 000 万元，2016 年完成投资 16 000 万元，2017 年完成投资 8 000 万元。

（2）设计型主题酒店项目。该项目总投资约 30 000 万元，建设规模 300 床，占地约 25 亩，主要打造生态养生特色主题酒店。项目位于葛溪三角洲北岸，与对岸石牛山相呼应，涉及部分厂房和民房的拆迁，前期土地整理由胥口镇主导。项目开发运营引入社会资本，当时计划 2016 年完成投资 12 000 万元，2017 年完成投资 10 000 万元，2018 年年底完成全部投资。

（3）公共休闲广场项目。该项目总投资约 20 000 万元，建设内容主要包括人民广场、配套服务用房、地下公共停车库等，是集运动休闲、文化交流于一体的综合广场。项目位于胥高线与 05 省道交叉口西南侧，占地约 30 亩，涉及建设用地调整。项目实施模式采用 PPP 模式，社会资本建议以海正药业（杭州）有限公司为主，当时计划 2015 年完成投资 3 000 万元，2016 年完成投资 10 000 万元，2017 年完成全部投资。

（4）九年一贯制国际学校项目。该项目总投资约 30 000 万元，建设规模达 36 个班，为民办私立学校，引入国际先进教育管理模式，主要面向富阳及其周边适龄学生、外籍人员子女等。学校位于胥高线以南，05 省道以西，占地约 60 亩。项目所需建设可以采用 EPC 工程总承包模式，当时计划 2016 年完成投资 8 000 万元，2017 年完成投资 15 000 万元，2019 年年底完成全部投资。

（七）完全产业链商业模式

富阳医养小镇的完全产业链商业模式如图6-22所示。

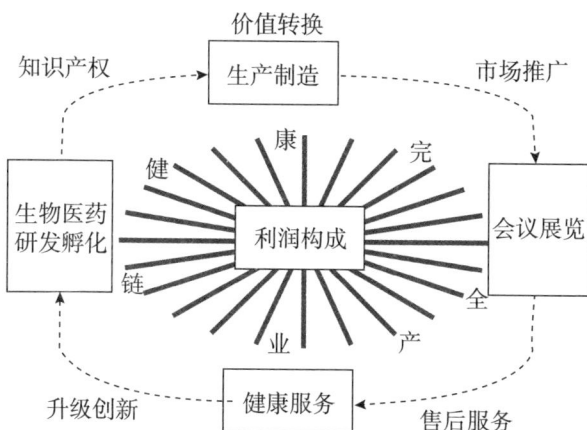

图6-22 富阳医养小镇完全产业链商业模式

（八）投资主体

富阳医养小镇的建设主要由海正药业（杭州）有限公司、海正辉瑞制药有限公司、法国赛诺菲—安万特集团、杭州梦想田园农业开发有限公司等投资主体负责实施。

1. 海正药业（杭州）有限公司

浙江海正药业股份有限公司始创于1956年，2000年在上海证券交易所上市，是国内领先的原料药生产企业，中国最大的抗生素、抗肿瘤药物生产基地之一。

海正作为国家首批创新型企业，早在2001年就建立了国家认定的企业技术中心和博士后科研工作站，目前拥有专职研发人员400多名。技术中心设有50多个单元实验室，研发领域涵盖化学合成、微生物发酵、生物技术、天然植物提取及制剂开发等多个方面，产品治疗领域涉及抗肿瘤、心血管系统、抗感染、抗寄生虫、内分泌调节、免疫抑制、抗抑郁等。

自 2004 年入驻富阳，海正生产基地日益规模化、高端化，包括高端生物技术药物、注射和口服制剂及出口原料药这三大主要业务，已成为支撑海正药业国际化战略的制药生产基地。2014 年，海正集团实现了超百亿梦想。海正药业（杭州）作为海正药业业务发展的主力军之一，继 2013 年之后，第二次成为富阳十大功勋企业，已经成为富阳经济发展新的重要增长点。

2. 海正辉瑞制药有限公司

2012 年，辉瑞制药有限公司与海正制药签署了正式合资经营协议，双方投资 2.95 亿美元成立了"海正辉瑞制药有限公司"，面向中国和全球市场开发、生产、销售品牌仿制药。

海正辉瑞制药有限公司以成为"中国领先的品牌仿制药企业，拥有全球领先的能力和强大的出口业务"为愿景，结合了辉瑞制药有限公司和海正制药两家公司的优势，强强联手，在"有竞争力的产品组合、国际标准的产品质量、有竞争力的市场准入能力、专业高效的市场营销能力"的战略下，将发展成为国内一流的制药公司，为中国和全球的患者提供优质优价的品牌仿制药。

3. 法国赛诺菲—安万特集团

法国赛诺菲—安万特集团是世界上第三大的制药企业。由赛诺菲圣德拉堡集团（Sanofi-Synthelabo）与安万特药品（Aventis）两家公司于 2004 年合并成立，总部设于巴黎。该集团是一家全球领先的多元化医药健康企业，致力于医药产品的研究、生产以及销售；专注于患者需求，传播健康。它的业务覆盖疫苗、处方药、健康药业产品和动物保健品，拥有 10 万余名员工、遍及 100 多个国家。

2015 年 7 月，法国赛诺菲公司与海正药业签署《非约束性合作备忘录》，包括在中华人民共和国境内成立一家合资公司，用于进行胰岛素、胰岛素类似物以及双方同意的任何其他糖尿病疗法的开发、生产和商业化。

4. 杭州梦想田园农业开发有限公司

为积极响应富阳区"富商回归,投资家乡"的号召,浙江久久控股集团于 2013 年 7 月在富阳成立杭州梦想田园农业开发有限公司。公司拟在胥口镇上练等村所在区域进行以休闲观光、旅游度假、生态农业、养生养老等为内容的生态旅游度假区项目开发。

(九) 融资模式

完全产业链的富阳医养小镇除了通过 PPP、BT 等融资模式外,还可以进行股权融资,把医养、农业等产业推向资本市场。详见图 6 - 23。

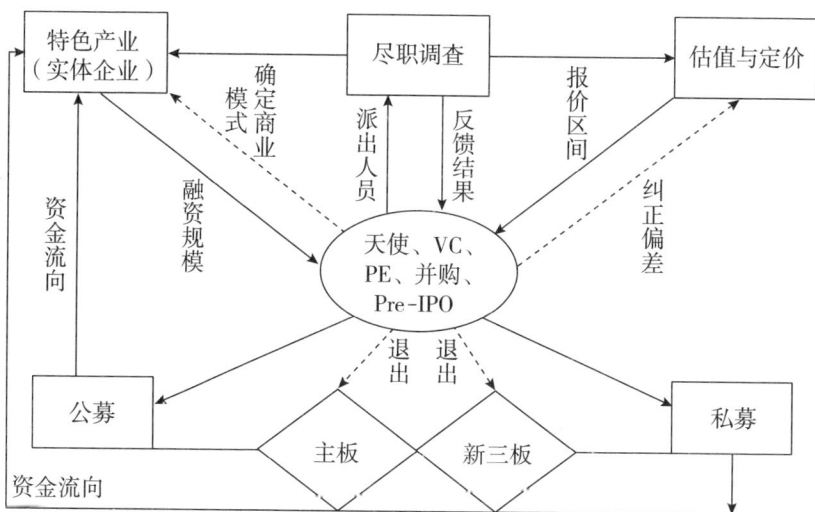

图 6 - 23 医养产业股权融资架构

(十) 投资者退出机制

天使、VC、PE、并购、Pre - IPO 等投资人可以通过主板、新三板甚至境内外资本市场 IPO、挂牌交易等方式退出变现。可见图 3 - 8。

七、安防小镇①

（一）发展中的智慧安防小镇

近年来，电子安防产业界的领军企业海康威视发展势头迅猛，已成为全球最大的智能安防产品及行业解决方案提供商，且销售产值年均增幅保持在 50% 左右。2014 年度全年实现营业收入 172.33 亿元，同比增长 60.37%，实现净利润 46.73 亿元。当时 A 股市值近 2 000亿元，是全国中小板上市公司翘楚，已委托摩根士丹利积极筹备香港 H 股上市。2014 年 6 月，海康威视正式落户桐庐经济开发区（富春江科技城），总投资超 30 亿元建设全球最大规模的智慧安防产业基地——海康威视桐庐安防产业基地。其重点打造的集安防产品高端制造、安防电子和软件智能研发为一体的千亿级产业集聚基地，可承接海康此后 10 年的发展空间和产能需求，并形成完整强大的上下游配套功能，引领全球智慧安防产业发展新高度。

基于海康威视桐庐安防产业基地建设背景，结合浙江省特色小镇建设的契机，杭州市规划建设"桐庐智慧安防小镇"，以"智慧、风情、生态城"为总体发展定位，以培育智慧安防特色产业为发展重点，带动上下游相关产业以及配套设施融合发展，成为国内最具特色的"智慧城市样板区、安防产业集聚区和智慧应用实践区"。

（二）政府保障措施

（1）组织保障。桐庐县委、县政府成立"智慧安防小镇"建设专门服务机构，实现服务机构班子高配、权力下放、封闭运行和自

---

① 资料来源：摘自《杭州科技》2016 年第 2 期，作者整理。
　　注：该案例数据基数为 2015 年数据。

主管理。强化机制保障，实行季度例会制度，加强政策沟通、协调和突破，并积极争取上级省、市有关部门的支持。

（2）机制保障。依托浙江省级桐庐经济开发区（富春江科技城）成熟完善的服务平台，为落户智慧安防小镇的企业提供一对一、全方位、专业化全程代办服务，实现办事不出区。

（3）资金保障。以桐庐县富春科技建设投资有限公司为主体，积极拓展投融资渠道，做好资金保障工作。

（4）用地保障。坚持节约集约用地，加大闲置、低效利用土地的盘活力度。加强与上级部门对接，统筹考虑并扩大项目用地供给，积极优先安排年度建设用地计划指标。

（5）氛围保障。加大对"智慧安防小镇"建设的宣传力度，树立提升并扩大智慧安防小镇的整体形象和对外影响力，为开发建设营造良好的舆论氛围。

（6）基础保障。桐庐经济开发区（富春江科技城）内市政道路完善，公共交通、教育、医疗、商业商住等要素齐备，生活十分便利。职工及子女在公共资源服务上享受"同城待遇"。智慧安防小镇落户项目市政路网、子女读书等公共服务配套工作将得到优先配置。

（三）功能布局

桐庐智慧安防小镇紧邻浙江工商大学杭州商学院、杭黄铁路桐庐站，是桐庐富春江科技城的核心区块。总体规划面积3.48平方公里，其中水面50亩，绿地1 120亩，近3年建设用地2 480亩。规划北至白云源路，东到塘坞山、下畈路，南至城南东路，西至宝心路转科技大道、滩头路。

（四）产业定位

安防小镇的产业定位为高端装备制造暨智慧安防产业，包括物联网产业、软件与信息外包业、电子商务与现代物流服务业、旅游休闲业、文化创意设计、教育培训、科技服务等。

（五）主要项目

（1）海康威视安防产业基地项目。该项目总投资 30 亿元，建设用地 1 407 亩，规划范围东至马家路，南至城南东路，西至求是路、岩桥路，北至科技大道。海康威视是全球最大的智能安防产品及行业解决方案提供商，产业园涵盖生产制造和仓储物流等供应链业务功能，按照安防产品的业务特点进行规划建设，项目整体建成后，将成为全球最具规模的安防监控产品高端制造业基地、安防电子和软件智能产业基地。

（2）英飞特电子产业园项目。该项目总投资 10 亿元，建设用地 332 亩，打造成为高效的花园式产业园区。规划范围东至塘湾山，南至科技大道，西至马家路，北至白云源路。英飞特电子是 LED（发光二极管）驱动器的研发、生产、销售和技术服务的国家级高新技术企业，是全球领先的 LED 驱动器供应商。英飞特电子产业园的建设必将进一步促进智慧安防产业集聚，并辐射带动桐庐的物流、技术流、人才流和资金流。

（3）智慧物联产业项目。该项目总投资 10 亿元，建设用地 362 亩，规划范围东至马家路，南至科技大道，西至滩头路，北至白云源路。智慧物联产业区入驻的企业涉及智慧通信（瑞能通信产业园、圣力控股产业园）、智慧物流（韵达电商产业园）、智慧家居（泛亚智能卫浴产业园）、智慧硬件制造（里德电子产业园）等领域，围绕物联技术，以物联网设备、智能终端产品研发与生产为重点。

（4）"智慧安防"示范旅游项目。该项目总投资 5 亿元，建设用地 381 亩，规划范围东至岩桥路，南至城南东路，西至求是路，北至岩桥路。岩桥村保留有明清古街，以及始建于清朝乾隆年间的王氏宗祠。依托岩桥村打造"智慧安防"示范旅游项目，建设智慧安防小镇的"智慧平台"，形成智慧应用体系，包括小镇热线、数字城管、数字监察、数字执法、数字巡检、应急系统、平安城市、电子政务、食品安全、智慧环保、智慧物流、智慧交通、智慧医疗、智慧社区、智慧校园、智慧景区等，使智慧安防小镇成为名副其实的"智慧城市样板区、安防产业集聚区、智慧应用实践区"。

（六）发展目标

智慧安防小镇建设将重点依托海康威视安防产业基地项目、英飞特 LED 驱动器项目等产业项目的带动效应，凭借优良的区位条件和产业基础，以智慧安防产业为核心，智慧安防产品生产、智慧安防硬件研发制造、智慧安防软件研发、智慧安防应用示范、智慧物联产业等项目为载体，力争通过 2 ~ 3 年的努力，打造一个兼具制造研发、智慧体验、旅游观光、休闲居住等功能的智慧安防产业集聚区，努力成为长三角地区重要的智慧安防产业集聚区、浙江省智慧安防产业发展示范区、千亿级产业特色小镇。当时设定 3 年计划完成总投资 55 亿元，其中 2015 年完成投资 20 亿元，2016 年完成投资 22 亿元，2017 年完成投资 13 亿元。

当时预计 2 ~ 3 年内总产出达到 60 亿元（其中 2015 年 5 亿元，2016 年 20 亿元，2017 年 35 亿元），累积税收 8 亿元（其中 2015 年 1 亿元，2016 年 3 亿元，2017 年 4 亿元），旅游人数累计达到 50 万人次（其中 2015 年 5 万人次，2016 年 15 万人次，2017 年 30 人万次）。

（七）商业模式

安防小镇商业模式架构如图 6 - 24 所示。

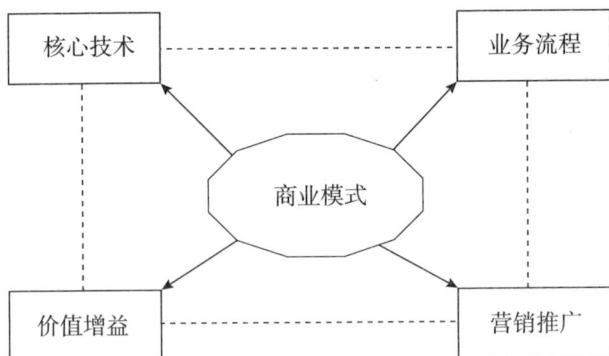

图 6 - 24 安防小镇商业模式架构

（八）投资主体

智慧安防小镇的投资主体为桐庐县富春科技建设投资有限公司、中电海康集团有限公司。

（九）投融资模式

（1）安防小镇 PPP 融资模式如图 6 - 25 所示。

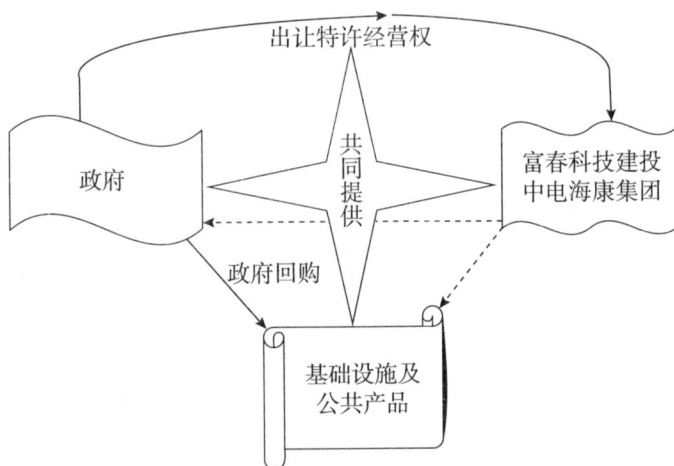

图 6 - 25 安防小镇 PPP 融资模式

（2）安防小镇股权融资模式如图 6-26 所示。

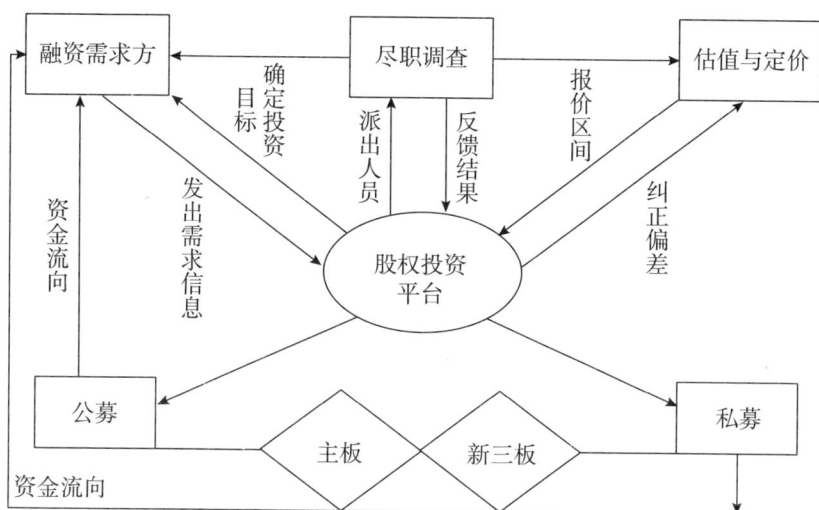

图 6-26 安防小镇股权融资模式

（3）通过并购重组进行产业整合，利用资本运作的手段让安防小镇的产业优势更加突出，从而投入更大规模的核心技术研发。详见图 6-27。

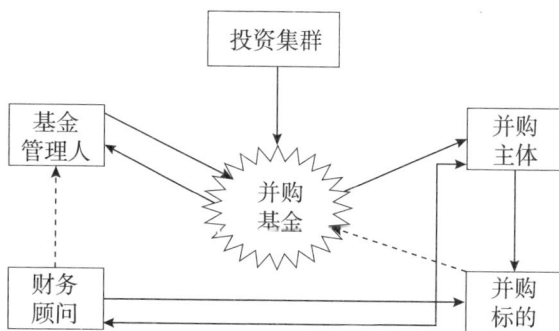

图 6-27 安防小镇并购基金

后记

　　落笔后天快亮了，听见窗外送奶小哥熟悉的车轱辘声，新的一天开始了，《特色小镇投融资模式与实务》的最后一章也画上了句话，我可以信心满满地把书稿送交至出版社我的资深责编许志手上了，没有任何的忐忑与踌躇。写书的过程其实就是一次周游世界名镇的旅行，放下手稿，无论面对任何类型的特色小镇，我都可以分分钟对它进行全方位打造，从规划设计到产业定位，再到商业模式，直到链接资本运作抓手，把所有能尽其用的资源进行整合规划，造就出不同特色的小城镇来。而且整个画面都会瞬间呈现在脑海中，架构清晰立体，如果能用存储设备拷贝或直接脑画面投射印刷出来，一定是一幅幅美妙的作品。

　　我已不记得本书从构思到创作到底历经了多少个日夜，只记得每一次小镇体验，整个记忆都是美好的，回放每一张照片都是绵延的故事。写书的过程是喜悦的，描述的全是一幅幅蓝图，脱稿后内心充满幸福，而这样的幸福不是可以用价值来交换的，它就是一种无与伦比的满足感，或许用"高峰体验"还比较真实。

　　记得10年前我也是在天快亮时落笔《企业上市全程指引》的第一版，那时窗外漫天飞雪，望过去，我的内心如释重负，却又意犹未尽，满脑子装的都是公司法、证券法、上市规则、会计准则、税法等，几乎成了规则的化身，没有太多喜悦，因为害怕出现章法性错误，整个写作过程必须严谨，算是一种煎熬。还好，有中信出版社的资深图书策划与主编彭锦华老师的帮助，我在写作过程中一直得到他的认可与鼓励，才算咬牙坚持写下来了，如果没有他的支持，就不会有这本书。至今，这本书就像我的儿子，随着证券市场的政策变化，已经升级更新到第三版了，仍然被读者需要着，2017年两会后可能会再更新至第四版。

有了《企业上市全程指引》这杯酒垫底，好像对我而言不会有更难写的书了。相比之下，《特色小镇投融资模式与实务》这本书的写作过程完全是自由开放的，创作尺度也是根据素材来设计的，没有限制。我可以把世界上任何一个美丽乡村拿来做模版考证，再量体裁衣地定制在我的案例中。最让我尽兴的是，我可以把任何一类小镇特色进行有序编排，抓住其灵魂所在，然后进行差异化商业模式搭建，把它完整地带进资本市场，设计出适合的融资通道，把政府、国企、民间资本等都一一对接进来，形成特色小镇中由产业走向资本、资本撬动产业的循环体。在这样的循环过程中，能让我玩味不尽的就是资本在整个特色小镇中的自由穿行，这也可能就是我写作中的精神自由所带来的乐趣与享受了。

最后，我十分虔诚地感谢在我创作过程中帮助过我、源源不断地为我提供素材和为本书作序的人，尤其是编辑许志的鼎力相助。还必须感谢我的家人，当我沉浸在创作中时，几乎不理家务，全然投入而忽略了对他们的陪伴。

希望这本书有益于中国美丽乡村的建设。当看到更多的特色小镇从我的书中获得星点启发，当我走进某一特色小镇能目睹到与书中相类似的景象，嘿，那就是我想的完美作品，期待着……

周红